**Werner Betz**

# *Kräfte aus dem Nichts?*

## *Geheimnisvolle Orte und rätselhafte Energien*

Werner Betz

# Kräfte aus dem Nichts

## Geheimnisvolle Orte und rätselhafte Energien

*„Kräfte aus dem Nichts"*
3. Auflage Juni 2018

Ancient Mail Verlag Werner Betz
Europaring 57, D-64521 Groß-Gerau
Tel.: 00 49 (0) 61 52/5 43 75, Fax: 00 49 (0) 61 52/94 91 82
www.ancientmail.de
Email: ancientmail@t-online.de

Verantwortlich für die Produktsicherheit:
Ancient Mail Verlag – Werner Betz
Europaring 57, 64521 Groß-Gerau
Email: ancientmail@t-online.de

*Bibliografische Information der Deutschen Nationalbibliothek:*
*Die Deutsche Nationalbibliothek verzeichnet diese Publikation in der Deutschen Nationalbibliografie; detaillierte bibliografische Daten sind im Internet über http://dnb.dnb.de abrufbar.*


Coverfotos: Werner Betz
Umschlaggestaltung: Sandra Schmidt
Druck: WIRmachenDRUCK GmbH, D-71522 Backnang

**ISBN 978-3-95652-251-2**

Dies ist die Geschichte einer Entdeckung.

Sie war für uns bisher so spannend wie ein Krimi, weil wir immer wieder neuen Spuren folgten und immer wieder vor neuen Rätseln standen.

Sie ist noch lange nicht abgeschlossen, aber wenn möglichst viele interessierte Menschen weiter auf diesem Gebiet forschen, haben wir die Chance, vielleicht schon in naher Zukunft ein großes Rätsel zu lösen!

Wir wollen dieses Buch als Aufruf verstanden wissen, unsere Erkenntnisse aufzugreifen, und wir hoffen, dass diese irgendwann zum Wohle der Menschen genutzt werden können.

Dezember 2013

*Sonja Ampssler*
*Werner Betz*

## Inhalt

## Eine Idee wird geboren

Begonnen hat alles im Juni 2011. Wir hatten endlich einen Termin gefunden, an dem wir gemeinsam mit der Sachbuch-Autorin Gisela Ermel eine kleine Exkursion auf den Spuren der „gebeamten Madonnen“ unternehmen konnten. Sie hatte über eine ganze Anzahl von Wallfahrtsorten in Deutschland recherchiert und dabei diesen Ausdruck kreiert, weil vielen Wallfahrten immer wieder ähnliche Geschehnisse zugrunde lagen. Eine Madonnenfigur tauchte plötzlich aus dem Nichts auf, wurde irgendwo gefunden, und wenn man sie in die nächst gelegene Kirche brachte, war sie dort am nächsten Morgen wieder verschwunden. Machte man sich auf die Suche, so konnte man sie dort wieder finden, wo sie ursprünglich aufgetaucht war. Sie war einfach über Nacht wieder dorthin „gebeamt“ worden. Dies wiederholte sich mitunter mehrmals, so dass man davon ausgehen musste, dass genau dort – am Fundort der Madonnenfigur – eine Kirche erbaut werden sollte. Diesen Kirchen wurden dann oftmals Wunderheilungen nachgesagt und es entwickelten sich Wallfahrten zu diesen Orten.

Es gibt auch andere Überlieferungen, wonach an bestimmten Orten das Baumaterial für eine Kirche am nächsten Morgen plötzlich an einer anderen Stelle lag. Auch das wertete man als Hinweis darauf, dass genau jene Stelle für eine Kirche vorgesehen war und folgte dann auch diesem Hinweis, baute sie also genau dort.

Da einige der Wallfahrtskirchen vom zentral gelegenen Rhein-Main-Dreieck nicht weit entfernt waren, unternahmen wir an einem Wochenende im Juni 2011 unsere kleine Erkundungstour. Wir fanden die Kirchen sowohl mitten in dicht bewohnten Städten – beispielsweise in Aschaffenburg – als auch in exponierter Lage in der freien Natur. Zum Teil werden heute noch große Wallfahrten dorthin durchgeführt – wie nach Maria Einsiedel bei Gernsheim – andere sind heute nur noch eine Ruine, weil sie als Wallfahrtsort längst aufgegeben wurden. Aber all diesen Stätten ist eins gemeinsam, sie haben eine besondere Ausstrahlung und Wirkung auf den Besucher, die sich nur schwer mit Worten erklären lässt.

Nach zwei erlebnisreichen, schönen Tagestouren zu diesen sowohl historisch als auch theologisch bedeutsamen Orten genoss ich mit Sonja Ampssler noch einige Gläser Rotwein und wir diskutierten das Gesehene.

Unsere Gedanken konzentrierten sich dabei irgendwann auf mehrere Fragen: „WER wollte, dass sich genau an diesen Orten Menschen versammeln und wie bewirkte er das beamen der Madonnenfiguren oder des Baumaterials?“

*Abb.1 : Die Wallfahrtskapelle „Maria Bildeich“ auf der Sickinger Höhe, nahe Kirchenambach (Landkreis Südwestpfalz).*

Wir kamen dabei auf den Gedanken, dass der unsichtbare Drahtzieher - wer auch immer dahintersteckte - sich möglicherweise Kräfte zunutze gemacht hat, die an diesem Ort wirken und diese Kräfte den Menschen offenbaren wollte, sie ihnen zugänglich und nutzbar machen wollte. Ob ihm das gelungen ist, ist eine andere Frage, aber unsere Gedanken kreisten um diese Kräfte. Natürlich ist es ein offenes Geheimnis, dass viele alte Kirchen - wenn nicht sogar alle - auf Kraftorten erbaut sind, die sich mit Hilfe von Wünschelruten lokalisieren lassen. Doch genau das ist der kritische Punkt. Nicht weil wir das nicht glauben wollten, sondern weil diesen Kräften die wissenschaftliche Anerkennung nach wie vor versagt wird. Bei vielen Menschen stößt man auf Unverständnis, wenn man mit der Rute hantiert, von einigen wird man belächelt und als Esoteriker abgestempelt. Dies geht im schlimmsten Fall so weit, dass Menschen, die man nur als Fanatiker bezeichnen kann, das Rutengehen mit Okkultismus und Neonazistischem Gedankengut in Verbindung bringen.

Wenn hier Kräfte am Werk sind, welche sogar nutzbar gemacht werden können, so müssten diese doch auch physikalisch nachweisbar sein. Wenn uns das gelingt, so könnten wir das Rutengehen entmystifizieren und vielleicht den Vorgängen um die Entstehung der Wallfahrtsorte einen Bruchteil ihrer Rätsel entlocken. Nachdem dieses kühne Vorhaben in unseren Köpfen seinen Ursprung gefunden hatte, begaben wir uns zu später Stunde und noch mehr Gläsern Rotwein zur Nachtruhe.

## Der Gedanke – in Theorie und Praxis

Die Erkenntnis des nächsten Tages, dass unser Vorhaben - bei Licht betrachtet - nicht einfach umzusetzen sein würde, konnte uns nicht entmutigen. Auch dass wir nicht die ersten waren, die sich mit „Kräften aus dem Nichts" beschäftigten, stimmte uns zuversichtlich. Wohl der bekannteste unter unseren Vorreitern war unzweifelhaft Nicola Tesla, der nicht nur einen Weg gefunden hatte, elektrische Energie drahtlos zu übertragen, sondern dem man auch nachsagt, dass er elektrische Energie aus dem Nichts schöpfte. Dr. Hermann Wild, ein schweizer Physiker, dessen Bücher „Die vergessene Energie"[1] und „Auf dem Weg zur unerschöpflichen Energie"[2] ich vor einigen Jahren verlegt hatte, hat darin auch eine Erklärung dafür gefunden. Er macht hierfür eine kosmische Energie verantwortlich, die im gesamten Weltraum gegenwärtig ist und ständig aus den Weiten des Alls auf die Erde einströmt.

Doch was hatte dies mit den Wallfahrtskirchen zu tun? Gibt es hier tatsächlich Zusammenhänge und könnte auch hier diese kosmische Energie ihre Finger im Spiel gehabt haben? Das ist nicht auszuschließen, doch auch diese ist bisher für uns eine unbekannte Größe, die wir erst einmal lokalisieren müssen, um mit ihr überhaupt rechnen zu können. Wenn wir auf der Suche nach einer Kraft sind, von der wir weder den Ursprung kennen noch wissen welcher Art sie überhaupt ist, müssen wir also anders vorgehen. Wir müssen eine bekannte physikalische Kraft dahingehend

---

[1] Wild, Hermann: Die vergessene Energie, Groß-Gerau 2003

[2] Wild, Hermann: Auf dem Weg zur unerschöpflichen Energie, Groß-Gerau 2004

untersuchen, ob an diesen Orten eine messbare Beeinflussung erkennbar ist.

Auch das sagt sich leicht, wenn man nicht weiß wonach genau man sucht Es folgten Wochen, in welchen ich mit hochempfindlichen elektrischen Messgeräten, Gabel- und Winkelrute und Tesla-Spulen experimentierte. Immer wieder hatte ich das Gefühl, kleinste Abweichungen bei meinen Messungen festzustellen, doch diese waren zu gering, um sie in irgendeiner Weise dokumentieren zu können. Ich wurde immer erfindungsreicher bei meinen Versuchen, eine Größe zu finden, die empfindlich genug ist, um sich durch sehr kleine Kräfte messbar beeinflussen zu lassen.

Diese Größe fand ich schließlich in der Form von Wellen, und zwar von sehr langen Wellen im niederfrequenten Bereich bis etwa 30 kHz, es sind die so genannten Längstwellen (VLF). Sie sind unterschiedlichen Ursprungs, unter anderem gibt es Funkwellen in diesem Bereich, der hauptsächlich noch militärisch genutzt wird. Im Gegensatz zu kurzen und extrem kurzen Wellen haben diese eine sehr große Reichweite, lassen sich jedoch auch leicht durch Störfaktoren beeinflussen – eine Eigenschaft, von der wir hofften, dass sie uns nutzen könnte.

Nach einigen weniger erfolgreichen Versuchen fand ich auch eine technische Möglichkeit, diese Wellen sehr differenziert zu messen und Unterschiede in ihrer Intensität aufzuzeichnen. Es ist eine relativ einfache Lösung, bei der mir die Erfahrungen und Erkenntnisse der Amateurfunker zu Hilfe kamen. Man benötigt nicht mehr als ein Notebook, eine frei erhältliche Software sowie eine geeignete Antenne. Bei der Software handelt es sich um ein Produkt namens „Spectrum Lab", die im Internet kostenlos als Download erhältlich ist.[3]

Diese Software ist ursprünglich zur Analyse von Wellen im hörbaren Bereich entwickelt, jedoch für unseren Zweck geeignet, da wir Wellen in einem Frequenzbereich untersuchen wollen, der sich mit dem der hörbaren Schallwellen weitgehend deckt. Sofern das Notebook ein internes Mikrofon besitzt, muss dieses abgeschaltet werden und über den externen

---

[3] Die Software ist z. B. hier erhältlich: http://www.softpedia.com/progDownload/Spectrum-Lab-Download-111604. html

Mikrofoneingang wird das Signal eingespeist.[4] Empfangen wird dieses Signal von einer Antenne, für die Bastler im Internet verschiedene Tipps geben. Für unsere Messungen hat sich jedoch eine Tesla-Spule bewährt, die als Elektronikbastel-Bedarf erhältlich ist. Zweckmäßigerweise verbindet man die Sekundärspule mit dem Notebook, die Anschlüsse der Primärspule können unberücksichtigt bleiben. Zu beachten ist noch, dass die Antenne die Wellen am besten empfängt, wenn sie im rechten Winkel zur Richtung, in der sich der Sender befindet, platziert wird. Und schon kann es los gehen.

## Ein geeignetes Objekt

Unsere ersten Untersuchungen vor Ort konzentrierten sich natürlich auf diverse Wallfahrtsstätten, denn wir wollten ja wissen, ob dort Energien vorhanden sind, die wir mit Hilfe Längstwellen identifizieren konnten. Darunter waren traditionelle Kultplätze, so auch die Ruine der Wallfahrtskirche Lichtenklingen in unmittelbarer Nachbarschaft eines uralten Quellheiligtums in der Nähe von Eiterbach (Odenwald). Die Kraft dieser Orte ist mit Hilfe einer Wünschelrute durchaus erspürbar, doch genau das war nicht die Methode unserer Beweisführung. Wir wollten doch nachweisen, dass es auch physikalische Methoden gibt, mit denen diese Kräfte geortet werden können.

Doch falsch gedacht – die Orte, an denen die Kirchlein und Tempel erbaut waren oder an denen man von alters her Steinformationen als Kraftorte erkannt hatte, schienen zumindest im Hinblick auf eine mögliche Beeinflussung der Längstwellen völlig neutral zu sein. Fast waren wir wieder an dem Punkt angelangt, an dem wir unsere Messmethode erneut in Frage stellen und ganz von vorne anfangen wollten. Doch vor allem Messungen direkt vor unserer Stadtkirche in Groß-Gerau zeigten mir, dass es doch Orte zu geben schien, an denen sich die Wellen äußerst merkwürdig verhalten. Erste Messungen dort hatten gezeigt, dass Signale, welche laut unseren Sender-Listen ihren Ursprung in militärischen Kommunikationsanlagen haben, plötzlich verschwinden, wenn man die Antenne nur um etwa einen Meter versetzt, sie dabei jedoch in der gleichen Richtung belässt. Sollte etwas am Gebäude der Kirche einen Effekt haben, der

---

[4] Lutz, Harald: Längstwellenempfang mit dem PC, beam-Verlag, Marburg 2004

die Wellen abschirmt? Das wäre eine Erklärung, doch es gab noch andere seltsame Abweichungen, die wir uns nicht erklären konnten. Sollte das Gebäude selbst die Fähigkeit besitzen, diese Wellen zu beeinflussen? Wir tappten weiterhin im dunklen, solange wir keinen eindeutigen Beweis dafür hatten, dass das eine etwas mit dem anderen zu tun hat. Es wurde uns immer klarer, dass der aber nicht so einfach zu führen sein würde.

*Abb. 2: Das Quellheiligtum bei der Ruine von Lichtenklingen.*

Nun stand auf meiner Liste der für uns interessanten Objekte seit langem ein Ort, eine kleine Kapelle, die ich vor einigen Jahren einmal besucht hatte. Daher schlug ich Sonja im Frühjahr 2012 vor, dass wir uns diese Kapelle einmal näher ansehen sollten. Sie war sofort einverstanden, doch ich weiß nicht, ob sie viel Hoffnung in diese - vielleicht letzte - Möglichkeit setzte. Aber wir hatten nicht mehr viele Alternativen, also fuhren wir an einem Samstagvormittag in Richtung Sauerland. Nach etwa 300 km erreichten wir unser Ziel in der Nähe des Möhnesees, den kleinen Ort Drüggelte. Der Ort besteht nur aus wenigen Häusern und man vermutet dort kaum eine Sehenswürdigkeit oder ein Gebäude mit ganz besonderer Bedeutung. Doch vor längerer Zeit hatte mich ein Radiästhesist auf die kleine Kirche, die „Drüggelter Kapelle“, aufmerksam gemacht. Es war damals nicht einfach gewesen, Informationen darüber zu erhalten, aber das ist heute dank wikipedia.de kein Problem mehr.

Dort erfährt man, dass die Kapelle vermutlich aus dem 12. Jahrhundert stammt, aber genau wie die Entstehungszeit stützen sich auch viele andere angegebenen Fakten auf Vermutungen. Es soll ein Versammlungsort der Katharer gewesen sein, andere Quellen verweisen auf einen heidnischen Ursprung des Ortes. Unstreitig ist aber, dass das Bauwerk einige Besonderheiten aufweist, die ihresgleichen suchen. Der Grundriss hat die Form eines Zwölfecks, die Decke des Raumes mit nur etwa elf Metern Durchmesser wird von 16 Säulen getragen - eine Konstruktion, die aus statischer Sicht keine Notwendigkeit darstellt.

Als ich mein Auto auf dem kleinen Parkplatz abstellte, hatte Sonja die Kapelle noch gar nicht wahr genommen, obwohl unser Blick direkt darauf gerichtet war. Ich sagte: „So, hier ist sie“ und hörte als Antwort den etwas enttäuscht klingenden Satz: „Und deshalb sind wir nun 300 km gefahren?“

*Abb. 3: Die „Drüggelter Kapelle“.*

## Die „Drüggelter Kapelle" verblüfft uns

Angesichts des äußeren Erscheinungsbildes des Bauwerks war Sonjas Reaktion ohne weiteres verständlich. Auch auf der Seite von wikipedia lesen wir, dass die Kapelle von außen recht unauffällig wirkt, und das nicht besonders freundliche Wetter am 17. März, im Übergang zwischen Winter und Frühling, verstärkte diesen Eindruck noch.

Sonja folgte mir also ohne große Erwartungen zur Kapelle. Das Notebook und die Antenne hatten wir zunächst im Auto gelassen, ich nahm lediglich die Wünschelruten mit. Als wir die Kapelle betraten, veränderte sich deren Eindruck auf Sonja unvermittelt, was in ihrem erstaunt klingenden Satz „Was ist das denn?" zum Ausdruck kam. Wir ließen den seltsamen Raum zunächst einen Moment auf uns wirken. Die vielen Säulen auf kleinem Raum behinderten die Sicht in jeder Richtung, man konnte das Innere der Kapelle von keinem Standort aus in seiner Gesamtheit wahrnehmen.

*Abb. 4: Das Innere der „Drüggelter Kapelle".*

Nun zeigte ich ihr das, worauf mich vor längerem der Radiästhesist Silvio Hellemann hingewiesen hatte, und was ich bei meinem ersten Besuch dort bereits ausprobieren konnte. Ich nahm die Winkelruten in die

Hand und ging damit langsam um den äußeren Säulenkreis. Jedes Mal, wenn ich mich hinter einer der Säulen befand, kreuzten sich die Ruten, sobald ich den Zwischenraum zwischen zwei Säulen erreichte, war diese Wirkung offenbar wieder aufgehoben, die Ruten zeigten wieder nach vorn. Dies wiederholte sich an jeder der Säulen. Nun staunte Sonja, so wie ich damals, als ich zum ersten Mal meine Runde um die Säulen drehte.

Was war das? Ich konnte die Frage nicht beantworten, wusste nur dass es so war. Nun wollten wir es noch genauer wissen. Ich ging mit den Ruten innerhalb des Säulenkreises und hier schien sich die Wirkung ins Gegenteil zu verkehren. Jetzt kreuzten sich die Ruten, wenn ich mich auf der Höhe es Zwischenraumes zwischen den Säulen befand. Wenn ich die Säule erreichte, zeigten sie nach vorn. Hätte man außerhalb des Säulenkreises noch vermuten können, dass hier zwölf Kraftlinien von außen auf die Mitte des Raumes zulaufen, dann müssten diese - dem Rutenausschlag zufolge - aber innerhalb der Säulen versetzt weiter gehen. Ein solches Phänomen hatte ich noch nie erlebt und auch noch von keinem anderen Fall gehört. Jetzt wollten wir aber wissen, wie unsere Antenne hier drinnen reagiert.

Wir holten das Notebook und die Antenne aus dem Auto und während der Rechner hochfuhr, waren wir mächtig gespannt. Wenn die Funkwellen der vorwiegend militärischen Sender diesen Raum unbeeindruckt durchdringen konnten, so hatten wir die falsche Methode gewählt, um diese Kräfte nachzuweisen. Es war die Stunde der Wahrheit.

Wir begannen mit unseren Messungen in der Kapelle, wo auch die Signale empfangen wurden. Nochmals zur Erinnerung: Die Antenne muss für einen optimalen Empfang im rechten Winkel zur Richtung, in welcher der Sender liegt, ausgerichtet sein. Dreht man sie um 90°, so ist das Signal nur noch schwach bzw. - je nach Signalstärke - überhaupt nicht mehr vorhanden. So kann man immer genau feststellen, in welcher Richtung sich die Welle ausbreitet.

Doch das war jetzt plötzlich nicht mehr so. Die Ausbreitungsrichtung der Welle schien sich an einigen Stellen in der Kapelle zu verändern, je nachdem ob sich die Antenne hinter einer Säule oder auf Höhe des Zwischenraums zwischen zwei Säulen befand. Wir testeten weiter, unzählige Male veränderten wir den Standort der Antenne, und jedes Mal konnten wir feststellen, dass die Welle ihre Richtung änderte. Direkt neben einer der Säulen verschwand das Signal sogar vollständig.

Es war uns natürlich klar, dass dies kein großer Schritt war, denn wir hatten keine Ahnung, was hier passierte. Wir standen völlig am Anfang und mussten feststellen, dass wir einem Berg von Fragen standen. Dieser wurde nicht kleiner, als wir die Antenne mit nach draußen nahmen, um dort Vergleichsmessungen vorzunehmen.

Zunächst konnten wir neben der Kapelle die Signale der uns bekannten Längstwellen-Sender messen, sie verhielten sich dort wie von anderen Orten gewohnt, das heißt sie zeigten keine merkwürdigen Veränderungen, so wie innerhalb der Kapelle. Das änderte sich jedoch schlagartig, als wir die Antenne im Freien hinter der kleinen Apsis platzierten. Dort schienen sich Signale bestimmter Frequenzen wieder um 90° zu drehen, wenn wir die Antenne nur etwa einen Meter zur Seite hin versetzten. Aber nicht nur das, plötzlich verschwammen die Signale der einzelnen Sender in dem gemessenen Bereich von 16 bis 21 kHz in einem Feld mit insgesamt deutlich erhöhter Signalstärke fast über den gesamten gemessenen Bereich.

Dieses Phänomen war nur in dem Bereich hinter der Apsis zu beobachten und warf weitere Fragen auf:

- Sind die Signale hier stärker und wenn ja, welchen Grund hat das?
- Oder kommen in diesem Bereich weitere Signale hinzu, die einen anderen Ursprung als die militärischen Sendeanlagen haben?
- Werden hier Signale verschiedener Art gebündelt oder handelt es sich möglicherweise gar nicht um solche, sondern um eine Energie, welche induktiv auf die Spule wirkt, und die einen anderen Ursprung hat?

Auf diese Fragen hatten wir noch lange keine Antwort, das war uns bewusst. Wir standen jetzt erst am Anfang unserer Recherchen und Forschungen, die noch viel Zeit in Anspruch nehmen würden und von denen wir noch nicht wussten, welches Ergebnis sie uns bringen werden. Wir standen vor einem Rätsel! Bereits auf der Heimfahrt wurde uns klar, dass wir nochmals hierher müssen, um die Ergebnisse weiter zu differenzieren und vor allem detailliert aufzuzeichnen.

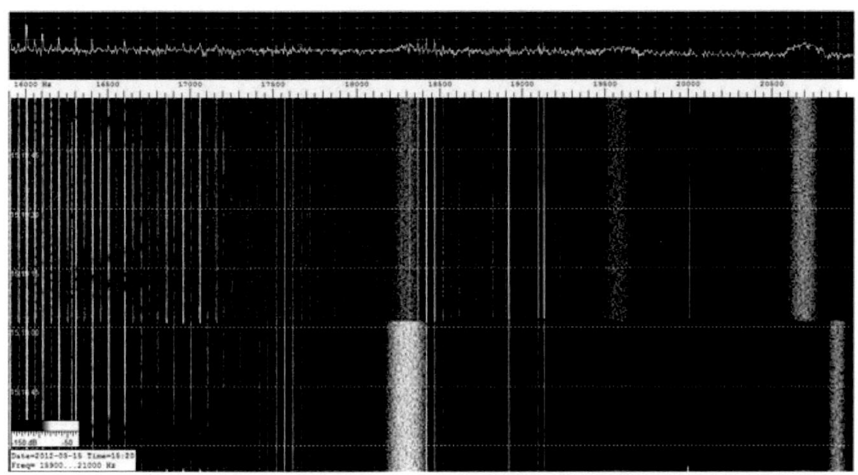

*Abb. 5: Beim drehen der Antenne um 90° empfängt man in der Regel Signale anderer Sender, die eine andere Ausbreitungsrichtung haben. Hier erkennen wir bei 18,3 kHz und 20,9 kHz die Signale des Senders Le Blanc (Frankreich), bei drehen der Antenne empfangen wir bei 19,6 kHz die Signale des Senders Criggion (Großbritannien) und bei 20,76 kHz die Signale des Senders Tavolara (Italien).*

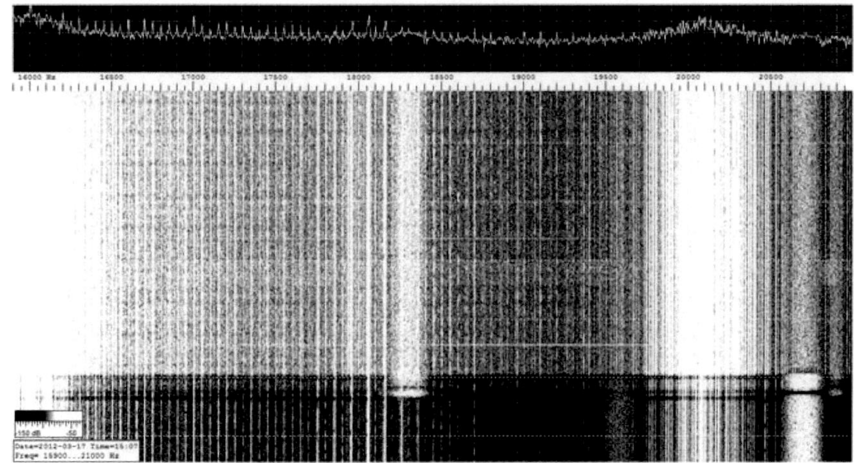

*Abb. 6: Hinter der Apsis der Drüggelter Kapelle ist erhöhte Signalstärke in unterschiedlichen Frequenzbereichen messbar, die sich mit den Signalen der bekannten Sendeanlagen nicht erklären lässt.*

## Rätselhafte Baumeister

In den Wochen nach unserem Ausflug ins Sauerland planten wir die folgenden Exkursionen und nahmen weitere Messungen an verschiedenen Orten vor. Doch die Ergebnisse von Drüggelte wiederholten sich nirgends. Also war es wichtig zu überlegen, welche Besonderheiten diese Kapelle auszeichnet, die möglicherweise diese verblüffende Wirkung auf die Ausbreitung der Längstwellen haben. Der ungewöhnliche Grundriss und die Anordnung der Säulen stechen dabei natürlich als erstes und ganz besonders ins Auge. Doch etwas Ähnliches fanden wir bei unseren Recherchen nicht. Daher stellten wir uns die Frage, wem wir dieses Bauwerk denn überhaupt zu verdanken haben. Wer auch immer das war, er könnte besondere Kenntnisse gehabt haben, um diesen Effekt zu erzielen. Dass dies reiner Zufall sein könnte, hielten wir für unwahrscheinlich. Wir gingen davon aus, dass die Baumeister genau wussten, welche Wirkungen das Bauwerk hat. Natürlich gab es im 12. Jahrhundert noch keine Längstwellen aus militärischen Sendeanlagen, doch diese waren für uns ja auch nur ein Hilfsmittel, um die Kräfte, die in dem Gebäude wirksam waren, sichtbar und messbar zu machen.

Wer könnte sich also hier betätigt haben? Vielleicht bringt uns die Geschichte der Drüggelter Kapelle auf eine Spur, mit der wir uns deshalb ein wenig näher befassen wollen. Doch bereits wenn wir nach ihrem Ursprung forschen, stoßen wir auf die ersten Rätsel. Ihre Bauzeit konnte bis heute nicht eindeutig festgelegt werden. Seriöse Forscher gehen jedoch davon aus, dass diese in das 12. oder 13. Jahrhundert datiert werden kann. Es gibt Vermutungen, die Kapelle sei ursprünglich ein heidnisches Bauwerk gewesen, oder zumindest als christlicher Nachfolgebau an der Stätte eines vorchristlichen Heiligtums errichtet worden. Ein Nachweis hierfür fehlt, doch das ist nicht auszuschließen, denn es war gängige Praxis, Kirchen und Kapellen an diesen Stätten zu errichten.

Es kann auch nicht als belegt angesehen werden, dass die Kapelle eine Versammlungsstätte der Katharer war, wie Gisela Jacobi-Büsing 1964 vermutete.[5] Sie geht von einer Erbauung im 13. Jahrhundert aus und stellte sich Gottfried II. von Arnsberg als möglichen Gönner der Katharer vor. Gegen diese Theorie spricht vor allem, dass die Katharer Kirchenbauten

[5] http://de.wikipedia.org/wiki/Dr%C3%BCggelter_Kapelle

ablehnten, sie versammelten sich in der Regel in Häusern, Höhlen oder unter freiem Himmel.

Eine weitere Theorie sieht die Drüggelter Kapelle als mögliche Kopie der berühmten mittelalterlichen Jerusalemer Grabeskirche, auch der Felsendom wurde als Vorbild ins Gespräch gebracht.

Die Eheleute Hedwig und Günter Fleischer aus Amteroth haben sich mit den diversen Theorien zur Entstehungsgeschichte der Kapelle eingehend auseinander gesetzt.[6] Im Internet finden wir ihre empfehlenswerte Abhandlung, die eine ganze Reihe von Aspekten berücksichtigt und im Ergebnis mehrere Verbindungen zum Templerorden aufzeigt, die in den Veröffentlichungen weitgehend unberücksichtigt bleiben, von den Eheleuten Fleischer jedoch gut belegt werden. Insbesondere ist dabei zu berücksichtigen:

- Zu Pfingsten 1217 treffen sich in Drüggelte 30 Ritter zur Teilnahme an einem Kreuzzug. Dieser Kreuzzug führt nach Damiette und ist von den Templern geprägt worden.
- Die engen Beziehungen der Grafen von Arnsberg zu den Prämonstratensern und Zisterziensern und die Teilnahme am Kreuzzug nach Damiette (ab 1217) lassen auch einen intensiven Kontakt zu den Templern vermuten.
- Im Jahr 1338 fällt die Drüggelter Heilig-Kreuz-Kapelle an das Dominikanerinnenkloster „Paradiese" in Soest. Von Augsburg ist bekannt, dass nach Auflösung des Templerordens der gesamte Templerbesitz den Dominikanern zugesprochen wurde.
- Zur Drüggelter Kapelle gibt es Analogien zu polygonen Templerkirchen, zum Beispiel zu Segovia/Spanien, Tomar/Portugal, Laon/ Nordfrankreich, London, Paris. Das Patrozinium „Heiliges Kreuz" entspricht der 12-eckigen Templerkapelle in Segovia/Spanien.

Es ist also nicht unwahrscheinlich, dass die Kapelle eine Bedeutung für den Templerorden hatte oder dass seine Mitglieder möglicherweise sogar am Bau oder an der Gestaltung der Kapelle mitgewirkt haben. Eine Möglichkeit mehr, die wir bei unseren Überlegungen einbeziehen müssen, die uns aber der Lösung des Rätsels noch nicht näher bringt.

---

[6] http://www.fleischer-amteroth.de/resources/Drueggelte.pdf

Jedoch finden wir bei den Eheleuten Fleischer einen weiteren interessanten Hinweis. Dort ist eine Grafik über die Erdstrahlenstruktur im Bereich der Drüggelter Kapelle abgebildet, die von dem Radiästhesisten Reiner Padligur[7] angefertigt wurde. Aus dieser geht hervor, dass sich dort mehrere Störzonen wie Wasseradern und geologische Verwerfungen kreuzen.

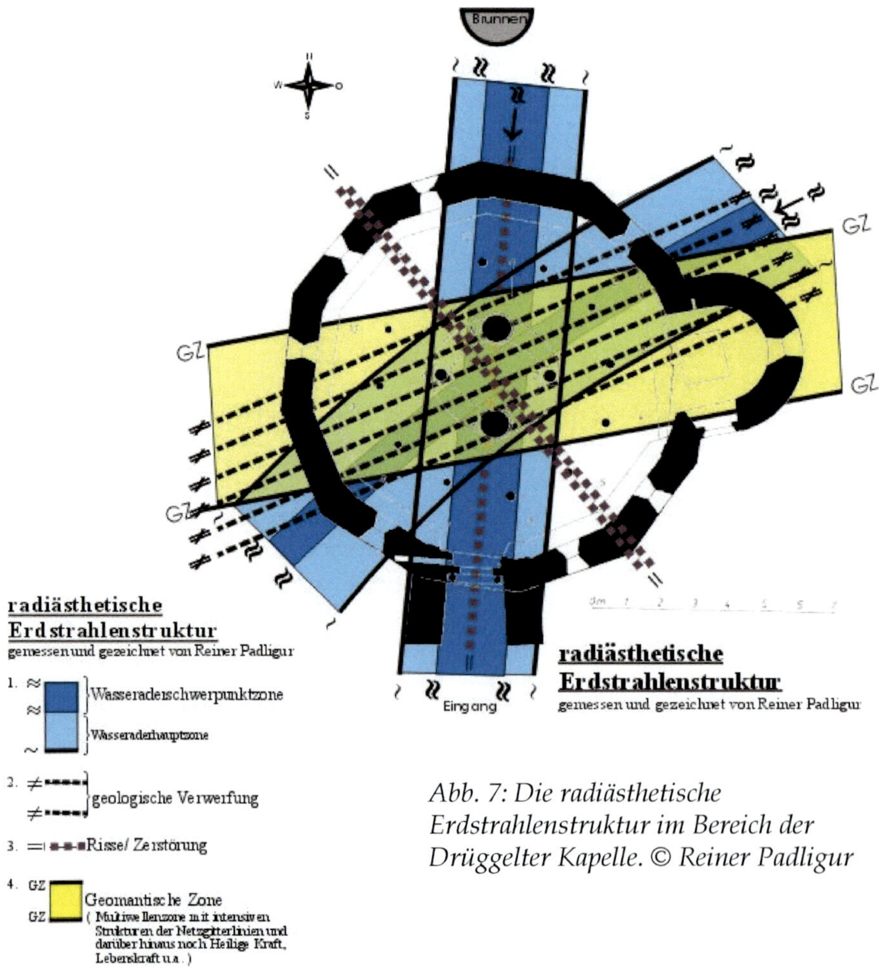


*Abb. 7: Die radiästhetische Erdstrahlenstruktur im Bereich der Drüggelter Kapelle. © Reiner Padligur*

[7] Reiner Padligur, Alte Str. 37 b, 58452 Witten, www.reiner-padligur.de http://www.reiner-padligur.de/info_drueggelter_Kapelle.htm

Haben diese – bisher „nicht wissenschaftlich nachweisbaren“ – Kräfte etwas mit den von uns gemessenen Energien zu tun? Die Vermutung liegt nahe, denn der von Padligur als „Geomantische Zone“ bezeichnete Streifen deckt sich auffällig mit dem Bereich, in welchem hinter der Apsis (auf der rechten der Grafik) die erhöhte Signalstärke über einen breiten Frequenzbereich gemessen wurde.

Es bleibt natürlich die Frage offen, warum sich dieses Ergebnis nicht im Inneren der Kapelle fortsetzt. Es scheint, als würde das Bauwerk die gemessenen Kräfte abschirmen. Auch das ist zunächst wieder nicht mehr als eine neue Vermutung, denn wir wissen immer noch nicht, welche Kräfte hier wirken. Dennoch verdichten sich die Hinweise darauf, dass unsere erste Überlegung nicht völlig verkehrt war, nämlich dass es Zusammenhänge zwischen den radiästhetisch gemessenen Kräften und den von uns gemessenen Werten gibt. Neu ist jedoch jetzt, dass wir nicht mehr ausschließlich deren Auswirkungen auf die Funkwellen feststellen, sondern dass wir nun offenbar eine Energie messen, die auf unsere Antenne wirkt, und deren Herkunft uns noch nicht bekannt ist. Ein neuer Aspekt, den wir von nun an bei unseren weiteren Messungen berücksichtigen müssen.

## Spurensuche in Südfrankreich

Im Mai 2012 stand unsere alljährliche Tour in die Pyrenäen wieder an. Sie führte uns, wie auch in den Jahren zuvor, nach Sougraigne, einem kleinen Dorf in der Nähe von Rennes-le-Château, wobei die Geschichte um den sagenhaften Reichtum des Dorfpfarrers Bérenger Saunière schon lange nicht mehr der Grund unserer Besuche dort war. Natürlich besuchen wir immer wieder die Dorfkirche von Rennes-le-Château sowie das zugehörige Museum und den „Tour Magdala“, doch die Suche nach dem Schatzhort, den der Pfarrer möglicherweise gefunden hat, war nie Ziel unserer Besuche dort. Es ist vielmehr die Geschichtsträchtigkeit der gesamten Region mit ihren Rätseln und Besonderheiten, die uns immer wieder anzieht. Also hatten wir auch dieses Mal einen von Nicolas Benzin gut ausgearbeiteten Reiseplan im Gepäck, der uns zu interessanten historischen Stätten führen sollte. Aber wir hatten selbstverständlich auch unsere Antenne und das Notebook parat, denn wir wollten uns die Gelegenheit nicht entgehen lassen, die Plätze am Pic de Bugarach, am Cromlech von Rennes-le-Bains sowie an der Salsquelle und andere Orte, die uns interessant schienen, zu untersuchen.

Bei unserer Ankunft konnten wir jedoch bereits erkennen, dass uns in diesem Jahr das Wetter einen Strich durch die Rechnung machen würde. Es goss in Strömen und ein Ende des Dauerregens war für die nächsten Tage nicht abzusehen. An Messungen draußen war gar nicht zu denken, wir mussten unsere Pläne also ändern. Was wir uns natürlich nicht nehmen ließen, war der obligatorische Besuch am ersten Tag unseres Aufenthalts bei Udo und Manuela Vits auf der Domaine de la Sals. Die beiden leben dort in einem alten Gemäuer, nur wenige Meter von der Sals-Quelle entfernt, inmitten einem Areal, auf dem noch einige rätselhafte archäologische Funde ihrer Entdeckung harren. Auf Grund des permanenten Regens mussten wir die übliche Begehung des Geländes, die zwingend zu jedem Besuch gehört, für diesen Tag ausfallen lassen und machten es uns gleich im so genannten „Salon" bequem. Dieser Salon ist der mittlere Raum im Erdgeschoss des alten Gebäudes, das auf eine bewegte Geschichte zurück blickt. Auch wenn es sich bei den vermeintlichen gotischen Spitzbögen, die Wände und Türen zieren, um Pappmaché-Dekor aus der Neuzeit handelt, so wirken sie doch beeindruckend und geben dem Raum eine interessante historische Note.

Doch dieses Kunstgriffs bedürfte es eigentlich überhaupt nicht, sowohl der Salon als auch die gesamte Domaine haben ohnehin eine mystische Ausstrahlung, die man nicht ohne weiteres erklären kann. Aber die künstlichen Bögen sind nun einmal da und gehören dazu, genauso wie der Kamin mit seiner offenen Feuerstelle, die fast die gesamte Breite des Raumes einnimmt. Dieser überdimensionierte Kamin – viel zu groß für den Raum – ist ein Hinweis darauf, dass er einmal einen viel größeren Raum heizte, dass also die Etage früher nicht in einzelne Zimmer unterteilt war, sondern eine Einheit bildete.

Udo wusste wie immer viel zu erzählen von seinen Entdeckungstouren des vergangenen Jahres. Er hat immer wieder interessante Neuigkeiten über Funde und Entdeckungen in der Region auf Lager und am liebsten wären wir sofort aufgebrochen, um seinen Spuren zu folgen, doch dagegen sprach der immer noch anhaltende Regen.

*Abb. 8: Das Hauptgebäude der Domaine de la Salse.*

*Abb. 9: Nicolas Benzin, Gisela Ermel und Sonja Ampssler im „Salon" der Domaine de la Sals.*

Deshalb entschloss ich mich, das Notebook und die Antenne aus dem Auto zu holen, damit wir sowohl unseren Mitreisenden als auch Udo und Manuela zeigen konnten, was wir vorhatten. Wir hatten davon erzählt, doch sie konnten es sich nicht genau vorstellen, daher wollten wir es demonstrieren.

Wir begannen mit den Messungen an verschiedenen Stellen im Raum. Wir konnten sehr gut die Signale von verschiedenen, uns aus den Listen der Amateur-Funker bekannten, Sendern ausmachen und an diesen Beispielen zeigen, dass man entweder die einen oder die anderen empfängt, je nachdem wie man die Antenne dreht. Doch neben diesen Signalen in dem uns bekannten Muster empfingen wir dort offenbar noch Signale einer anderen Art. Sie hatten nicht die Streuung wie die der militärischen Sender, die sie auf dem Monitor als helles Band in eine Breite von etwa 150 Hertz um die Sendefrequenz herum erscheinen ließen (siehe Abb. 5.), sondern es handelte sich um sehr deutliche, scharf abgegrenzte Signale im Bereich von 20,75 bis 21,1 kHz.

Wir wurden mit Fragen bombardiert. NEIN, wir hatten keine Ahnung, wer diese Wellen durch den Äther schickt! Die Fragen waren für uns sehr hilfreich, denn so erfuhren wir, was wir dem Leser oder dem Zuhörer alles erklären müssen, wenn wir über das Thema schreiben oder reden werden. Es gibt natürlich noch andere Quellen für Längstwellen außer den Sendern in unserer Liste. So gibt es Signale natürlichen Ursprungs in diesem Frequenzbereich, das sind die Sferics (auch bekannt als Atmosphärische Impulssstrahlung). Dabei handelt es sich um das impulshafte Auftreten elektromagnetischer Wellen natürlichen Ursprungs innerhalb der Erdatmosphäre, die Hauptquelle sind zum Beispiel Gewitter, deren Blitzaktivitäten elektromagnetische Felder erzeugen. Auch erzeugen elektrische und elektronische Geräte Wellen in diesem Frequenzbereich, was man immer beachten muss. So darf sich beim messen die Antenne nicht zu nahe beim Monitor befinden, weil dieser eine hohe Strahlungsrate hat. Andere Störfaktoren lassen sich mitunter nicht ausschließen, aber man muss sie kennen und immer berücksichtigen. Doch Udo versicherte uns, dass keine elektrischen Geräte in Betrieb waren. Sogar der Kühlschrank war ausgeschaltet, weil gerade weder das Windrad in Betrieb war (welches üblicherweise den Strom für die Domaine liefert) noch lief der Generator (der für den Fall vorhanden ist, dass das Windrad ausfällt). Also konnten wir derartige Störungen durch Quellen in unmittelbarer Nähe ausschließen und beobachteten auch das Verhalten dieser Signale.

Beim Drehen der Antenne wurde deutlich, dass sich diese Signale nur in einer Richtung ausbreiteten, genau wie die, die ihren Ursprung in den bekannten Sendeanlagen hatten.

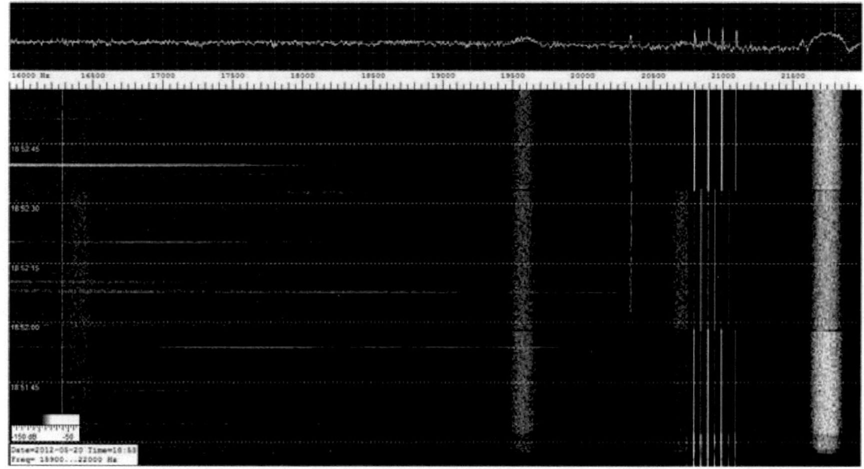


*Abb. 10: Als weiße Striche deutlich abgegrenzt sind die Signale im Bereich von 20,75 bis 21,1 kHz zu erkennen, die sich offenbar auch in einer bestimmten Richtung ausbreiten, wie man beim drehen der Antenne sehen kann.*

Dabei fällt auch auf, dass der Abstand zwischen zwei Signalen permanent 50 Hertz betrug, wobei diese aber meist abwechselnd in verschiedener Richtung verliefen, sich also kreuzten. Das ist in der Aufzeichnung (Abb. 10) gut zu erkennen und es bestätigte sich bei allen Messungen, auch in den angrenzenden Räumen.

Wie bereits erwähnt war uns die Diskussion über unsere Messungen sehr hilfreich, und nun stellte Manuela die Frage, was denn sei, wenn man die Antenne aufrecht stellt anstatt mit der liegenden Spule zu messen. Ich konnte diese Frage beantworten, denn ich hatte es bereits getestet. Bei aufrecht stehender Antennenspule ist meist nur noch ein schwaches bis gar kein Signal mehr sichtbar. Das liegt daran, dass Antennen in der Regel polarisierte Wellen ausstrahlen, also Transversalwellen, die nur in einer bestimmten Richtung schwingen. Diese werden dann natürlich am besten empfangen, wenn die Antenne ebenfalls in der Schwingungsrichtung ausgerichtet ist. Um meine Aussage zu belegen, stellte ich die Antenne jetzt aufrecht und wiederholte die Messung. Mit einem verblüffenden Ergebnis!

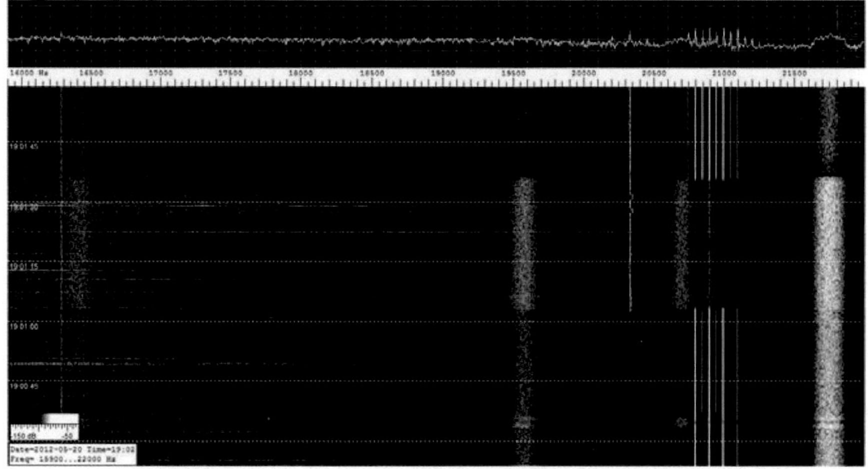

*Abb. 11: Hier ist die Antenne in der Mitte des Salons positioniert. Zunächst längs zum Gebäude ausgerichtet, dann quer dazu, und zuletzt (oberer Bereich der Grafik) senkrecht aufgestellt. Hierbei werden die Signale nicht schwächer, sondern sie summieren sich, als würden alle Wellen in der gleichen Richtung schwingen. Gleichzeitig kann man erkennen, dass das Signal des Senders Le Blanc bei 21,75 kHz deutlich an Intensität verliert, wenn die Antenne senkrecht steht.*

Das hatten wir nicht erwartet. Die Signale wurden nicht schwächer oder verschwanden gar vom Monitor, stattdessen summierten sie sich, als würden alle empfangenen Wellen plötzlich in der gleichen Richtung schwingen. Wir wiederholten auch diese Messung an verschiedenen Stellen des Raumes. Dabei konnten wir feststellen, dass die Stärke der Signale, dort wo sie scheinbar „gedreht" wurden, nicht überall gleich stark war. Am einheitlichsten jedoch war die Stärke der Signale etwa in der Raummitte, die auch weitgehend mit der Mitte des gesamten Gebäudes identisch ist. Kreuzten sich alle diese Signale in der Raummitte oder änderte sich an der Stelle sogar ihre Schwingungsrichtung? Es hatte zwar den Anschein, dass es sich hierbei ebenfalls elektromagnetische Funkwellen handelte, doch waren sie das überhaupt? Wenn ja, warum traten sie dann ausgerechnet bei der Domaine de la Sals in dieser Häufigkeit auf und warum verhielten sie sich genau dort so merkwürdig?

Um es vorweg zu nehmen: Ein paar Tage später – als es aufgehört hatte zu regnen – nahmen wir in der Gegend eine Reihe von weiteren Messungen vor. Dabei berücksichtigten wir die gemachte Erfahrung und nahmen an den Messpunkten auch Messungen mit senkrecht stehender Antenne vor, nirgendwo jedoch mit dem gleichen Ergebnis wie im Salon der Domaine de la Sals. Das Phänomen hatte also entweder etwas mit dem Ort zu tun oder es wurde durch das Gebäude beeinflusst. Dies galt es nun herauszufinden und darauf sollten sich unsere weiteren Untersuchungen konzentrieren.

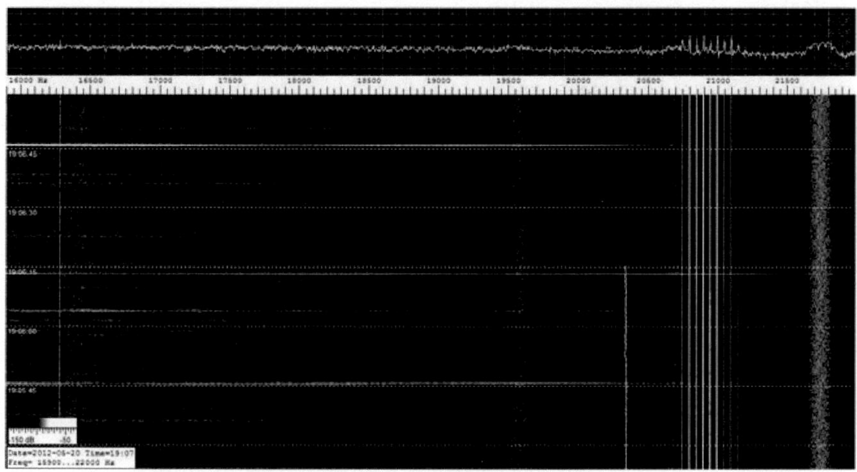

*Abb. 12: Die Mitte des Raumes ist der einzige Punkt, an dem die Signale im Bereich zwischen 20,8 kHz und 21,1 kHz annähernd die gleiche Intensität haben. Es scheint, als würden die Wellen hier um 90° gekippt.*

Doch um noch etwas vorweg zu nehmen und der Frage zuvor zu kommen: Wir waren vier Tage später auch nochmals auf der Domaine. Das Wetter hatte umgeschlagen und der Frühling war endlich gekommen, kein Dauerregen mehr – doch die Ergebnisse unserer Messungen im Salon waren dieselben. Wetterbedingte Störungen konnten wir daher auch ausschließen.

## Exkurs in die Megalith-Zeit

Als wir wenige Tage nach unserem verregneten Besuch auf der Domaine erneut dort eintrafen, war uns der Wettergott freundlicher gesinnt. Daher beschlossen wir, unsere Messungen an dem so genannten „Glasofen" fortzusetzen. Dabei handelt es sich um ein seltsames Bauwerk, welches sich etwas abseits der Domaine im Wald befindet. Ich kenne diesen Ort schon lange, doch seit einigen Jahren hat er sich sehr verändert bzw. ist verändert worden. Es handelt sich um ein kleines Megalith-Ganggrab, welches aus einem Gang und einer anschließenden Kuppel besteht. Was davon übrig war, hatte Udo Vits schon vor längerem freigelegt und gesichert.

*Abb. 13: So kennen wir die Fundstätte des Megalith-Ganggrabes aus der Zeit, bevor die Archäologen am Werk waren.*

Bereits damals war eine Besonderheit erkennbar. In der Kuppel der völlig aus Natursteinen errichteten Anlage befand sich ein Einbau aus Ziegelsteinen, eine Art „Zwischendecke" mit mehreren Löchern, und viele der Steine in der Kuppel waren mit einer grünlichen Glasschicht überzogen. Dieser Umstand führte auch dazu, dass die Anlage inzwischen als mittelalterlicher Glasofen dargestellt wird.

Diese Theorie ist jedoch aus verschiedenen Gründen nicht haltbar. Die Kuppel wurde inzwischen von den Archäologen mit einem Fenster versehen, durch welches der Ofen angeblich bedient wurde. Das ist auch erforderlich, denn durch den Gang wäre eine Bedienung wegen der großen Hitze gar nicht möglich gewesen. Der Vergleich mit mittelalterlichen Waldglasöfen zeigt, dass die Öffnungen frei zugänglich sein müssen, der Hitzestau in einem vorgelagerten Gang wäre für einen Menschen nicht zu verkraften. Doch da wir die Anlage wie gesagt schon seit Jahren kennen, wissen wir definitiv, dass dieses Fenster ursprünglich nicht vorhanden war. Es wurde von den Archäologen in die Wand geschlagen, weil der „Glasofen“ ohne dieses keinen Sinn macht und nicht betrieben werden kann.

*Abb. 14: Die grüne Glasschicht auf den Steinen ist bis zu mehrere mm dick. (Foto: Elke Straßburger)*

Im Laufe der Jahre habe ich einige Recherchen hinsichtlich dieses Bauwerks vorgenommen und auch andere Leute waren nicht untätig. So war es befreundeten Autoren gelungen, eine chemische Analyse des Glases zu erhalten, die wir bereits im Jahr 2010 einem kleinen Kreis Interessierter vorstellen konnten. Diese kam zu einem völlig überraschenden Ergebnis, welches bis heute nicht nachvollziehbar ist.

Die wichtigsten Ergebnisse der Glasanalyse:

Die chemische Analyse der Glasphase ergab eindeutig, dass es sich beim Glas nicht um ein konventionelles Glas handelt. Beweis dafür ist das völlige Fehlen des Elements Calcium und das fast völlige Fehlen des Elements Natrium (beides Hauptbestandteile des sogenannten „Fensterglases"), damit kommt ein neuzeitlicher Ursprung für das Glas nicht in Frage.

Die glasartige Beschaffenheit der Probe und die Analyse ergeben zwingend die Folgerung, dass die Probe einer sehr hohen Temperatur ausgesetzt sein muss (mindestens 2.000° C, eher 2.500° C), da Material dieser Zusammensetzung erst oberhalb 2.000° C zu einem klaren Glas aufschmilzt.

Fazit: Die Untersuchung erbrachte den Nachweis, dass es sich bei einem Teil der Probe um ein Glas handelt, welches mit Hilfe sehr hoher Temperatur (> 2.000° C) auf dem felsigen Untergrund (wahrscheinlich Sandstein) erzeugt wurde. Modernes Glas kann nach der Analyse mit großer Sicherheit ausgeschlossen werden; ebenso kommen natürliche Prozesse (Brand, Vulkanismus) für die Glasbildung mit Sicherheit nicht in Frage.

Ich will an dieser Stelle nicht der Frage nachgehen, wie dieses Glas entstanden ist. Das zu klären, wäre eine eigene Publikation wert, die mit Sicherheit erheblichen Umfang hätte. Alleine die uns bereits bekannte Tatsache, dass es sich hier nicht um einen mittelalterlichen Glasofen handeln kann, veranlasste uns jedoch – wie eingangs erwähnt – mit Notebook und Antenne bewaffnet zu dem „Ofen" zu wandern. Unsere Messungen dort zeigten allerdings keine bemerkenswerte Ablenkung der bekannten Längstwellen-Signale. Ein Effekt, wie wir ihn im Salon der Domaine gemessen hatten, war nicht erkennbar.

Dafür war eine andere Besonderheit sehr auffällig. Je näher wir die Antenne an dem Megalith-Bauwerk platzierten, umso mehr Signale zeigten sich, die wir zunächst als Störung einordneten. Dabei handelte es sich um kurze Impulse, die sich über einen breiteren Frequenzbereich erstreckten. Auf dem Monitor waren diese als helle Querstreifen in kurzen Abständen sichtbar. Wie wir später bei der Auswertung feststellten, waren solche Impulse bereits bei den Messungen im Salon aufgetreten, jedoch nicht in dieser Häufigkeit (siehe Abb. 12). Aber auch im Salon waren Störungen auszuschließen, weil zum Zeitpunkt der Messungen weder der Generator noch das üblicherweise der Stromerzeugung dienende Windrad in Betrieb waren. Hier oben auf der Waldlichtung kam keinerlei Störung durch elektrische Anlagen in Betracht, weil es weit und breit keine solchen gab. Wir nahmen das Ergebnis also zur Kenntnis, ohne hierfür eine Erklärung parat zu haben.

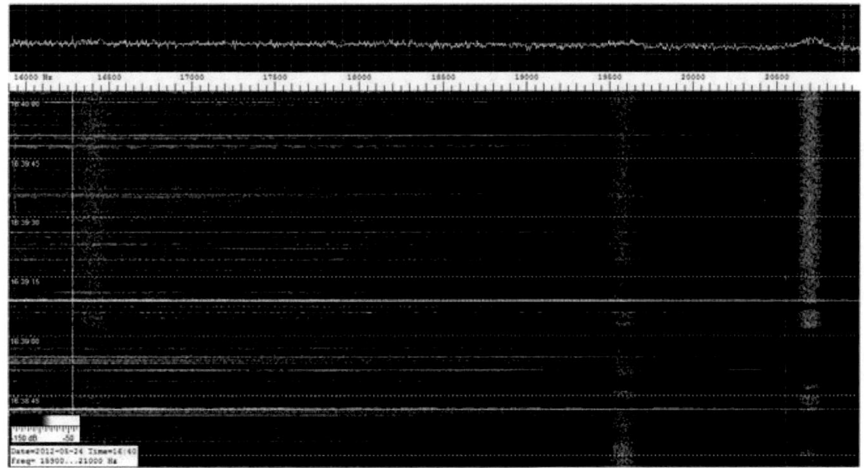


*Abb. 15: Für die impulsartig auftretenden „Störungen" bei dem Megalith-Ganggrab hatten wir keine Erklärung.*

Als wir nach unserer Exkursion zur Domaine zurück kamen, saßen wir noch eine Zeit lang im Garten und ließen uns von der Sonne verwöhnen. Da stieß Yannick, der Präsident der Gesellschaft „Les amis de la Sals" zu uns und wir berichteten über unsere Aktivitäten. Als er hörte, dass wir an dem „Glasofen“ gemessen hatten, fragte er sofort – ohne zu wissen, welcher Art unsere Messungen überhaupt waren – ob wir auch die pulsierende Energie gemessen hätten.

Das ließ uns aufhorchen und wir hakten nach, welche Energie er wohl meinen würde. Da erklärte er uns, dass im vergangenen Jahr jemand mit ihm bei dem „Ofen“ war, der die Kunst des Remote Viewing, also der Fernwahrnehmung beherrschte. Dieser Mann habe mit Hilfe seiner Wahrnehmung festgestellt, dass hier eine Energie pulsiert. Remote Viewing wird zum Bereich der Parapsychologie gerechnet und die Ergebnisse werden außersinnlicher Wahrnehmung zugerechnet, was natürlich aus wissenschaftlicher Sicht äußerst umstritten ist bzw. abgelehnt wird, da man davon ausgeht, dass so genannte Psi-Effekte nicht beliebig reproduzierbar bzw. praktisch anwendbar sind.

Doch was hatte dieser Mann im vergangenen Jahr hier wahrgenommen ... und was hatten wir – reproduzierbar und nachprüfbar – gemessen?

## Energiefelder in der Stadtkirche?

Wir wussten nun, dass offenbar Bauwerke – wenn auch nicht jedes beliebige Bauwerk – dazu beitragen können, dass Längstwellen verschiedener Herkunft ihre Richtung von der waagrechten in die senkrechte ändern. Um herauszufinden, warum das so ist, waren jedoch noch weitere Untersuchungen an anderen Bauwerken erforderlich, das wussten wir auch. Doch wo sollten wir weiter machen?

Es gab so viele Möglichkeiten und wir überlegten, wo wir als nächstes ansetzen sollten. Auf Grund von Messungen, die wir als Test bereits vor vielen Wochen vorgenommen hatten, lag die Vermutung nahe, dass die Stadtkirche Groß-Gerau ein interessantes Objekt sein könnte.

Wir konnten uns noch nicht vorstellen, warum das so sein sollte, da gerade diese Kirche wiederholt zerstört und in abgeänderter oder erweiterter Form wieder neu aufgebaut worden war. Doch unsere Tests hatten uns neugierig werden lassen, denn sie hatten bereits auf dem Vorplatz vor dem Turm ein merkwürdiges Verhalten der gemessenen Wellen gezeigt. Wir hatten dort Wellen verschiedener Stärke gemessen, die dem Anschein nach nichts mit den Längstwellen der militärischen Sender zu tun hatten. Die gemessenen Wellen summierten sich teilweise zu ganzen Feldern, um mitunter bei einer Messung mit parallel versetzter Antenne wieder fast zu verschwinden. Das wollten wir einerseits nochmals nachprüfen und aufzeichnen, darüber hinaus mit Messungen innerhalb der Kirche vergleichen. Daher fanden wir uns schon bald mit unserer Ausrüstung vor der Kirche ein.

*Abb. 16: Eingangsportal der Stadtkirche Groß-Gerau.*

Vor dem Portal begannen wir mit unseren Messungen. Tatsächlich konnten wir die gleichen Ergebnisse aufzeichnen, die wir von unserem letzten Besuch noch in Erinnerung hatten. So zeigte sich in der Mitte vor dem Eingangsportal zunächst keine Besonderheit. Das Signal bei 20,76 kHz des Senders Tavolara (vergl. Abb. 5) verläuft hier quer zum Kirchenschiff, bei Drehung der Antenne um 90° ist es nicht mehr vorhanden.

Wenn man nun die Antenne um wenige Meter nach links, zur Begrenzung des Turms, versetzt (linker Bildrand Abb. 16), so haben wir quer zum Kirchenschiff ein ähnliches Bild wie vor dem Eingangsportal, was auch zu erwarten war. Wird die Antenne allerdings hier um 90° gedreht, so wird hier im Bereich von 16 bis 19 kHz ein Feld mit insgesamt deutlich erhöhter Signalstärke gemessen, also genauso wie außerhalb der Apsis der Drüggelter Kapelle. Im Bereich darüber, bis 21 kHz, sind es viele einzelne, scharf abgegrenzte Signale, die hinzu kommen.

Doch zu unserer Überraschung stellen wir noch etwas fest. Das Signal des Senders Tavolara verschwindet hier nicht beim drehen der Antenne, sondern es wird deutlich stärker. So, als würde es hier seine Richtung um 90° ändern und darüber hinaus noch verstärkt wahrgenommen werden.

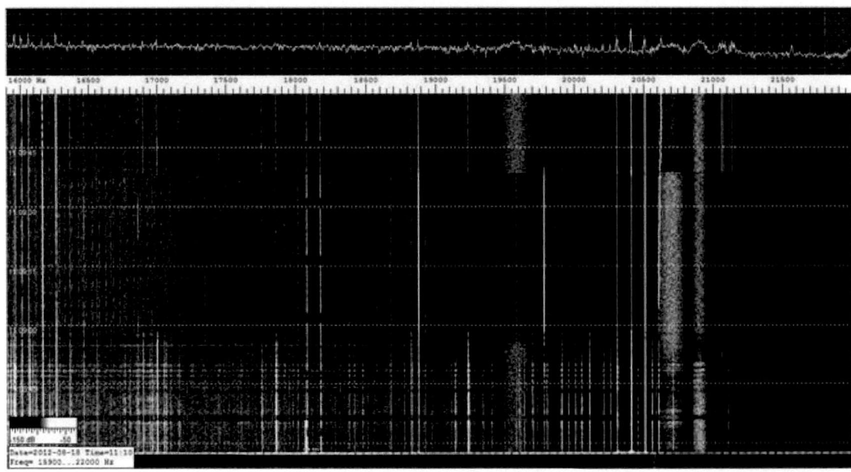


*Abb. 17: Quer zum Kirchenschiff ist das Signal des Senders Tavolara erkennbar (Mitte der Grafik), nach dem Drehen der Antenne wird das Signal nicht mehr empfangen.*

Dieser Effekt beschränkt sich jedoch nicht auf die Stelle in Verlängerung der Turm-Außenmauer, sondern setzt sich fort, wenn man die Messung noch weiter links - in Verlängerung des Seitenschiffs - vornimmt. Allerdings wird das Energiefeld dort wieder etwas schwächer, auch das Signal bei 20,76 kHz ist nicht mehr so stark, jedoch weiterhin auch längs zum Kirchenschiff messbar.

Auch den Effekt, dass die Funkwellen scheinbar ihre Richtung wechseln, hatten wir bereits in Drüggelte messen können. Also konnten wir auch hier eine Parallele feststellen, nun gingen wir ins Innere der Kirche. Dort zeigten die Funksignale kein außergewöhnliches Verhalten, verliefen also alle in der erwarteten Richtung. Allerdings war das erhöhte Energiefeld an keiner Stelle innerhalb der Kirche in der Art messbar, wie es außerhalb vorhanden war. Es endet offenbar an der Mauer, genauso wie es auch in Drüggelte der Fall ist. Wenn es nicht dort endet, muss man davon ausgehen, dass es abgeschirmt wird. Davon wäre in Drüggelte auszugehen, wenn man annimmt, dass das gemessene Feld etwas mit der von

Reiner Padligur festgestellten „Geomantischen Zone“ zu tun hat, was jedoch noch nachzuweisen wäre.

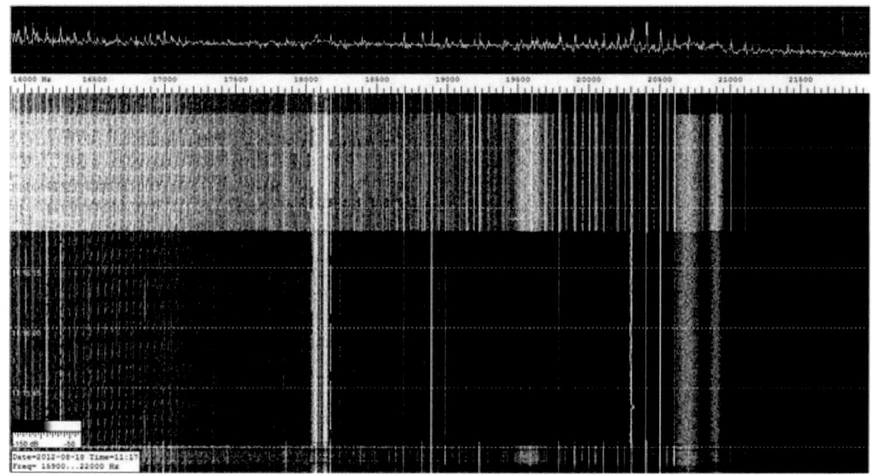


*Abb. 18: Welche Energie wirkt am linken Rand des Kirchturms auf die Antenne und warum verstärkt sich das Signal bei 20,76 kHz beim Drehen der Antenne (oberes Drittel der Grafik) anstatt zu verschwinden?*

Doch sollte das so sein, müssen wir dann davon ausgehen, dass es in Groß-Gerau auch eine solche Zone am Kirchenbau gibt? Eine Untersuchung ähnlich der von Herrn Padligur in Drüggelte wurde hier nie vorgenommen, daher kann darüber keine Aussage getroffen werden. Mit der Rute jedoch ist eine Reihe von Kraftlinien feststellbar, die sich auch im Bereich der Kirche kreuzen. Ich will jedoch nochmals erwähnen, dass wir diese nicht als „Messwert“ zugrunde legen, da sie doch – wie eingangs erwähnt – nicht als wissenschaftliche Messmethode anerkannt sind. Wir wollen sie lediglich zum Vergleich heranziehen, um mögliche Parallelen zwischen den untersuchten Orten aufzuzeigen.

Wir haben uns natürlich auch die Frage gestellt, ob es weitere Parallelen zwischen den Bauwerken gibt und wollen uns hierüber ein paar Gedanken machen. Dabei können wir architektonische Ähnlichkeiten zunächst ausschließen, da die Kapelle in Drüggelte mit ihrer Säulenanordnung ein ganz eigenes Erscheinungsbild hat, welches wir in keiner „gewöhnlichen“ Kirche wiederfinden. Zum anderen müssen wir bei einem Blick auf die Architektur auf jeden Fall beachten, dass die Stadtkirche in

Groß-Gerau im Laufe der Jahrhunderte mehrmals in ihrer Form verändert wurde und zuletzt im 2. Weltkrieg weitgehend zerstört war und neu errichtet wurde, also einen Vergleich überhaupt nicht zulässt.

Also blicken wir zurück in die Geschichte der Kirche und suchen wir ihre Ursprünge. Sie wurde 1262 erstmals urkundlich erwähnt. Aus dieser Erwähnung geht hervor, dass sie fünf Jahre zuvor während einer Fehde zerstört worden war.[8] Deshalb ist davon auszugehen, dass bereits vor dem Jahr 1257 an dieser Stelle bereits ein Kirchenbau stand. Die Christianisierung Hessens erfolgte ab dem 8. Jahrhundert, jedoch soll es in Groß-Gerau ab dem 9. Jahrhundert mehrere kleine Kapellen gegeben haben, bevor die „große" Kirche auf der Sanddüne gebaut wurde, die damals eher am Stadtrand gelegen war. Somit ist die Gründung dieses Kirchenbaus auf die Zeit zwischen dem 10. und dem frühen 13. Jahrhundert eingegrenzt.

Wir erinnern uns, dass die Drüggelter Kapelle in das 12. oder 13. Jahrhundert datiert wird. Es handelt sich also bei beiden Bauwerken um relativ frühe Sakralbauten der christlichen Kirche, deren Ursprung nur sehr ungenau datiert werden kann. Auch diese Tatsache sahen wir jedoch nicht als Grund, unsere Recherchen nur auf Kirchen zu beschränken, auch wenn diese eine große Rolle zu spielen schienen. Unsere Liste war inzwischen lang geworden und wir wussten, dass wir noch viele Kilometer vor uns hatten.

## Störungen!

Der aufmerksame Leser wird sich inzwischen natürlich fragen, welche Einflüsse in unserer Welt voller Elektro-Smog und strahlender Energien auf unsere Antenne wirken könnten und uns so vielleicht Ergebnisse vorgaukeln, die überhaupt nichts mit den untersuchten Plätzen oder Gebäuden zu tun haben. Diese Frage haben wir uns selbstverständlich auch gestellt, wobei wir dem interessierten Bastler, der unsere Methode ausprobieren möchte, gleich einige Tipps geben können.

---

[8] Flach, Franz: Das Gotteshaus auf dem „Kerchehewwel". Die Geschichte der Stadtkirche zu Groß-Gerau, 1993

Auf jeden Fall ist darauf zu achten, dass die Antenne nicht in unmittelbarer Nähe eines Autos platziert wird, dessen Motor läuft. Dessen Elektronik sowie Zündfunken usw. beeinflussen die Messungen erheblich, es sind keine aussagekräftigen Messungen möglich. Durch ausprobieren kann man jedoch gerade an diesem Beispiel schnell feststellen, dass die Störungen in einer Entfernung von wenigen Metern bereits keinen Einfluss mehr haben. Das bedeutet aber gleichzeitig, dass mit der Antenne messbare Energien oder Kräfte entweder noch intensiver sein müssen oder in einem geringen Abstand zur Antenne wirken.

Nun gibt es natürlich noch andere, auch wesentlich größere und stärkere Störfaktoren, die wir ausschließen wollten. Das können starke Elektromotoren sein, die relativ weit ausstrahlen sowie stromführende Leitungen, deren Felder unsere Spule induzieren. Im Extremfall könnte das eine Überlandleitung sein, also haben wir auch das getestet, um fehlerhafte Messungen auszuschließen. Dabei erhält man, wenn die Antenne direkt unter der Leitung platziert wird, ein Bild, welches sich eindeutig als „Störung" erkennen lässt, da keine Signale in gleichbleibender Frequenz aufgenommen werden.

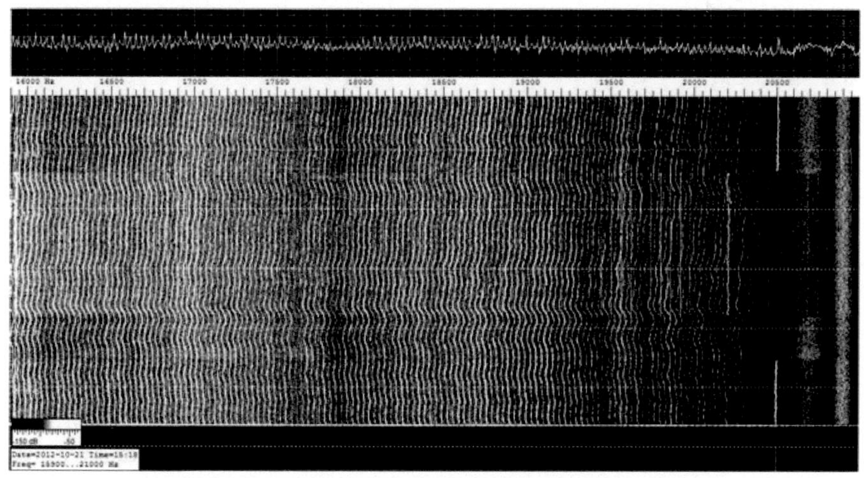


*Abb. 19: Störender Einfluss einer Hochspannungsleitung.*

Ähnliche Signale empfangen wir neben einem Umspannwerk, was uns nicht verwundern darf. In einer Entfernung von 20 bis 40 Metern reduzieren aber auch diese sich und es bleiben letztlich nur noch einige wenige

Signale. Dennoch ist hier Vorsicht geboten bei der Interpretation und es sollte immer geprüft werden, ob solche Störfaktoren in der Nähe vorhanden sind. Das ist bei einer Hochspannungsleitung einfach zu erkennen, aber wie ist es mit verdeckten Stromleitungen?

Auch das haben wir selbstverständlich ausprobiert, um Fehler zu vermeiden. Dabei haben wir festgestellt, dass es keine Rolle spielt, ob die Beleuchtung in einem Raum eingeschaltet ist oder nicht, also ob Strom in den Leitungen fließt oder nicht. Die Antenne stand dabei inmitten eines Raumes mit mehreren Lampen, die wechselweise durch verschiedene Schalter über ein Relais geschaltet werden können. Es waren also in jeder Richtung nur wenige Meter bis zum nächsten Stromkabel. Dabei war die einzige messbare Störung die Schaltung des Relais. Diese verursachte einen Impuls über die gesamte gemessene Breite des Spektrums, in dem Fall 16 bis 21 kHz.

Dieser Impuls ist von der Stärke etwa vergleichbar mit den stärksten der in den Pyrenäen bei dem Megalithgrab gemessenen Impulse. Doch dort oben befanden wir uns in der freien Natur, weit und breit war kein Haus und keine Stromleitung zu sehen, ganz zu schweigen von einem Relais-Schalter. Und doch waren dort die Impulse in unregelmäßigen, kurzen Abständen messbar, so als würde jemand ständig das Licht ein- und ausschalten.

Hierzu ist noch zu bemerken, dass das alleinige ein- und ausschalten nicht genügt, um einen derartigen Impuls zu senden. Zum Vergleich haben wir ein Elektrogerät mit großem Stromverbrauch – in dem Fall den Elektroherd – eingeschaltet, während die Antenne unmittelbar davor platziert war. Dabei ist kein derartiger Impuls messbar, es ist also für die Messung unerheblich, ob in ganz geringer Entfernung plötzlich Strom zu fließen beginnt. Dennoch achten wir natürlich bei den Messungen darauf, dass dies möglichst nicht der Fall ist, und wie Sie sich vielleicht erinnern, haben wir uns auch bei den Messungen in dem alten Haus an der Sals-Quelle versichert, dass jegliche Generatoren oder Stromquellen inaktiv waren. Trotzdem haben wir auch dort Impulse messen können, die man eher in einem hochtechnisierten Haus als in der unberührten Wildnis erwartet hätte.

## Die Mutter aller Löcher

Unsere nächste Exkursion führte uns zu einem Platz, den ich bereits in meinem Buch „Unterirdische Mysterien“[9] beschrieben hatte, weil er so ungewöhnlich ist. Es handelt sich um den Heiligenberg bei Heidelberg mit seinen verschiedenen Bebauungen aus unterschiedlichen Zeiten, wobei unser besonderes Interesse dem „Heidenloch“ galt. Nach einer kurzen Irrfahrt am Samstagmorgen trafen wir uns in einem kleinen Ort nahe Heidelberg und setzten unsere Tour gemeinsam fort.

Sonja wusste, dass ich immer gut vorbereitet war und hatte daher - auch aus Zeitnot - nicht über unser heutiges Ziel recherchiert. Auf dem Weg fragte sie mich: „Wo fahren wir eigentlich hin?“ Ich erklärte ihr daraufhin in wenigen Sätzen, dass das interessanteste auf dem Heiligenberg mit Sicherheit das Heidenloch ist, eine alte Brunnenanlage, deren genauer Entstehungszeitpunkt unbekannt ist. „Ein Loch also“ lautete ihr Fazit, worauf ich erwiderte: „Nicht einfach nur ein Loch, das ist die Mutter aller Löcher!“ Schallendes Gelächter war ihre Antwort. „Der Werner wieder. ‚Die Mutter aller Löcher‘ - na da bin ich ja mal gespannt.“

Nach kurzer Zeit waren wir auf dem Heiligenberg angekommen und begaben uns als erstes zu dem kleinen Pavillon, der zum Schutz über dem Brunnen errichtet ist. Ein Blick in den Schacht sowie auf die kurze Beschreibung, die an der Wand hängt, genügte, und Sonja gestand mir zu: „Du hast recht. Das ist die Mutter aller Löcher.“

Wir blickten in einen Schacht mit einer Tiefe von 55 Metern, der an seinem oberen Rand einen Durchmesser von drei bis vier Metern aufweist. Der Schacht ist in den Fels gearbeitet und oben mit großen Naturstein-Quadern ummauert. Wenn man die Beleuchtung einschaltet und durch das Abdeckgitter nach unten schaut, kann man die Tiefe nur erahnen. Den Brunnenmantel hat man auf Grund der Steinmetztechnik auf die Zeit um 1100 n. Chr. datiert, doch der Schacht selbst ist wesentlich älter. Die bei der Freilegung entdeckte Sohle aus römischen Ziegellagen könnte vermuten lassen, dass die Römer den Brunnen erbauten, doch war das Areal bereits in vorrömischer Zeit von den Kelten besiedelt, wovon Reste einer doppelten keltischen Ringwallanlage aus dem 4. Jahrhundert v. Chr.

---

[9] Betz, Werner: Unterirdische Mysterien, 2. Auflage 2012

zeugen. Also ist es auch denkbar, dass die Römer einen bereits vorhandenen Brunnen ausbauten und nutzten.

*Abb. 20: Dieser Pavillon auf dem Heiligenberg verbirgt den 55 Meter tiefen Brunnenschacht unbekannten Ursprungs.*

Aber nicht alleine der Brunnenschacht hatte unsere Aufmerksamkeit auf den Berg gelenkt. Es gibt dort außerdem den Bismarckturm, der zu Gedenken des ersten Reichskanzlers dort errichtet wurde sowie die Ruinen des Michaelsklosters mit seiner 1023 errichteten Basilika und des Stephansklosters, welches um das Jahr 1090 gegründet wurde. Der Ort übte also offenbar seit langem eine Faszination auf Kelten, Römer oder christliche Glaubensgemeinschaften aus, der sich auch die Führungsriege des so genannten „Dritten Reiches“ nicht entziehen konnten. Sie bauten 1935 auf dem Berg eine „Thingstätte“, ein Freilichttheater mit 8.000 Plätzen. Es ist bekannt, dass Adolf Hitler und viele Personen aus seinem Umfeld einen starken Hang zum germanisch-mystischen Gedankengut hatten, daher liegt der Grund nahe, dass sie sich auch diesen Berg für ihre Propagandazwecke zunutze machten. Eine Stätte, die über einen so langen Zeitraum die Menschen verschiedener Epochen anzieht, muss auch einen kultischen Charakter haben, sie muss etwas besonders sein. Daher könnte sie auch für unsere Forschungen interessant sein und wir waren gespannt, was unsere Messungen ergeben würden.

Wir starteten beim Stephanskloster und dem Bismarckturm, die beide nur durch die Straße und ein paar Meter Gelände vom Heidenloch getrennt sind. Doch sowohl auf den ersten als auch auf den zweiten Blick zeigten sich keine sensationellen Ergebnisse. Die Messergebnisse waren unspektakulär, die aufgezeichneten Funkfrequenzen verhielten sich wie gewohnt, und nur vereinzelt wurden schwache Impulse über einen breiteren Frequenzbereich aufgezeichnet. Hierbei konnten wir jedoch keine markante Häufung an bestimmten Punkten feststellen, auch die Häufigkeit der Impulse variierte, von einer Regelmäßigkeit konnte nicht die Rede sein. Erst als wir zu Hause die Grafiken nochmals verglichen, bemerkten wir eine Besonderheit.

Wir hatten während unserer Messungen unsere Antenne immer wieder auch aufrecht gestellt. In dieser Position werden die Funkfrequenzen der diversen Sender in der Regel nicht oder viel schwächer wahr genommen, weil diese sich - wie bereits erwähnt - parallel zum Boden ausbreiten. Das bestätigte sich auch zunächst in der Ruine des Stephansklosters, wie die Aufzeichnung deutlich erkennen lässt.

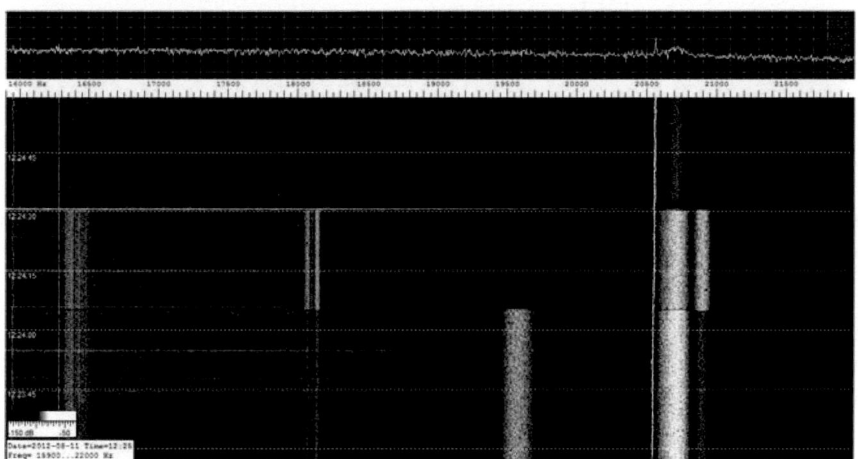

*Abb. 21: Im oberen Drittel der Grafik ist erkennbar, dass bei aufrecht gestellter Antenne die vorher gemessenen Funkwellen fast vollständig verschwinden. Nur das stärkste Signal bei 20,76 kHz ist noch schwach zu erkennen.*

Als wir uns jedoch mit aufrecht gestellter Antenne dem Heidenloch näherten, wurde dieses Signal umso stärker, je näher wir dem Loch kamen. Daraus sollte man ableiten können, dass auch hier irgendeine Kraft wirkt, die geeignet ist, die Richtung der Funkwellen zu verändern bzw. – da die Welle in ihrer eigentlichen Richtung noch messbar war – diese so zu streuen, dass sie sowohl horizontal als auch vertikal messbar ist. In einem Abstand von nur noch drei Metern zur Hütte mit dem Schacht war der Unterschied wie in der Grafik sichtbar zu erkennen.

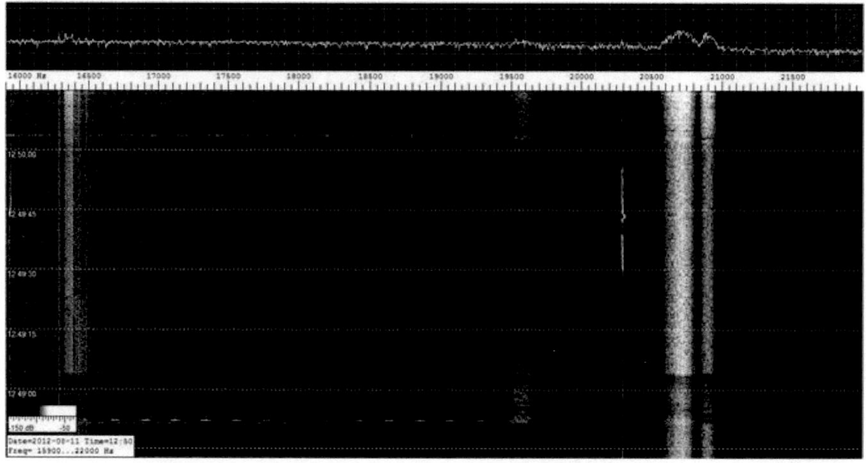

*Abb. 22: Deutlich ist im mittleren Bereich der Grafik erkennbar, dass die Funkwellen sich hier auch in vertikaler Richtung bewegen.*

Erstaunt waren wir jedoch, als wir sahen, dass dieser Effekt auch noch an anderen Stellen auf dem Berg auftrat, so zum Beispiel auf der Bühne des Freilichttheaters.

Das Signal bei 20,76 kHz war im hinteren, überdachten Bereich (hinter der mittleren Türöffnung) nur im rechten Winkel zur Blickrichtung deutlich messbar, in vertikaler Richtung war es noch vorhanden, hier war es nicht mehr so stark. Wenn wir die Antenne nach vorn an den Bühnenrand (in der Mitte des halbrunden Vorsprungs) platzierten, so war das Signal im rechten Winkel zur Blickrichtung genau so stark wie dahinter im überdachten Bereich. Vertikal war es jedoch fast nicht mehr messbar, dafür trat es längs zum Theater auf – wenn auch in abgeschwächter Form.

*Abb. 23: Die Bühne des Freilichttheaters, von den Besucherrängen aus gesehen.*

Welche Kraft oder welche Umstände wirbeln hier die Funksignale durcheinander. Sind es geologische Formationen oder bestimmte Konstruktionsmerkmale der Bauwerke? Wieder einmal wurde uns klar, dass wir noch viel Arbeit vor uns hatten, wenn wir dem Rätsel auf die Spur kommen wollten.

## Frankreich hält eine Überraschung bereit

Nach unseren Erfahrungen bei der Drüggelter Kapelle und der Stadtkirche Groß-Gerau hatten wir überlegt, ob es eine Kirche gäbe, die unsere Erkenntnisse bestätigen könne, oder sogar die Ergebnisse beider Bauwerke vereinen könnte. Eine Kirche, die zudem als „Kraftort" bereits bekannt ist, was auch immer man sich nun darunter vorstellen soll. Da war es ganz klar, dass eine Kathedrale ganz oben auf unserer Wunschliste stand, die Kathedrale von Chartres.

Wir hatten bereits überlegt, wie es möglich wäre, unbehelligt mit dem Notebook, das über ein Kabel mit dem kleinen Rucksack verbunden ist, in dem die Antenne verstaut ist, in der Kathedrale tätig zu werden. Eine offizielle Genehmigung für unsere Messungen in Kirchen zu bekommen, hatte sich bereits in Deutschland - zumindest teilweise - schwierig gestaltet, wie sollte das also in Frankreich funktionieren? Daher hatten wir uns entschlossen, es einfach zu probieren, in der Hoffnung dass wir brauchbare Ergebnisse haben, bis man uns aus dem Gotteshaus verweist. Wir hatten zumindest Bedenken, dass dies der Fall sein könnte, aber wir riskierten es, 600 km einfache Strecke gegebenenfalls umsonst zu fahren und starteten im Oktober 2012 zu einem Wochenendausflug mit dem Ziel Chartres.

Die Fahrt war nicht angenehm, denn wir wurden immer wieder von starken Regengüssen gezwungen, die Geschwindigkeit zu drosseln. Doch kurz bevor wir am Ziel waren, rissen die Wolken auf und die Sonne schien. Wir hatten also doch noch Glück, und nachdem wir im Hotel eingecheckt hatten fuhren wir sofort in die Stadt. Einen Parkplatz fanden wir am Rand des Boulevard du Maréchal Foch, direkt am Ufer eines kleinen Gewässers, welches in früherer Zeit wohl die Stadtgrenze gebildet hat. Dies war eindeutig daran zu erkennen, dass auf der anderen Seite des Flüsschens die Bebauung vorwiegend aus den kleinen, spitzgiebeligen Häusern des 15. und 16. Jahrhunderts bestand, während auf der anderen Seite des Boulevards die moderne Neustadt begann.

Zu Fuß war es von hier aus nur ein paar Minuten, dann traten wir aus einem kleinen Gässchen heraus und blickten direkt auf das Südportal der Kathedrale. Dieses ist bereits sehr beeindruckend und lässt auf den ersten Blick kaum vermuten, dass es noch ein weitaus gewaltigeres Hauptportal an der Westseite geben könnte.

*Abb. 24: Das Westportal der Kathedrale von Chartres.*

Ich kannte jedoch die Örtlichkeiten, da ich bereits vor einigen Jahren einmal hier war, und lenkte meinen Schritt nach links, damit auch Sonja zunächst die Pracht des „offiziellen" Eingangsportals auf sich wirken lassen konnte.

*Abb. 25: Die Westfassade der Kathedrale mit den beiden Türmen aus dem 12. Jahrhundert.*

Durch das Hauptportal betraten wir die Kathedrale und nachdem wir uns ein wenig darin umgesehen hatten, begaben wir uns direkt zu dem im Fußboden des Hauptschiffes eingelassenen Labyrinth. Es war zu diesem Zeitpunkt zum Teil unter Stuhlreihen verborgen, und um uns herum brachten die Führer von internationalen Reisegruppen in den verschiedensten Sprachen ihre Erklärungen hierzu an den Mann bzw. an die Frau. Wir setzten uns auf zwei der Stühle nahe dem Zentrum des Labyrinths, ich schaltete das Notebook ein und Sonja schob den Rucksack mit der Antenne unauffällig nahezu in die Mitte dieses Symbols.

Die Messungen ergaben bereits kleine Auffälligkeiten, die jedoch auf Grund unserer bisherigen Erfahrungen nicht als sensationell bezeichnet werden dürfen. Für sie lassen sich vielleicht sogar einfache Erklärungen finden:

- Während das Signal des Senders Criggion (Großbritannien) bei 19,6 kHz erwartungsgemäß nur in einer Richtung empfangen wurde, war die Aufzeichnung des Signals von Le Blanc (Frankreich) bei 20,9 kHz bei Drehen der Antenne nach wie vor in gleicher Stärke vorhanden.
  Das kann möglicherweise daran liegen, dass der Sender von Le Blanc noch nicht mal 250 Kilometer Luftlinie von Chartres entfernt steht und das Signal dadurch relativ stark ist.
- Im Bereich bis ca. 19,5 kHz finden sich im Abstand von 100 Hertz oder weniger Signale, die mit zunehmender Frequenz schwächer werden.
  Für diese haben wir bisher keine Erklärung, wissen aber auch nicht, ob es sich hierbei um Störeinflüsse handeln könnte. Allerdings werden sie von Harald Lutz in dem Buch *Längstwellenempfang mit dem PC* nicht als Störungen aufgeführt.
- Vereinzelt treten Impulse auf, wie wir sie bereits an anderen Orten gemessen hatten, jedoch nicht in der Häufigkeit wie zum Beispiel bei dem Megalithbau an der Salsquelle und bei weitem nicht in der an anderen Orten gemessenen Stärke.
  Da diese von Harald Lutz als Störungen eingestuft werden, ist bei den sporadisch auftretenden, schwachen Signalen eine Interpretation sehr schwer, da wir bisher noch zu wenige Erfahrungen damit haben.

Als wir die Antenne exakt in der Mitte des Labyrinths platzierten, waren die Ergebnisse nicht anders, und als wir sie aufrecht stellten, wurden die Signale wie erwartet nicht mehr empfangen. Sollte die Kathedrale doch nicht so „energiegeladen" sein, wie man es ihr nachsagt? Wir waren bereit - und wir sind es immer noch - zu akzeptieren, wenn unsere Messungen keinen Hinweis auf diese energiegeladene Kraftorte bringen. Wir waren zunächst froh, dass wir in der Kathedrale unbehelligt und unbeachtet vom Security-Personal hantieren durften und setzten unsere Untersuchen nun draußen fort.

Wir begannen an der Nordseite des Bauwerks, und wie wir erst bei Auswertung der Messungen feststellten, wollte es der Zufall, dass wir genau auf der Linie maßen, auf der sich im Inneren das Labyrinth auf dem Fußboden befindet. Und jetzt staunten wir nicht schlecht, denn wir erlebten eine Überraschung. So etwas hatten wir noch nicht gesehen.

Einerseits empfingen wir fast über die gesamte Breite des gemessenen Spektrums Signale im Abstand von 50 Hertz, der jedoch mit steigender Frequenz unregelmäßiger wurde. Auch wurden diese Signale schwächer, je größer ihre Frequenz war. Aber es kam noch etwas hinzu. Die Impulse, die sich - ebenfalls nach oben abschwächend - über die gesamte Breite erstreckten, wurden hier in gleichbleibender Stärke und vor allem in einer noch nie vorher gesehenen Regelmäßigkeit gemessen. Diese Impulse wurden im regelmäßigen Abstand von 1,25 Sekunden registriert!

Wir dachten zunächst an eine Maschine oder irgendeine technische Einrichtung, die elektrische Signale ausstrahlt. Diese Impulse wurden auch bei aufrecht gestellter Antenne noch aufgezeichnet. Ich erinnere an meine Vergleichsmessungen zur Ermittlung der Störfaktoren, demnach wäre das hier vergleichbar mit einem Relais, welches regelmäßig im Abstand von 1,25 Sekunden betätigt wird, und zwar im Abstand von wenigen Metern zu unserer Antenne. Um das auszuschließen, gingen wir zunächst etwa 30 Meter weiter zum Nordportal und nahmen eine weitere Messung vor. Diese brachte das gleiche Ergebnis.

Welchen Ursprung hatten diese merkwürdigen Impulse? Wir mussten natürlich bedenken, dass wir uns hier nicht - wie bei dem Megalithbau - in der freien Natur befanden, hier konnte es Einflüsse geben, von denen wir nichts wussten. Aber durch unsere Vergleichsmessungen konnten wir auch sagen, dass es keine störende Hochspannungsleitung oder etwas ähnliches sein konnte, weil diese keine solchen regelmäßigen Impulse abstrahlt. Auch ein Elektro-Motor oder etwas Vergleichbares kam nicht in Frage, die entsprechenden Störungsbilder beschreibt Harald Lutz in seinem Buch, auch diese sehen anders aus.

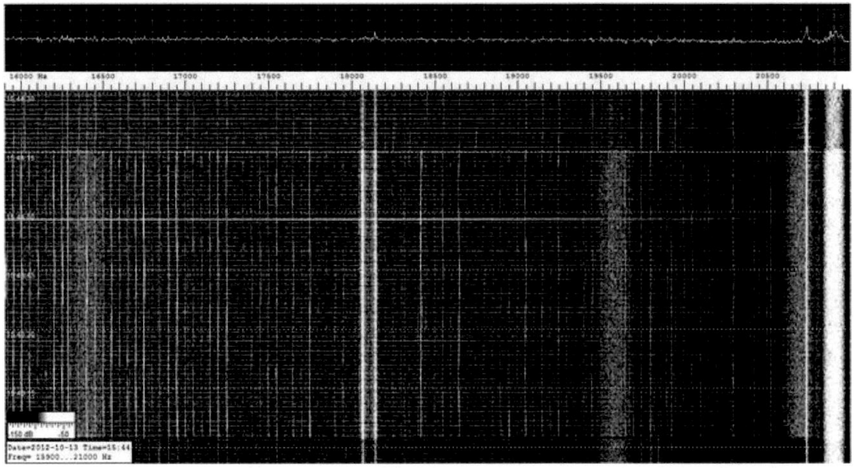

*Abb. 26: Die Signale in Verbindung mit den regelmäßigen Impulsen sind in Form eines gleichmäßigen Musters erkennbar.*

Er erwähnt auch diese Impulse und stuft sie als Störungen unbekannter Herkunft ein. Doch die von ihm abgebildeten Grafiken zeigen nichts, was mit den Impulsen hier bei der Kathedrale von Chartres vergleichbar wäre. Wir fragten uns, warum eine technische Anlage, die solchen Einfluss auf unsere Messungen nehmen kann, direkt bei der Kathedrale ihren Platz haben soll? Also gingen wir mit Notebook und Antenne über den freien Platz bis zu den nächsten Bauwerken, kleinen mittelalterlichen Wohnhäusern. Dort zeichneten wir die Messungen auf – mit fast dem gleichen Ergebnis!

Aber es gab einen Unterschied: Die Impulse waren jetzt nur noch messbar, wenn die Spule quer zur Kathedrale stand. Wenn wir sie in Längsrichtung drehten, waren die Impulse verschwunden. Stand die Antenne aufrecht, wurden sie wieder empfangen. Bei den Störungen durch das Schaltrelais war es jedoch egal gewesen, in welcher Richtung sie gedreht war, denn die Störung war immer vorhanden. Das könnte ein Hinweis darauf sein, dass es sich hier um wellenartige Impulse handelte, die eine bestimmte Ausbreitungsrichtung hatten, zumindest in einem - wenn auch nicht sehr großen - Abstand zur Kathedrale. Direkt bei der Kathedrale schienen sie sich in alle Richtungen zu bewegen. Wir suchten uns weitere Messpunkte aus, das nächste Ziel war gegenüber vom Hauptportal. Doch dort bestätigten sich die Ergebnisse nicht, keine Impulse!

Das musste allerdings nicht bedeuten, dass diese völlig verschwunden waren, auf jeden Fall waren sie wesentlich schwächer und ließen sich mit der verwendeten Einstellung der Software nicht mehr aufzeichnen. Wir wollen jedoch nur berücksichtigen, was wir aufzeichnen konnten und uns nicht auf Vermutungen stützen. Dennoch wurde die Verwirrung noch größer, als wir zur Südseite wechselten. Dort gingen wir am Südportal vorbei, bis zu einer gedachten Linie, an welcher der Chor endet. Dort zeichnete das Programm bei etwa 16 kHz seltsame Signale auf, die ihre Frequenz veränderten und dabei geometrische Figuren bildeten, so wie sie auch von Harald Lutz beschrieben wurden. Doch nicht nur das - als wir die Antenne aufrecht stellten, war das Signal des Senders Tavolara bei 20,76 kHz stärker wahrzunehmen, allerdings schien es zu zerfließen, als sei es von Störungen beeinflusst.

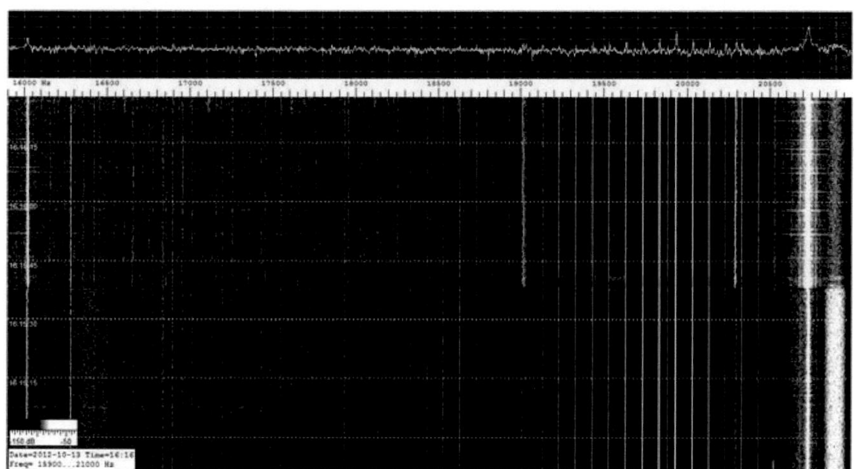

*Abb. 27: Irgendeine Kraft verzerrt hier (oberer Teil der Grafik) das Signal bei 20,76 kHz.*

Wenn man die Aufzeichnung sorgfältig betrachtet, kann man jedoch erkennen, dass es sich hierbei um Impulse handelt, die zum Teil am linken

Rand, also bei niedrigerer Frequenz, noch schwach erkennbar sind und hier mit dem Signal 20,76 kHz ineinanderfließen und sich vermischen bzw. dieses verzerren. Diese schwach erkennbaren Impulse rechtfertigen auch unsere Vermutung, dass die Impulse hier nur noch in abgeschwächter Form vorhanden sind.

Der Kopf schwirrte uns von diesen ungewohnten Signalen, wir hatten weitere ungelöste Rätsel und begaben uns wieder zum Auto. Auf dem Weg zur Grenze der Altstadt nahmen wir weitere Messungen vor, und diese zeigten nun nicht mehr die regelmäßigen Impulse, sondern immer wieder - neben den Signalen im 50 Hertz-Abstand - erhöhte Signalstärken in einem breiten Frequenzbereich, so wie wir es in Drüggelte hinter der Apsis wahrgenommen hatten. Erst nach dem Überqueren des kleinen Flusses, der die Grenze zur Altstadt markiert, verschwanden diese Phänomene vom Monitor und die Anzeige beschränkte sich wieder weitgehend auf die Sendefrequenzen der diversen Funkstationen.

## Ein rätselhafter Ort

Nach so viel Technik und Informationen zu Wellen und Impulsen ist nun wieder Zeit für ein wenig Geschichte. Um den Hintergründen auf die Spur zu kommen, sollten wir uns ein paar Informationen über das Bauwerk beschaffen, welches uns - einschließlich seiner Umgebung - etliche neue Rätsel aufgegeben hat.

Das erscheint zunächst einfach - weil über diese Kathedrale bereits sehr viel geschrieben wurde - und gleichzeitig dennoch verwirrend, denn eine Suche in Amazon ergibt derzeit alleine mehr als 470 Ergebnisse in der Rubrik Bücher. Historische Informationen gibt es also en masse, und eine umfassende Zusammenstellung hierüber würde den Rahmen dieses Buches sprengen, doch einige historische Eckdaten möchte ich dem Leser auf jeden Fall an die Hand geben.

Bereits recht früh war an dieser Stelle eine Basilika entstanden, nämlich im 4. Jahrhundert. Ein Wiederaufbau ist im 6. Jahrhundert belegt, und im 9. Jahrhundert entstand die karolingische Krypta, die so genannte „St. Lubin"-Krypta. Im 11. Jahrhundert entstanden die romanische Kathedrale und die „St. Fulbert"-Krypta. Sie ist benannt nach dem Bischof Fulbert, in dessen Amtszeit sich die Kathedralschule zu einem bedeutenden Zentrum mittelalterlicher Bildung entwickelte. Die Blütezeit der so genannten „Schule von Chartres“ hielt 200 Jahre an, bevor andere Zentren wie Paris an Bedeutung gewannen. Im Jahr 1194 wurde diese Kathedrale durch einen Brand zerstört, wonach die heutige Kathedrale über den Krypten der früheren Bauten entstand.

Die Tatsache, dass der Reliquienschrein des Heiligen Tuches bei diesem Brand unversehrt geblieben war, wurde als Wunder angesehen und veranlasste die Menschen zu einer Höchstleistung, die sich später nie mehr wiederholte. Die Hilfsaktionen zum Wiederaufbau werden mitunter mit einem Kreuzzug verglichen, und mit vereinten Kräften waren innerhalb von 26 Jahren die Gewölbe fertig gestellt, nach einer Bauzeit von nur 66 Jahren konnte die Kathedrale in ihrer heutigen Form eingeweiht werden.

Eine weitere Sensation der damaligen Zeit war die innovative, vorher nie gesehene Architektur des Kirchenbaus. Die quadratischen, sechsteiligen Gewölbe ersetzte der Architekt durch vierteilige, rechteckige, quer angeordnete Gewölbe. Die Fenster wurden größer und damit die Fläche der tragenden Mauern geringer. Die Gewölbe wurden durch doppelte Strebepfeiler getragen, die Pfeiler lösen sich in Säulen und Säulchen auf, die in die Gewölberippen übergehen. Die gotische Architektur, die sich seit etwa 1140 in Frankreich entwickelte, hatte eine neue Dimension erreicht und ein erstes Meisterwerk hervorgebracht, die Hochgotik war geboren.

Der gotische Baustil entwickelte sich nach der Lehrmeinung aus dem Stil der Romanik. Das wird daraus abgeleitet, dass sich Einzelelemente des gotischen Systems, zum Beispiel der Spitzbogen, bereits in der Romanik wiederfinden. Dennoch ist aber eine sprunghafte Entwicklung in der ersten Hälfte des 12. Jahrhunderts nicht von der Hand zu weisen, und die Ursprünge müssen woanders gesucht werden. Gerne bringt man hiermit die Templer in Verbindung deren Orden fast zur gleichen Zeit entstanden war und sehr schnell an Bedeutung gewonnen hatte. Diese Theorie wird genährt durch die Tatsache, dass es immer noch sehr viele Rätsel gibt um die Aktivitäten der Templer im Heiligen Land und ihre Verbindungen zu den verschiedensten Gruppierungen, Orden und Bünden im Vorderen Orient. Diese hatten sie in großer Zahl, unter anderem zur arabischen Bruderschaft der Baumeister, und es ist davon auszugehen, dass sie in deren hermetischen Lehre – wie auch in die Lehren anderer Bünde -eingeweiht waren.[10] Dennoch erschließen sich uns die Zusammenhänge mit der rasanten Entwicklung des gotischen Baustils noch immer nicht.

Doch die sensationell kurze Bauzeit der Kathedrale ist nicht die einzige Besonderheit dieses Bauwerks, das uns noch heute alleine durch sein äußeres Erscheinungsbild zu beeindrucken vermag. Es wurde bereits sehr viel spekuliert über seine besondere Architektur, die „Heilige Geometrie"[11] und zahlreiche Geheimcodes werden mit ihr in Verbindung gebracht. Mit leichten Abwandlungen kann man darüber bei vielen Autoren nachlesen und stößt dabei immer wieder auf sehr plausible Erklärungen, so dass man am Ende zu dem Schluss kommen könnte, das Bauwerk vereint von all diesen Theorien etwas in sich und bildet damit eine Gesamtheit allen Geheimwissens. Genährt werden all diese Theorien und Spekulationen durch zahlreiche Besonderheiten, wobei ich aus der bei Wikipedia gefundenen – sehr sachlich aufgelisteten – Aufstellung nur eine Auswahl wiedergeben möchte:[12]

- Die Kathedrale ist in südwestlich-nordöstlicher Richtung angelegt, nicht wie üblich westlich-östlich.
- Der ganze Bau beruht auf besonderen Zahlenverhältnissen, deren Ursprung erst in Ansätzen geklärt ist. Den gesicherten wissenschaftlichen Erkenntnissen und rationalen Begründungen stehen stets auch esoterische Ansichten gegenüber.
- Im Boden ist ein Labyrinth eingelassen (entstanden um 1200), das größte in einer französischen Kirche und eines der wenigen original erhaltenen. Es weist einen Durchmesser von etwa 12,5 Meter und eine Weglänge von 261,55 Meter auf. Die einst in der Mitte angebrachte Metallplatte, Theseus und den Minotaurus darstellend, ist verschwunden.
- In der Krypta befindet sich der aus gallisch-römischer Zeit stammende 33 Meter tiefe Brunnen Puits des Saints-Forts.

---

[10] Oslo, Allan: Die Geheimlehre der Tempelritter, Patmos Verlag, Düsseldorf 2007

[11] Klug, Sonja Ulrike: Kathedrale des Kosmos – Die heilige Geometrie von Chartres, Bad Honnef 2005

[12] http://de.wikipedia.org/wiki/Kathedrale_von_Chartres#Besonderheiten_der_Kathedrale_von_Chartres

- Jeweils am 21. Juni, am Tag der Sommersonnenwende, fällt bei Sonnenhöchststand durch ein kleines Loch im Fenster Saint-Apollinaire (Westmauer des Querschiffs) ein Lichtstrahl auf einen Messingknopf, der im Boden des westlichen Seitenschiffs des Südquerschiffs eingelassen ist.
- Für die Kathedrale wurde eine neue Farbe entwickelt, das Chartres-Blau, das für seine Reinheit bekannt ist. Es befindet sich in den Fenstern, das Geheimnis der Herstellung dieser Farbe ist von den Glasmachern mit ins Grab genommen worden. Die Färbung des Glases beruht nach neueren Untersuchungen auf Kobalt, das aus dem sächsischen Erzgebirge stammt. Es gibt zwar auch in zahlreichen anderen Kirchen mit Kobaltblau gefärbte Glasfenster, die Technik an sich war also kein Geheimnis, jedoch bleibt die einzigartige Färbung der Fenster der Kathedrale von Chartres unerreicht.

Die Aufzählung kann, wie erwähnt, noch weit fortgesetzt werden, je nachdem welche Schwerpunkte man auswählt, so gibt es auch einige Besonderheiten in der Ausstattung mit Objekten christlicher Anbetung wie Madonnen und Reliquien. Aber auch wenn man diese auf Grund ihrer Bedeutung im Verlaufe der Zeit hierher gebracht hat, so waren doch die Christen nicht diejenigen, welche die Bedeutung dieses Ortes „entdeckt“ haben. Diese war auch im Fall Chartres – wie bei unzähligen anderen Gotteshäusern – schon lange vorher bekannt.

Man weiß, dass bereits vor den Kelten die Menschen auf die Höhen von Chartres gestiegen sind, um ihre „heidnischen“ Gottheiten zu verehren, die mit den Naturgewalten assoziiert wurden. Dieses Zentrum wurde im 1. Jahrhundert zum Kapitol der galloromanischen Stadt der Carnuten, und es wurde dort ein Tempel errichtet, der vermutlich dem römischen Gott geweiht war, der seinem gallischen Vorgänger am nächsten stand, so wie es zu dieser Zeit übliche Praxis war. Im 4. Jahrhundert begann dann die Geschichte der dortigen christlichen Gotteshäuser, wie zu Beginn dieses Abschnitts nachzulesen ist.[13]

Wir haben es hier also mit einem Ort zu tun, dessen kultische Bedeutung sehr weit zurück reicht. Soll es da tatsächlich Zufall sein, dass ausgerechnet hier – und zwar auf dem gesamten Hügel – laut den Ergebnissen unserer Messungen offenbar Kräfte im Spiel waren, die nicht allerorts

---

[13] Die Kathedrale von Chartres, Éditions Valoire, F-Blois

präsent sind und uns neben den vorhandenen Rätseln weitere Nüsse zu knacken geben? Der Unterschied zu den bekannten Ungereimtheiten besteht jedoch darin, dass wir uns hier auf Neuland bewegen, denn bisher hat noch niemand derlei Untersuchungen zu Rate gezogen, wenn er versuchte, den Geheimnissen alter Kultstätten auf die Spur zu kommen. Dennoch genügte uns die bisherige Erkenntnis, dass gewisse Parallelen zwischen der Historie verschiedener Plätze existieren, die gravierende Auffälligkeiten bei unseren Messungen zeigten, um unsere Forschungen fortzusetzen. Sie bestätigte uns in der Hoffnung, weitere Wechselwirkungen zu entdecken, die später einmal unstreitige Rückschlüsse auf die Zusammenhänge zulassen würden. Gleichzeitig überlegten wir aber auch ständig, welchen Ursprung diese Kräfte wohl haben könnten. Hatten sie etwas mit physikalischen Anomalien zu tun, die sich auch auf andere Art und Weise auswirkten? Wir mussten auch diese Möglichkeit ins Auge fassen, daher nahmen wir im folgenden Orte ins Visier, von denen uns zwar keine Bedeutung als Kultplatz bekannt war, die aber Auffälligkeiten in anderer Hinsicht zeigten.

## Wo ist hier oben und wo ist unten?

Es gibt auf der Welt Orte, an denen offenbar geltende physikalische Gesetzmäßigkeiten außer Kraft gesetzt sind. Ob das nun wirklich so ist oder ob es mitunter nur so scheint, ist umstritten, denn ein Gesetz wäre kein Gesetz, wenn es nicht immer Gültigkeit hätte. Also kann nicht sein, was nicht sein darf? Ich wollte mir einen solchen Ort einmal näher anschauen, um mir selbst ein Bild machen zu können, und natürlich wollte ich dort auch Messungen vornehmen. Ich wählte dafür einen Platz mit einer so genannten Gravitationsanomalie. Dort sollen Autos oder Gegenstände, die man auf die Straße legt, angeblich den Berg hoch rollen anstatt nach unten, so wie es im Normalfall zu erwarten ist.

Solche Plätze sind einige bekannt, in Europa unter anderen in Karpacz Gorny (Polen) und Rocka di Papa (Italien). Ich hatte jedoch als Ziel die hessische Stadt Butzbach ausgewählt, weil sie nur etwa 45 Minuten entfernt liegt. Ich konnte mir also dieses Mal eine lange Reise sparen, und obwohl es so nah ist, war ich vorher noch nie dort. Es betrifft die Straße zwischen Butzbach und Hausen (L3053) auf eine Länge von etwa 1,5 Kilometern, und als ich in Richtung Hausen fuhr, konnte ich die Wirkung bereits spüren. Obwohl ich den Eindruck hatte, dass die Straße bergab führt, verlangsamte das Auto sofort seine Fahrt, wenn ich die Kupplung trat. Ich fuhr zwei Mal zwischen den Stadtteilen hin und her und mein Eindruck bestätigte sich dabei immer wieder.

*Abb. 28: Wenn man an der Straße steht und in Richtung Hausen schaut, so hat man den Eindruck, dass diese in ein Tal führt. Dennoch rollen Gegenstände, die man auf den Boden legt, in die entgegengesetzte Richtung.*

Anschließend parkte ich mein Auto auf einem kleinen Parkplatz im Wald, etwas abseits der Straße, und nahm die Strecke zu Fuß in Augenschein. Der Eindruck blieb der gleiche, nämlich dass ich in Richtung Hausen in ein Tal blickte, doch meine Mineralwasserflasche, die ich auf die Fahrbahn legte, rollte sofort los – in Richtung Butzbach, also den Berg hinauf.

Während ich ratlos immer wieder auf und ab schaute, kam ein Auto mit zwei Insassen langsam angefahren und hielt an. Der Fahrer stoppte den Motor, schaltete den Warnblinker ein und ließ sein Fahrzeug rollen – und es rollte ebenfalls den Berg hoch! Ich konnte es mit eigenen Augen sehen, empfehle es jedoch nicht unbedingt zur Nachahmung, da die Straße sehr stark befahren ist, zumindest sollte man sich für diesen Test eine verkehrsärmere Zeit als den Werktagnachmittag aussuchen, um Gefahr zu vermeiden.

Doch das schien die Beiden im Auto nicht zu stören, sie machten in aller Ruhe die Probe und parkten dann ihr Auto, um auszusteigen. Ich gab zu erkennen, dass ich aus dem gleichen Grund hier war, und der Fahrer erklärte mir sogleich, dass wir ja nachprüfen können, in welche Richtung die Straße ansteigt, denn er habe ein Wasserwaage mitgebracht. Darauf wendete ich jedoch ein, dass er das gar nicht ausprobieren brauche, denn diese zeigt selbstverständlich das Gefälle in der Richtung an, in der die Gegenstände und Autos rollen, weil auch das Auge der Wasserwaage von der Gravitation gelenkt wird.

Wenn also die Gravitation an diesem Ort derart gestört ist, dass Gegenstände den Berg hoch rollen, dann zeigt auch die Wasserwaage „falsch" an. Das Argument konnte ihn überzeugen, wir probierten es dennoch aus, und die Wasserwaage verhielt sich so wie von mir vorhergesagt. Nun hatte auch er Zweifel, ob wir es wirklich nur mit einer optischen Täuschung zu tun hatten oder ob hier auf der Bergkuppe eine Kraft wirkt, die stark genug ist, um schwere Gegenstände anzuziehen.

Eine „optische Täuschung" wird üblicherweise als Erklärung für dieses Phänomen angeführt. Zumindest herrschen aber so starke Zweifel daran, wo denn nun oben und wo unten ist, dass sich bereits Fachleute mit der vermeintlichen Anomalie beschäftigt haben. Diesbezüglich war ich fündig geworden bei der gemeinnützigen, öffentlichen GÖDE-Stiftung, unter deren Dach ein „Institut für Gravitationsforschung" angesiedelt ist. Die GÖDE-Stiftung unterstützt seit ihrer Gründung durch Dr. Michael Göde im Jahr 1998 wissenschaftliche Forschung auf dem Gebiet der Schwerkraft. Gefördert werden insbesondere Forschungsvorhaben in Bezug auf Schwerkraft wo herkömmliche Physik endet. In enger Zusammenarbeit mit Universitäten und Fachhochschulen, führt die GÖDE-Stiftung Forschungen in ihrem Institut für Gravitationsforschung durch und unterstützt ebenso externe Projekte.[14]

Die Mitarbeiter dieses Instituts haben bereits im Jahr 2003 die Anomalie in Butzbach untersucht. Sie bestätigen in ihrem Bericht den optischen

---

[14] http://www.goede-stiftung.org/institut-fuer-gravitationsforschung.html

Eindruck, dass die Straße in Richtung Butzbach ansteigt. Ob das aber tatsächlich der Fall ist, haben sie nachgeprüft, in dem sie das Höhenprofil mit Hilfe eines Präzisions-GPS-Systems vermaßen. Diese Messungen ergaben ein deutliches Gefälle der Straße in Richtung Butzbach, also in die Richtung, in welche auch die Gegenstände und Fahrzeuge auf der Fahrbahn rollen. Damit ist die Gravitationsanomalie als eine optische Täuschung entlarvt.

Wenn man vor Ort seine Wasserflasche oder einen Ball auf den Boden legt und diese den Berg hoch rollen, will man kaum glauben, dass man hier von seinem Auge betrogen wird, doch das GPS ist angeblich unbestechlich und der einzige glaubwürdige Beweis. Da ich aber nun schon mal dort war, habe ich auch Notebook und Antenne ausgepackt und zunächst auf dem kleinen Parkplatz Messungen vorgenommen. Dabei fielen mir zwei Dinge auf, die auch bei späterer Überprüfung der Aufzeichnungen erkennbar waren. Einerseits waren hier wieder die in unregelmäßigen Abständen auftretenden Impulse messbar, in Häufigkeit und Intensität etwas mit denen vergleichbar, die wir im Salon der Domaine de la Sals gemessen hatten (siehe Abb. 10). Darüber hinaus war mir jedoch schon beim messen aufgefallen, dass das Funksignal bei 20,76 kHz, dessen Verhalten wir nun schon mehrmals beobachtet hatten, deutliche Unterschiede in der Stärke zeigte, wenn man die Antenne nur um wenige Meter versetzte, diese jedoch in der gleichen Ausrichtung beließ. Welche Faktoren wären hier auf der kleinen Lichtung im Wald, abseits der Straße, geeignet, die messbare Signalstärke des Funksignals zu beeinflussen, zum Beispiel indem sie es abschirmten?

Anschließend fuhr ich ein Stück weiter in Richtung Hausen und nahm Messungen an einer kleinen Parkbucht, direkt neben der Straße, vor. Dort stellte ich fest, dass die Impulse häufiger auftraten, wenn ich die Antenne nur weniger als fünf Meter näher an der Straße platzierte. Außerdem waren die Impulse häufiger, wenn die Antenne quer zur Straße stand. Ich beobachtete aufmerksam, ob vorbeifahrende Autos einen Einfluss ausübten, um Fehlerquellen auszuschließen. Derartige Störsignale waren auf dem Monitor sichtbar, standen jedoch nicht im Zusammenhang mit den gemessenen Impulsen, die auch auftraten, wenn kein Auto in der Nähe war.

*Abb. 29: Wenn man von dem Parkplatz im Wald zur Straße schaut, hat man ebenfalls den Eindruck, dass diese nach rechts abfällt. Gegenstände rollen jedoch auch hier nach links. Dass ich die Kamera dabei offensichtlich schräg gehalten habe, habe ich erst im Nachhinein bemerkt. Kippt man das Bild um etwa 3° nach links, so stehen die meisten Bäume gerade und es entsteht ein anderes Winkelverhältnis. Wodurch wurde ich beim fotografieren getäuscht und welches ist die richtige Perspektive?*

Danach fuhr ich in Richtung Butzbach und hielt dabei nach einem weiteren Platz Ausschau, der für eine Vergleichsmessung geeignet wäre. Ich fand ihn an der Einmündung eines Waldwegs auf die Straße, dort konnte ich das Auto parken und stellte die Antenne auf den Boden. Ich hatte inzwischen den Messbereich erweitert, so dass die Aufzeichnungen bereits bei knapp 9 kHz begannen, weil ich festgestellt hatte, dass nach unten die Stärke der Impulse zunahm. Das muss natürlich bei einem Vergleich mit früheren Messungen berücksichtigt werden, hierbei darf nur der Bereich ab etwa 16 kHz herangezogen werden. Ungeachtet dessen staunte ich beim Blick auf den Monitor, denn hier waren die Impulse wieder in regelmäßigen, kurzen Abständen sichtbar, ähnlich wie wir es in Chartres neben der Kathedrale zum ersten Mal erlebt hatten.

Es war nicht das gleiche Bild, hier fehlten die Signale im Abstand von 50 Hertz, in einigen Bereichen wurden dafür jeweils mehrere Signale nebeneinander in kleineren Abständen gemessen. Außerdem traten die Impulse ein klein wenig häufiger auf, sie wurden hier im Abstand von etwa 1,15 Sekunden gemessen, also vier Impulse mehr pro Minute. Da man – wie erwähnt – allerdings den Bereich oberhalb 16 kHz zum Vergleich heranziehen muss, stellen wir fest, dass die Impulse hier nicht so intensiv sind wie sie es in Chartres waren.

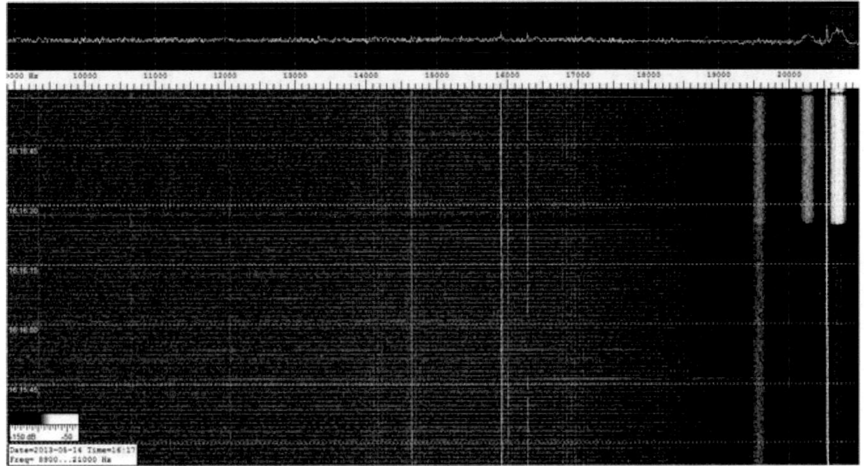

*Abb. 30: Ähnlich wie in Chartres sind in der Nähe der vermeintlichen Gravitationsanomlie regelmäßige Impulse in kurzen Abständen messbar.*

Auch wenn es nach unseren Erfahrungen – wie bereits erläutert – unwahrscheinlich ist, dass in Chartres eine technische Einrichtung im Boden oder in unmittelbarer Nähe diese Impulse aussendet, könnte man doch einwenden, dass dies in einem dicht bebauten und bewohnten Stadtviertel dennoch möglich wäre, solange wir es nicht definitiv ausschließen können. Aber nun stand die Antenne im Wald auf dem Boden, ein großes Stück von den ersten Häusern entfernt. Welchen Ursprung haben diese Impulse und welcher Art ist die Energie, die sowohl hier im Wald als auch in Chartres bei der Kathedrale auf die Antenne wirkt?

Doch damit nicht genug, die nächste Überraschung wartete bereits auf mich. Ich packte alles zusammen und startete das Auto. Der Motor lief sofort, doch der Tritt auf das Gaspedal zeigte keine Reaktion. Es ging nur noch „Standgas", an ein wegfahren war nicht zu denken. Ich probierte es mehrmals, aber weiterhin ohne Erfolg. Dann bemerkte ich, dass eine Kontrollleuchte brannte, also schaltete ich den Motor wieder aus und suchte nach der Bedienungsanleitung. Darin erfuhr ich, dass es sich um einen Elektronik-Fehler handelt und dass ich schnellstens eine Werkstatt aufsuchen soll. Ich versuchte es nochmals, startete den Motor, und jetzt konnte ich wie gewohnt losfahren. Die Lampe erlosch nicht, so dass ich mich auf einen Werkstattbesuch einstellen musste, auch wenn das Auto erst vor wenigen Tagen zur Wartung dort war.

Das erledigte ich gleich am nächsten Tag und da das Auto wieder problemlos fuhr, hatte ich Hoffnung, dass keine größere Reparatur fällig war. So war es dann zum Glück auch, es handelte sich lediglich um eine Störung der elektronischen Steuerung, zu deren Ursache man mir in der Werkstatt allerdings nichts sagen konnte. Sie konnte durch einen Reset behoben werden und ist bis heute nicht wieder aufgetreten. Auch wenn sich der Vorfall wiederholen müsste, damit man vermuten könnte, dass die dort auftretenden Impulse etwas mit der Störung zu tun haben, so gab es mir doch zu denken. War es wirklich Zufall, dass genau dort diese Störung auftrat, oder waren diese regelmäßig hämmernden Impulse stark genug, die Steuerelektronik eines Kraftfahrzeugs außer Gefecht zu setzen? Eine neue Frage, auf die ich keine Antwort wusste.

## Wo ist die Zeit vom Untersberg?

Bereits wenige Tage später waren wir unterwegs, um uns ein weiteres Phänomen aus der Nähe anzuschauen – sofern man bei einer Zeitanomalie von „anschauen" reden kann. Und ob wir sie erleben wollten, darüber war zumindest ich mir gar nicht so sicher. Doch ich will ganz vorn beginnen, weil vielleicht nicht jeder Leser mit der Thematik vertraut ist.

Der Untersberg ist ein etwa 70 km² großes Bergmassiv am Alpenrand, an der deutsch-österreichischen Grenze zwischen Berchtesgaden und Salzburg. Der Berg stand seit langem auf der Liste meiner Wunschziele, eben wegen der Zeitphänomene, die dort auftreten sollen. Diese äußern sich bei den Betroffenen in Zeitverlusten zwischen 30 Minuten und mehreren hundert Jahren. Aber wie soll man sich das genau vorstellen? Zahlreiche Mythen und Überlieferungen berichten von einem Zwergenreich im Berg. Einzelne Wanderer und ganze Personengruppen wurden von dessen Bewohnern durch geheime Portale in den Berg geführt, und wenn sie diesen nach nur wenigen Minuten, Stunden oder Tagen wieder verließen, war draußen eine viel längere Zeit, bis hin zu Jahren oder Jahrhunderten vergangen. Die Zeit vergeht also im Berg langsamer als draußen, was an sich schon schwer vorstellbar ist.

*Abb. 31: Der Blick auf das wolkenverhangene Massiv des Untersbergs lässt erahnen, dass das Begehen der Steige bei schlechter Wetterlage nicht ungefährlich ist.*

Doch wie glaubhaft sind diese Geschichten überhaupt? Beruhen sie auf wahren Begebenheiten oder kann es sein, dass hier subjektive Empfindungen der Betroffenen eine Rolle spielen? Wenn ein Wanderer in einem aufziehenden Unwetter die Orientierung verliert, so werden schnell Minuten zu Stunden, umgedreht lässt ihn die Angst in kurzer Zeit lange Wege zurücklegen. Könnte das eine Erklärung für das Phänomen sein? Das erscheint unwahrscheinlich, denn es gibt so viele, noch höhere Berge mit noch schwierigeren Steigen, von denen nichts Vergleichbares berichtet wird.

Die Mythen sind zum Teil sehr alt und wurden mündlich oder sogar schriftlich über lange Zeit überliefert, aber es gibt auch immer wieder aktuelle Vorkommnisse. Nicht immer werden diese von den Betroffenen an die Öffentlichkeit gebracht, oft aus Angst, dass ihnen ja doch keiner glauben wird. Mitunter sind die Erlebnisse aber auch so spektakulär, dass sie es bis in die Presse schaffen, so wie im Jahr 1987 das Verschwinden von drei Personen, die von einer Bergtour nicht zurück kamen. Eine groß angelegte Suchaktion blieb ohne Erfolg, der PKW der Gruppe war verlassen auf einem Parkplatz gefunden worden, von ihnen gab es keine Spur. Knapp drei Monate später tauchten die drei Vermissten wieder auf, aber nicht am Untersberg, sondern auf einem Schiff im Roten Meer. Ihre Aussagen waren widersprüchlich, und niemand weiß bis heute, was ihnen wirklich widerfahren war und wie sie auf das Schiff gekommen waren.

Diese Geschichte veranlasste nach seinen eigenen Angaben den Salzburger Wolfgang Stadler, sich näher mit dem Phänomen zu beschäftigen. Seit Jahren forscht er intensiv am Untersberg und das Ergebnis sind inzwischen vier Romane, die – wie er beteuert – auf wahren Geschehnissen beruhen sollen.[15] Der fünfte Band ist in Arbeit und wird in Kürze erscheinen und ich freue mich bereits darauf, denn Stadler schreibt spannend und unterhaltsam. Dennoch werden viele Leser oder sogar die meisten seine Geschichten für weitgehend erfunden halten, weil sie zu unglaublich klingen. Hat er wirklich die Leute im Untersberg getroffen, hat er das Zeitphänomen selbst erlebt? Er berichtet von Zeitreisen und seine Berichte würde man eher dem Genre Fantasy zuordnen, doch sie sind so stark verflochten mit tatsächlichen historischen Begebenheiten, dass man oft nur noch schwer unterscheiden kann, wo der wahre Kern aufhört und die dramaturgischen Effekte beginnen, die der Fantasie des Autors entspringen. Um uns davon einen Eindruck verschaffen zu können, hatten wir noch einen weiteren Wunsch, wir wollten ihn gerne kennenlernen, er sollte uns zu den Orten am Untersberg führen.

Dank den Kontakten meines Freundes, dem Wiener Sachbuch-Autor Reinhard Habeck, der dem Zeitphänomen in seinem Buch „Kräfte die es nicht geben dürfte"[16] ein großes Kapitel gewidmet hat, war dies gelungen und wir trafen mit ihm gemeinsam in einer Gaststätte am Untersberg auf den Schriftsteller Stan Wolf alias Wolfgang Stadler. Er hatte ein paar Fundstücke mitgebracht, die im Zusammenhang mit der Story seiner Bücher stehen, und natürlich viele spannende Informationen, die für ein Treffen über mehrere Tage gereicht hätten. Stadler ist ein sehr sympathi-

---

[15] Wolf, Stan: Steine der Macht, Band 1 – 4, Novum Verlag, 2009 - 2012

[16] Habeck, Reinhard: Kräfte die es nicht geben dürfte, Ueberreuter Verlag, Wien 2010

scher Mensch, der gut erzählen kann - wie er auch in seinen Büchern beweist - und er zieht den Zuhörer in seinen Bann. Dieser ist bald geneigt, jedes Wort aus seinem Mund zu glauben, klingt doch alles sehr überzeugend, und trotzdem kann man sich bei einigen Details nicht vorstellen, dass sie ein Mensch jemals gesehen oder erlebt haben kann.

Wir waren natürlich mit bestimmten Erwartungen, aber auch mit besonderen Voraussetzungen zu dem Gespräch gekommen. Wir fragten Stadler aus über physikalische Anomalien und historische Zusammenhänge. Er ließ keine Frage unbeantwortet und wusste umfassend Auskunft zu geben. Nun wollten wir aber auch Schauplätze sehen, soweit es die begrenzte Zeit eines Nachmittags zuließ.

Wir begannen also unsere kleine Erkundungstour und fuhren zunächst in Richtung Schloss Glanegg. Dort stoppten wir zum ersten Mal, um einen Blick auf den Berg zu werfen und gleichzeitig unsere Messungen vorzunehmen.

Die Messungen hier ergaben ein völlig neues Bild, was uns aber inzwischen nicht mehr überraschte. Wir konnten hier wieder die bereits bekannten Impulse messen, nicht im regelmäßigen Takt wie in Chartres oder Butzbach, sondern im Gegenteil - sie erschienen uns noch unregelmäßiger als wir es bisher erlebt hatten. Vor allem die Stärke der Impulse schien mehr als an anderen Orten zu schwanken.

Ging diese Energie von dem Ort aus, an dem wir gerade standen, also der Straße, die an Schloss Glanegg vorbei führt, oder kam sie vom Berg? Wenn letzteres der Fall war, konnten wir dann davon ausgehen, dass sie noch intensiver messbar ist, wenn wir uns dem Berg weiter nähern? Wir setzten unseren Weg fort, denn wir wollten die Frage gerne beantwortet wissen.

*Abb. 32: Blick auf den Untersberg von unserem Standort in der Nähe des Schloss Glanegg.*

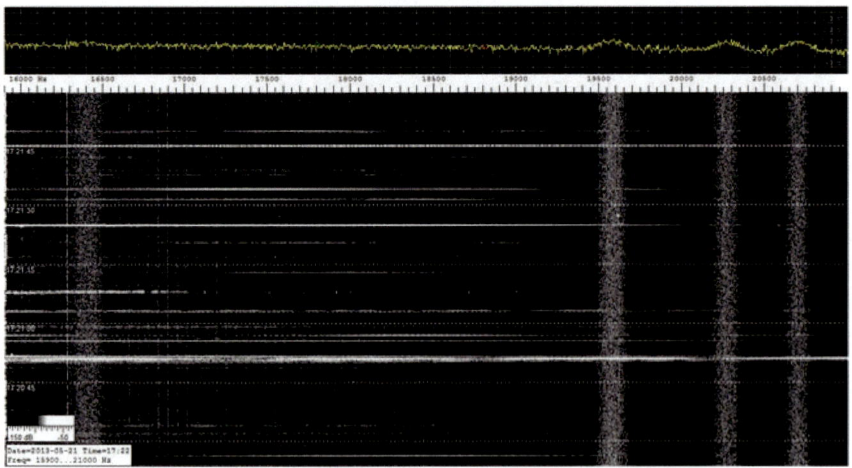

*Abb. 33: Hier wechseln sich schwache Impulse mit stärkeren in unregelmäßiger Folge ab, auch scheinen einzelne Impulse innerhalb des gemessenen Frequenzbereiches unterschiedlich stark zu sein.*

Unser weiterer Weg führte uns über die Römerstraße zum Veitlbruch, einem alten Kalksteinbruch, in dem bereits die Römer den so genannten „Untersberger Marmor" abbauten. An dieser Stelle am nordöstlichen Abhang des Berges befindet sich auch eine Quelle, deren Wasser Heilkraft nachgesagt wird. Diese wurde jedoch im Jahr 2010 stillgelegt und verschlossen, nachdem man im Wasser Fäkalkeime nachgewiesen hatte, die zu Erkrankungen führen konnten. Das ist verwunderlich, denn bekanntlich entspringt Quellwasser aus natürlichen unterirdischen Reservoiren und ist in der Regel frei von Verunreinigungen und Schadstoffen. Am naheliegendsten ist also, dass diese erst direkt am Quellmund in das Wasser gelangt sind. Über eine entsprechende Untersuchung vor Schließung der Quelle oder gar einen Versuch, die Ursache der Verunreinigung zu beheben, konnte ich jedoch keine Information finden.

*Abb. 34: Bereits wenige Schritte hinter der kleinen Hütte stößt man auf den Schotter der Abraumhalden und blickt auf die Felswand, an der bis zum Jahr 1919 der Untersberger Marmor abgebaut wurde.*

Als wir an der Schranke vorbei hinter die kleine Hütte traten, blickten wir auf die gegenüberliegende Felswand und standen schon mitten im Schotter der Abraumhalden des ehemaligen Steinbruchs. Fundstücke von halbfertigen und missglückten Werkstücken in der Halde belegen, dass die Römer einen Teil des abgebauten Marmors an Ort und Stelle verarbeiteten. Diese befinden sich heute im Untersbergmuseum. Ein Test mit der Winkelrute ergab, dass diese ausschlägt, sobald man sich in Richtung der Halde und somit der Felswand bewegt. Unsere Messungen ergaben unregelmäßige und ungleichmäßige Impulse, wir sahen ein ähnliches Bild wie bei den Messungen an der Straße bei Schloss Glanegg, jedoch waren die Impulse nicht so intensiv wie dort.

Der Weg führte uns anschließend weiter bis zu einer kleinen Ruine, die Stadler in seinen Romanen als Komturei bezeichnet. Er erklärte uns, dass nicht eindeutig belegt sei, ob es eine solche war, dass aber einige Punkte dafür sprechen, vor allem alte Überlieferungen. Womöglich hatten also hier oben in den Bergen auch die Templer einen Standort, offenbar nicht an einer Handelsroute, sondern an einem Weg, der im Berg endet und nur noch als Wandersteig weiter führt? Hier waren die Impulse wieder stärker und uns wurde bewusst, dass wir an einem Nachmittag niemals ein Areal von 70 $m^2$ vermessen und untersuchen konnten, wenn uns nicht das Zeitphänomen zu Hilfe kam und uns Wochen oder Monate schenkte. Aber in diesen Genuss kamen wir nicht, daher versuchte ich zumindest im Nachhinein, wenigstens einen winzigen Zusammenhang mit den Orten der „verlorenen Zeit" zu finden. Doch kann man diese überhaupt räumlich eingrenzen, in der Literatur wird in ihrem Zusammenhang immer nur vom „Untersberg" allgemein gesprochen.

Ich wurde fündig auf der Internetseite eines Mannes, der die Gegend mindestens genauso gut kennt wie Wolfgang Stadler, wenn man das überhaupt vergleiche kann, denn er steht der Natur und ihren Geheimnissen auf andere Weise ganz nahe. Es ist der Alpenschamane Rainer Limpöck, der den Untersberg als Kraft- und Kultort seit vielen Jahren erforscht. Von Beruf ist er Diplom-Sozialpädagoge in der Erwachsenenbildung, aus Leidenschaft ist er Schamane, Geomant, Heimatforscher und Mythologe, hält Vorträge über altes Wissen, die Beseeltheit der Natur und seine alpine Heimat. Auf seiner Seite[17] gibt er Informationen über das von ihm zusammengetragene Wissen, die man sonst nirgendwo in dieser Komplexität findet. So hat er unter anderem die Berichte über Zeitverluste gesammelt und kartographiert, um die Zeitanomaliezone zu lokalisieren.

---

[17] http://untersberg.org/index.html

Da der Orkan Kyrill im Jahr 2007 eine Linie an der Nordseite des Untersbergs verwüstete, die jener Zeitlinie entsprach, nennt er die Zone Kyrill-Linie.

Es handelt sich dabei um einen Bereich von auffälligen Verwerfungszonen, beginnend an der Mittagsscharte, über die Klingeralm nach Westen bis Großgmain. Auf einer gut aufgelösten Wanderkarte betrachtete ich unsere Standorte und stellte fest, dass unser Standort bei Schloss Glanegg etwa 3,5 Kilometer Luftlinie vom Zentrum dieser Linie entfernt war. Man darf diese natürlich nicht als „Strich" auf der Karte betrachten, sondern muss eine räumliche Ausdehnung in die Breite berücksichtigen. Dann ist allerdings die Entfernung zum Veitlbruch – der nach Berichten sogar noch zur Zeitanomalie-Region gehören soll – wesentlich geringer, und doch waren die Impulse dort schwächer gewesen. Ein eindeutiger Zusammenhang ist also nicht feststellbar, wenn man davon absieht, dass die Signale an allen Standorten in der Nähe der Linie vorhanden waren.

Wir müssten näher an die Plätze des Phänomens herankommen, um einen Zusammenhang feststellen zu können, wenn es denn einen gibt. Es war uns klar, dass dies aber so schnell nicht gelingen würde, aber der Ort wird weiterhin von Interesse für unsere Arbeit sein, weil ich noch einen anderen Zusammenhang sehe.

## Die Gravitation gibt uns Rätsel auf

Ich habe mich natürlich im Vorfeld unseres Besuchs schon gefragt, ob es denn überhaupt sein kann, dass die Zeit in einem Berg oder an einem anderen Ort langsamer vergeht als in der Welt ringsherum. Man kann es sich nur schwer vorstellen, auch wenn es nur ganz minimal sein soll, wie könnte das sein? Seit Albert Einstein wissen wir, dass die Lichtgeschwindigkeit konstant und die Zeit relativ ist, was natürlich viel komplizierter ist als es sich in wenigen Worten ausdrücken lässt. Seit Beginn unserer Forschungen habe ich mich immer wieder mit den Entwicklungen der Physik seit Einsteins Zeit beschäftigt und bin auf ein paar für mich überraschende Erkenntnisse gestoßen. Es gibt inzwischen eine Reihe sehr guter populärwissenschaftlicher Bücher über die moderne Physik, die dennoch beim Lesen viel Konzentration erfordern, weil die erklärten physikalischen Abläufe und Phänomene oft über unsere Vorstellungskraft hinaus gehen. Ich will hier zwei Dinge in ihren Kernaussagen darlegen und etwas näher erläutern, weil mir diese bei meinen Überlegungen zum Untersberg und zur Gravitationsanomalie immer wieder in den Sinn kamen.

1. ***Die Gravitation beeinflusst den Ablauf der Zeit!*** Was bedeutet das? Weitgehend bekannt ist der Effekt der Zeitdilatation, nämlich dass eine relativ zum Beobachter bewegte Uhr aus seiner Sicht langsamer geht als seine eigene. Die Zeitdilatation ist umso stärker, je größer die Relativgeschwindigkeit der Uhr ist. Sie kann praktisch nicht im alltäglichen Leben beobachtet werden, sondern erst bei sehr hohen Geschwindigkeiten. Sie wird gerne als Argument dafür herangezogen, dass Reisen mit annähernder Lichtgeschwindigkeit zu fernen Planeten möglich seien, weil für die Astronauten die Zeit dann viel langsamer vergeht als auf der Erde. Die theoretischen Grundlagen für diesen Effekt erkannte Albert Einstein im Rahmen seiner speziellen Relativitätstheorie, und inzwischen konnte dieser auch experimentell nachgewiesen werden.
   Doch wir interessieren uns nun für die gravitative Zeitdilatation, ein Phänomen der allgemeinen Relativitätstheorie. Man bezeichnet hiermit den Effekt, dass eine Uhr in einem Gravitationsfeld langsamer läuft als außerhalb desselben. Auf der Erde vergeht die Zeit also langsamer als auf dem Mond. Auch dieses Phänomen ist inzwischen experimentell nachgewiesen, und Erläuterungen hierzu findet man inzwischen in gut verständlicher Form in populärwissenschaftlichen Büchern.[18]

2. ***Die Gravitation ist die physikalische Kraft, von der man am wenigsten weiß!*** Sie gibt den Physikern tatsächlich noch viele Rätsel auf, die noch lange nicht entschlüsselt sind, denn sie ist eigentlich viel zu schwach, um in die Theorien der Physik zu passen. Newton gelang es zwar bereits im 17. Jahrhundert, dieser Grundkraft der Natur ein berechenbares Gerüst zu geben, aber erst Einstein konnte ihr Wesen besser erklären. Nach seiner Theorie sind Krümmungen und Verzerrungen in der vierdimensionalen Raumzeit verantwortlich für die Gravitation, wobei es nun wesentlich komplizierter

---

[18] Mischler, Janick P.: Einstein, Quantenspuk und die Weltformel, edition winterwork, 2012

wird, wenn wir versuchen, in diese Thematik vorzudringen. Daher belassen wir es bei dem Fazit, wie es Mischler in seinem hier zitierten Buch „Einstein, Quantenspuk und die Weltformel" zusammenfasst: „*Die Gravitation unterscheidet sich grundlegend von den drei anderen Grundkräften der Natur* (Anmerkung d. Verf.: elektromagnetische Kraft, schwache und starke Wechselwirkung). *Sie ist wesentlich schwächer, kann nicht abgeschirmt werden, besitzt eine unendliche Reichweite und sämtliche Versuche, die Gravitation zu quantisieren, sind fehlgeschlagen.*" Wer hätte das gedacht, dass eine Grundkraft der Natur uns noch solche Rätsel aufgibt?

Was bedeuten diese Erkenntnisse nun für unsere Forschungen, insbesondere für die in den vorherigen Kapiteln beschriebenen Phänomene? Die Antwort kann man wie folgt zusammenfassen:

- Wenn man davon ausgeht, dass die Geschichten über Zeitphänomene am bzw. im Untersberg wahr sind, dann müssen sie einen physikalischen Ursprung haben, weil die Zeit nun mal physikalischen Gesetzen unterliegt. Als Ursache wäre eine starke Gravitationsanomalie denkbar, die sich dort an bestimmten Plätzen auf dem Berg oder im Berg so konzentriert, dass sie den Verlauf der Zeit erheblich verlangsamt.
- Da unser Wissen über die Gravitation noch sehr viele Lücken aufweist, können wir heute noch nicht völlig ausschließen, dass es Phänomene wie die beobachtete Anomalie in Butzbach wirklich gibt. Dort wurde sie zwar durch GPS-Messung als optische Täuschung „entlarvt", wobei jedoch nicht untersucht wurde, ob auch diese Messergebnisse unbekannten Einflüssen unterliegen und verfälscht werden können. Weitere Untersuchungen mit alternativen Methoden – die erst noch zu entwickeln wären – könnten also hilfreich sein, auch eine Untersuchung an anderen Orten, die für derartige Anomalien bekannt sind.
- Ebenfalls weil wir so wenig über die Gravitation wissen, ist es auch ein Rätsel, welche Kräfte diese so stark beeinflussen können, dass Zeitphänomene wie am Untersberg die Folge sind.

Wir dürfen daraus natürlich nicht schließen, dass Gravitations- und Zeitanomalien ausgeschlossen sind, sondern es bedeutet nur, dass wir sie noch nicht erklären können, wenn es sie gibt.

Der Zusammenhang zwischen Gravitation und Zeit ist jedenfalls unstreitig. Daher lag es nahe, bei unserem Besuch in Österreich Wolfgang Stadler die Frage zu stellen, ob denn auch am Untersberg schon Gravitationsanomalien beobachtet wurden. Er bejahte dies grundsätzlich und ich berichtete ihm von der GPS-Messung in Butzbach durch das Institut für Gravitationsforschung. Daraufhin berichtete er von Messungen mit dem GPS im Bereich der Zeitanomalie-Zone, die zu widersprüchlichen Ergebnissen geführt hatten. Nach seinen Angaben weicht die Positionsbestimmung des Standortes an manchen Punkten um bis zu 100 Meter und mehr ab, je nachdem ob man die Messung am Boden oder in nur etwa einem Meter Höhe vornimmt. Daraus wäre ja zu schließen, dass auch die Signale der Satelliten beeinflusst werden, so dass die Standortbestimmungen fehlerhaft sind.

Diese Aussage Stadlers ließ mir keine Ruhe und daher fuhr ich einige Wochen später noch einmal zu der Straße zwischen Butzbach und Hausen - diesmal mit einem handelsüblichen GPS-Gerät - um nachzuprüfen, ob auch dort Abweichungen bei den Standortbestimmungen auftreten. Dabei musste ich jedoch feststellen, dass hier das verwendete Gerät zwar Differenzen anzeigte, diese aber im Rahmen der angegebenen Messgenauigkeit lagen. Daraus konnten keine Folgerungen abgeleitet werden, denn für eine Genauigkeit von bis zu einem Meter sind professionelle Geräte erforderlich, die mir nicht zur Verfügung standen. Aber Stadler hatte ja am Untersberg deutlichere Abweichungen, woher sollten die kommen?

Es liegt nahe, dass die Erklärung etwa so lauten könnte:

Die Zeitanomalie am Untersberg wird durch außerordentlich starke Gravitationsanomalien verursacht.

Gravitation beeinflusst alle Teilchen und Wellen, sogar Licht. Im Extremfall eines Schwarzen Lochs ist die Gravitation so stark, dass aus seinem Bereich nichts – auch kein Licht – nach außen gelangen kann.

Also werden auch die Radiosignale der GPS-Satelliten, da es sich dabei um elektromagnetische Wellen handelt – von dieser anormal starken Gravitation beeinflusst bzw. abgelenkt.

Hierzu fallen mir natürlich verschiedene Messungen ein, bei denen wir eine Ablenkung der gemessenen VLF-Signale festgestellt hatten, zum

Beispiel in der Drüggelter Kapelle, deren Standort sich in geodätischer Hinsicht auf einer Kreuzung von mehreren starken Störzonen befindet. Sollte auch hierbei die Auswirkung der Gravitationskraft eine Rolle spielen? Dies sei an der Stelle kein Versuch einer Erklärung, das wäre zu hypothetisch - ich möchte es eher als Denkanstoß verstanden wissen, um aufzuzeigen, wo die Physik Lösungsansätze und Möglichkeiten bietet.

## „Kraftorte"

Mein zweiter Besuch in Butzbach war noch in anderer Weise auffällig gewesen. Ich hatte nicht nur das GPS-Gerät dabei, sondern ich habe auch nochmals einige Messungen vorgenommen. Ich wollte die Gelegenheit nutzen, um nachzuprüfen, ob die Ergebnisse immer gleich oder zumindest sehr ähnlich sind, um Zufallsergebnisse oder zeitabhängige Ergebnisse auszuschließen. Dabei hatte ich mir die Stelle im Waldweg nochmals vorgenommen, an der damals die Elektronik meines Autos streikte. Die regelmäßigen Impulse (siehe Abb. 30) waren wieder vorhanden und ich differenzierte die Messungen etwas mehr. Dabei stellte ich - wie auch bei meinem ersten Besuch schon - fest, dass die Impulse wesentlich stärker waren, wenn die Antenne quer zur Straße stand.

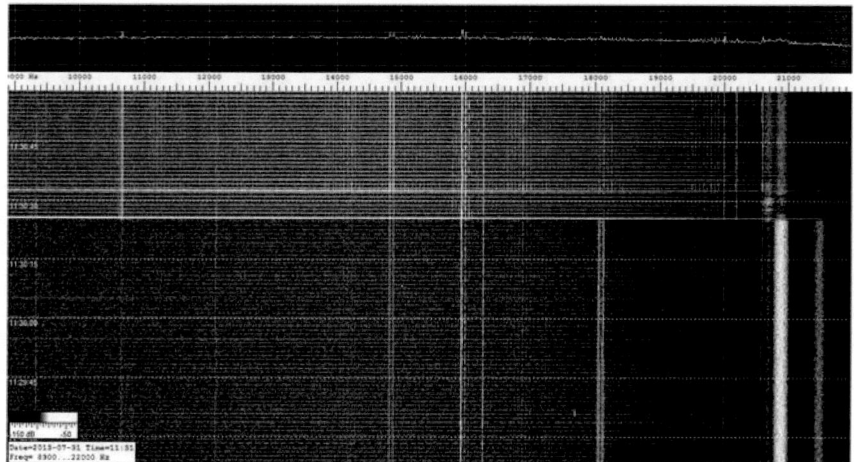

*Abb. 35: Sehr deutlich ist zu erkennen, dass die Impulse bei drehen der Antenne in die Senkrechte noch intensiver wahrgenommen werden.*

Nun stellte ich die Antenne aber hochkant und da waren die Signale nochmals deutlich stärker. Genauso wie in Chartres schienen also auch hier die Signale aus einer bestimmten Richtung zu kommen.

Man kann diese Kraftorte, genauso wie so genannte Kraftlinien verschiedenster Art, mit der Rute lokalisieren. Ich habe diese Methode bereits mehrfach erwähnt und ich nutze sie mitunter zur Gegenprobe, ob denn auch die Rute an Orten mit ungewöhnlichen Messergebnissen einen Ausschlag zeigt. Allerdings erwähnte ich auch zu Beginn schon, dass dies als Messmethode natürlich wissenschaftlich nicht anerkannt ist und von vielen Menschen als Unfug abgetan wird. Daher verwenden wir die Rute auch nur, um Parallelen zu den Messungen mit der Antenne aufzuzeigen, nicht als Argument oder gar als „Beweis“ für irgendetwas.

Aber ich habe auch immer wieder – auch bevor wir mit unseren Recherchen begonnen haben – Menschen getroffen, die überhaupt keine Rute benötigen, um einen solchen Kraftort ausfindig zu machen. Manchmal geschieht das sogar unbewusst, nämlich wenn jemand sagt, er geht so gerne in eine bestimmte Kirche oder zu einem andern markanten Ort, weil er sich dort so wohl fühlt oder weil das gut tut. Bei anderen findet diese Empfindung wesentlich bewusster statt, sie suchen diese Plätze auf, um Kraft zu tanken – und sie werden dafür von vielen ihrer Mitmenschen belächelt.

Es gibt jedoch auch Menschen, welche für diese Orte eine noch höhere Sensibilität haben. Sie gehen oft neben- oder sogar hauptberuflich einer spirituellen Tätigkeit nach und sie werden leider von allzu vielen Leuten nicht ernst genommen. Ich hatte das Glück, vor einigen Jahren Linta C. Lemp kennen zu lernen, die unter anderem eine schamanische Ausbildung hat und die auf Grund ihrer fundierten Kenntnisse auch auf dem Gebiet alternativer Heilmethoden bei ihren Kunden in hohem Ansehen steht. Ihre Heimat ist Butzbach und daher lag es für mich nahe, sie zu befragen, als ich mich für die Gravitationsanomalie interessierte. Sie kennt die Gegend sehr gut und wollte natürlich auch wissen, was ich bei meinen Untersuchungen herausgefunden hatte. Als ich ihr von den auffälligen Messungen und von meinem Erlebnis mit der Kraftfahrzeug-Elektronik am Anfang des Waldwegs berichtete, schilderte sie mir ihre Eindrücke dieser Stelle wie folgt: „Ich glaube zu wissen welchen Weg Du meinst. Der Weg führt zum Parkplatz und zu allen anderen Wegen dort im Wald. Ich hatte dort immer das Gefühl, ich hätte mich verlaufen oder wäre diesen

Weg noch nie gegangen, wenn ich dort gelaufen bin. Wenn man daran vorbei fährt, muss man immer hinein sehen. Es ist wie ein Zwang."

Diese Worte sagen auf den ersten Blick nicht viel aus, aber sie charakterisieren diesen Waldweg als eine Stelle mit einer besonderen Ausstrahlung, die für uns in der heutigen Zeit vielleicht gar nicht so genau zu beschreiben ist. Doch das war in weit zurück liegender Vergangenheit anders. Zu einer Zeit, als es noch keine Religionen mit „Göttern" gab, wie wir sie heute kennen, kannten die Menschen nur so genannte Naturreligionen. Doch was sollen wir uns darunter vorstellen?

Naturreligionen gibt es übrigens immer noch, nämlich bei den so genannten „Naturvölkern", die sich auf unserem Globus noch erhalten haben. Sie unterscheiden sich im Wesen nicht von den Buch- oder Hochreligionen. Der Anhänger einer Naturreligion glaubt sich von höheren, übermenschlichen Mächten - insbesondere von natürlichen Kräften - abhängig und ordnet sich ihnen ebenso unter wie der Gläubige einer Hochreligion sich seinen Göttern oder seinem Gott unterordnet. Die Unterschiede liegen darin, dass einer Natur- oder Stammesreligion meist eine Heilige Schrift fehlt, Überlieferungen finden mündlich statt. Sowohl die Menschen als auch ihre Priester - wenn wir sie einmal so nennen wollen - hatten bzw. haben einen viel intensiveren Bezug zur Natur als die Angehörigen der heute vorherrschenden, hoch zivilisierten Nationen.

Die „Heiligen Plätze" dieser Menschen waren auch in Europa, bevor sich das Christentum ausbreitete, nicht Kirchenbauten oder Tempel - die so genannten Gotteshäuer - sondern Plätze in der freien Natur, die eine besondere Kraft ausstrahlen. Es gab diese Orte in allen Regionen und die Menschen pilgerten dorthin. Wenn wir über die Standorte der christlichen Pilgerstätten recherchieren, stellen wir bald fest, dass dieser Pilgerstrom nie aufgehört hat, weil nämlich die Kapellen, Kirchen oder Klöster genau da errichtet wurden, wo sich auch in vorchristlicher Zeit die Gläubigen versammelt haben. Dabei gab es überregional bedeutende Orte, doch wurden diese etwa willkürlich von den Priestern ausgewählt? Das kann man sich kaum vorstellen, denn sie waren zu wichtig, um an einem zufälligen Standort angesiedelt zu werden. Doch was zeichnete diese Standorte aus und welche Bedeutung hatten sie für unsere Nachforschungen? Um dem auf die Spur zu kommen, müssten wir uns einen der besonders wichtigen Plätze etwas näher ansehen. Bei meinen Recherchen zu den Hintergründen der von uns bereits einbezogenen Orte stellte ich jedoch fest: Das hatten wir bereits getan!

Wie bereits im Kapitel *Ein rätselhafter Ort* erwähnt, war der Hügel von Chartres, auf dem heute die Kathedrale steht, bereits in vorchristlicher Zeit eine religiöse Stätte, ein Versammlungsort. Auf der Suche nach einer Antwort auf die Frage, ob auch dort – ähnlich wie in Drüggelte – vielleicht starke geomantische Kraftlinien oder -felder bekannt sind, war ich auf das Werk des Franzosen Louis Charpentier über dieses Bauwerk gestoßen, das in Frankreich innerhalb weniger Jahren zum Bestseller wurde und im Jahr 1972 erstmals in deutscher Sprache erschienen ist.[19]

Er bezeichnet in den einleitenden Kapiteln über die Geschichte der Kathedrale und deren Standort die Kraftlinien der Erde als tellurische Ströme oder Erdströme. Doch was meint er damit? Meint er wirklich die erdelektrischen Ströme und Felder, die aus erdmagnetischen Schwankungen resultieren? Davon können wir nicht ausgehen, wenn er deren Ursache in unterirdischen Wasserläufen oder geologischen Verwerfungen sieht. Diese werden doch neben anderen als Ursache für die Ausschläge der Rute der Geomanten genannt, haben also mit magnetischen oder erdelektrischen Einflüssen überhaupt nichts zu tun. Er vermischt hier einiges und daher kann seine Aussage, dass den Hügel von Chartres ein besonders heiliger Strom durchfloss oder noch durchfließt, nur mit Vorsicht gewertet werden. Eine – wenn auch wissenschaftlich umstrittene – Messung wie bei der Drüggelter Kapelle liegt diesen nicht zu Grunde. Auch an anderem Ort konnte ich keine detaillierten Aufzeichnungen über Kraftlinien finden, wie sie von Reiner Padligur über Drüggelte vorliegen. Die Linien werden an den meisten Fundstellen nur als „vorhanden" erwähnt.

Aber warum geht auch Charpentier so selbstverständlich von deren Existenz aus, wenn sie doch noch niemand tatsächlich „gemessen" hat? Sitzt er einem Trugschluss auf, weil der Hügel bereits in vorchristlicher Zeit eine große Bedeutung hatte? Er geht davon aus, dass die Menschen zu dieser Zeit den Linien auf ihren Pilgerwegen folgten und beruft sich hierbei auf Überlieferungen. Etwas anderes bleibt ihm nicht übrig, denn wissenschaftliche Forschungen hierüber sind noch nicht angestellt worden. Zumindest durch Indizien belegt sind jedoch seine Angaben über die

[19] Charpentier, Louis: Die Geheimnisse der Kathedrale von Chartres, Köln 1972

Bedeutung der Stätte in vorchristlicher Zeit, wobei er eingesteht, dass mehr auch nicht möglich ist, denn wir reden von einer Zeit, in der Geschichte zur Legende wird, zur Sage und zum Mythos.

In dieser Zeit gab es eine geheiligte Stätte, deren Bedeutung die aller anderen übertraf, sie befand sich im Land der Carnuten. Die Carnuten – so können wir nachlesen – waren ein gallisches Volk zwischen Liger (Loire) und Sequana (Seine), und einer ihrer wichtigsten Orte war Autricum (Chartres). Sie waren die Hüter des Steins und die Stätte, auf der sich dieser befand, war Carnut-Is, der Heilige Ort. Bei dem Stein oder den Steinen soll es sich um einen Dolmen gehandelt haben und er soll sich heute noch unter der Kathedrale befinden, ebenso wie sich der Brunnen noch dort befindet, der auch auf diese Zeit zurückgehen soll.

Wenn das aus den von Charpentier vorgelegten Indizien und Quellen alter Historiker so angenommen werden darf, dann befand sich hier das höchste Heiligtum der Druiden. Der Hügel von Chartres mit seinem Dolmen war nicht nur eine besonders heilige Stätte, es war der Mittelpunkt des gesamten Druidentums, der wichtigste Ort überhaupt.

## Uraltes Wissen

Wer hat eigentlich vor so langer Zeit festgelegt, dass dieser Hügel nun der heiligste Ort der bekannten Welt sein soll? Wir müssen davon ausgehen, dass schon damals die Menschen in religiösen Fragen eine Führung oder Anleitung hatten, die in der Hand der „Priester" lag, die wir als Druiden bezeichnen. Doch waren die Druiden reine Priester? Über ihren Stand liegen uns recht konkrete Aufzeichnungen vor aus der Zeit, als die Römer weite Teile Europas beherrschten. Eine detaillierte Beschreibung ihrer verschiedenen Funktionen und Eigenschaften haben wir dem römischen Feldherrn und späterem Alleinherrscher Gaius Julius Cäsar zu verdanken, der uns diese in seinen „Commentarii de bello Gallico" hinterließ. Ich zitiere hier aus einer Übersetzung von Georg Dorminger:[20]

*„Die Druiden versehen den Gottesdienst, besorgen die öffentlichen und privaten Opfer und legen die Religionssatzungen aus. Bei ihnen finden sich junge Männer in großer Zahl zur Unterweisung ein, und sie genießen bei diesen hohes*

[20] Caesar: Der Gallische Krieg, Goldmann Verlag München, o. J.

*Ansehen. Denn bei allen öffentlichen und privaten Streitigkeiten urteilen und entscheiden sie. Sie setzen Belohnung und Strafe fest, wenn ein Verbrechen begangen wurde, ein Mord geschah, Erbschafts- oder Grenzstreitigkeiten ausbrechen. Fügt sich ein Privatmann oder ein Volk ihrem Entscheid nicht, so schließen sie die Betroffenen vom Gottesdienst aus. Dies bedeutet bei ihnen die härteste Strafe."*

Demnach waren sie Priester und Richter in der Zivil- und Strafgerichtsbarkeit gleichermaßen. Dass vor allem die Aufgaben in der Gerichtsbarkeit nicht regional eingegrenzt waren, erfahren wir ein paar Sätze weiter:

*„Sie tagen zu einer bestimmten Jahreszeit an einer geheiligten Stätte im Lande der Carnuten, das ungefähr in der Mitte ganz Galliens liegt. Hier treffen sich von überall alle, die Streitigkeiten haben, und beugen sich der Entscheidung und dem Urteil der Druiden."*

Hier haben wir jetzt also auch die Quelle, die uns den Hinweis auf die Lage des Heiligtums gibt und auf die sich die Historiker und auch Charpentier stützen. Unmittelbar darauf folgen weitere Details zum Stand und zur Bildung der Druiden:

*„Die Druiden ziehen gewöhnlich nicht mit in den Krieg und zahlen auch keine Abgaben wie die anderen, sind vom Waffendienst befreit und genießen Freiheit von allen Leistungen. Durch so große Vorrechte verlockt, begeben sich viele freiwillig in ihre Lehre oder werden von ihren Eltern und Verwandten hingeschickt. Sie sollen dort Verse in großer Zahl auswendig lernen; deswegen bleiben einige zwanzig Jahr in der Lehre. Sie halten es für Sünde, sie schriftlich niederzulegen, während sie fast in allen übrigen Angelegenheiten, in Staats- und Privatgeschäften, die griechische Schrift benützen. Sie scheinen mir aus zwei Gründen dies eingeführt zu haben: Sie wollen nicht, dass die Lehre unter der Menge verbreitet werde, noch dass die Schüler, sich auf das Geschriebene verlassend, das Gedächtnis weniger übten. In der Regel geschieht es bei den meisten, dass sie, gestützt durch das Geschriebene, im Lerneifer und im Gedächtnis nachlassen. Vor allem wollen sie die Überzeugung hervorrufen, dass die Seelen nicht vergehen, sondern nach dem Tode von einem zum anderen wandern. Sie glauben, dass man vor allem durch diese Lehre, wenn die Todesfurcht beseitigt sei, zur Tapferkeit angespornt werde. Viel disputieren sie außerdem über die Gestirne und ihren Lauf, über die Größe der Welt und der Erde, die Natur der Dinge und über das Walten und die Macht der Götter und teilen das der Jugend mit."*

Also waren die Druiden nicht nur Priester und Richter, sondern auch in den Naturwissenschaften durch langes Studium bewandert. Neben dem Wissen in Staats- und Privatrecht bewahrten sie dabei ein Wissen, welches über Generationen nur mündlich weiter gegeben worden war. Sie glaubten an die Seelenwanderung (Wiedergeburt) und studierten die Geografie und die Astronomie. Man könnte meinen, damit seien alle Facetten der vorchristlichen Wissenschaften abgedeckt, doch dem ist nicht so.

Es gab eine weitere Klasse Inspirierter, also Priester im weiteren Sinn, in der keltischen Gesellschaft. Es waren die Vates, die oft der Kategorie der reinen Seher zugeordnet werden. Man geht oft davon aus, dass das Wahrsagen und die Darbringung von Opfern ihre eigentliche Aufgabe war.[21] Der griechische Geschichtsschreiber Strabon jedoch nennt sie „Weissager und Naturkundige"[22] und weist ihnen damit eine weitergehende Stellung zu. Auch ihre Ausbildung bestand in der rein mündlichen Weitergabe traditionellen Wissens, dessen Ursprung wir daher heute nicht mehr festlegen können.

Wussten die Druiden und Vates auf Grund ihrer auf diesem Weg erworbenen Kenntnisse und Fähigkeiten auch von Kraftlinien, Erdkräften und Orten mit heilenden Kräften und Quellen, die in diesem Zusammenhang auch oft eine Rolle spielen? Ich behaupte ja, denn die Erfahrungen ihrer Vorfahren hatten sie gelehrt, dass es unter den Kräften der Erde gute und schädliche gab. Sie wussten, dass diese Einfluss auf das Gedeihen von Pflanzen, Tieren und Menschen hatten und sie bevorzugten es, sich an heilkräftigen Stätten anzusiedeln. So jedenfalls führt es Charpentier an, doch wenn man dies als Argument anbringt, so wird man von vielen Menschen sofort als „Esoteriker" abgestempelt, weil doch hierfür angeblich jeder Beweis fehlt. Aber ist das wirklich so?

Wir wissen, dass Rutengänger bei ihrer radiästhetischen Arbeit Stellen mit besonderer (Erd)-Strahlung feststellen können. Wie bereits erwähnt, wird das von vielen Menschen als Hokuspokus angesehen. Eines ihrer Argumente ist, dass sie diese Strahlen weder fühlen noch messen können, die Rute erkennen sie nicht als „Messinstrument" an. Doch wie ist es dann

---

[21] http://de.wikipedia.org/wiki/Vates

[22] James, Simon: Das Zeitalter der Kelten, Deutsche Erstausgabe Econ-Verlag, Düsseldorf 1996

zu erklären, dass es sowohl unter den Tieren als auch bei den Pflanzen so genannte Strahlensucher gibt, also solche, die Plätze mit Erdstrahlung aufsuchen, weil sie sich dort wohler fühlen. Dazu gehören Katzen, Ameisen, Bienen, Eichen, Tannen und noch viele mehr. So sollen Wünschelrutengänger mit ihrer Rute schon vor über 100 Jahren ermittelt haben, dass Bienen, deren Stock belastet steht, bis zum dreifachen mehr an Honig geben als diejenigen, die an nicht belasteten Stellen nisten. Hingegen gibt es aber auch Strahlenflüchter, welche diese Plätze meiden, darunter Tiere wie Hunde, Pferde oder Schweine.

Wie wir aber wissen, lassen sich Tiere nicht durch angelesenes oder gehörtes Wissen beeinflussen, da sie nichts davon wissen – von Pflanzen einmal ganz abgesehen. Aber was leitet sie dann? Bei Tieren bezeichnen wir es als Instinkt, doch worauf reagieren die Tiere instinktiv, wenn nicht auf diese Strahlung? Gibt es hier also doch noch etwas, was wir Menschen nicht sehen, hören, riechen oder schmecken können?

Wenn das der Fall ist, dann sollte man doch auch davon ausgehen, dass sich Wissenschaftler bereits mit diesem Phänomen beschäftigt haben. Und das ist tatsächlich so, auch wenn es oft bestritten wird. Einer von ihnen ist Prof. Dr. Jörg Purner, der im Jahr 1982 an der Universität Innsbruck mit der Dissertation „Radiästhetische Untersuchungen an Kirchen und Kultstätten“[23] zum Doktor der Technischen Wissenschaften graduierte.

In dieser Arbeit hat er nachgewiesen, dass das Wissen um die Zusammenhänge zwischen Strahlungen und menschlichem Dasein weit in das vorchristliche Europa zurückreicht. Außerdem führt er in seiner Arbeit den Nachweis, dass christliche Kirchen über alten keltischen Kultstätten errichtet wurden, vermutlich um sich die günstigen Einflüsse der Strahlungen zunutze zu machen.

---

[23] Purner, Jörg: Radiästhetische Untersuchungen an Kirchen und Kultstätten, Verlag Resch, Innsbruck 1979

Es gibt aber auch Untersuchungen mit schockierenden Ergebnissen:

Im Jahr 1929 führte Freiherr von Pohl ein Aufsehen erregendes Experiment durch. Er untersuchte die Stadt Vilsbiburg in Niederbayern mit Hilfe seiner Wünschelrute auf Erdstrahlen. Seine Untersuchungen fanden unter „amtlicher Aufsicht" statt, wobei er die Strahlungszonen in die Stadtkarte von Vilsburg eintrug. Ohne von den Untersuchungen des Rutengängers zu wissen, zeichnete der Bezirksarzt, Herrn Obermedizinalrat Dr. Bernhuber, danach die Krebstodesfälle des Ortes aus etwa den letzten 12 Jahren ein. Dabei erkannte er, dass alle Krebstodesfälle dieses Zeitraumes in den kritischen Zonen vorgekommen waren, die Pohl in die Karte eingezeichnet hatte. Nach großen Diskussionen in der Ärzteschaft bekannten sich einige Ärzte, anlässlich des Bayerischen Chirurgenkongresses in München 1932, zu der Auffassung, dass die vorgelegten Beweise so eindeutig und unwiderlegbar seien, dass die medizinische Wissenschaft sich umstellen müsse.

Als weitere Untermauerung wurde eine identische Untersuchung wenige Jahre später (1933) durch Dr. Victor Rambeau (Vorsitzender der Ärztekammer Marburg) bestätigt. Er untersuchte drei Ortschaften in der Nähe von Marburg und kam zu den gleichen Ergebnissen, d. h. alle Krebsvorkommen deckten sich mit den gefundenen Störzonen.

Auch Freiherr von Pohl hat seine Erfahrungen für die Nachwelt festgehalten[24], doch heute werden diese weitgehend ignoriert, bzw. die Menschen, die sich damit beschäftigen, werden als „Esoteriker" nicht ernst genommen. Zusammengetragen kann man diese Erkenntnisse und Beweise in Büchern finden[25], welche die Skeptiker wahrscheinlich nie in die Hand genommen haben. Dabei war dieses Wissen in früheren Zeiten sehr wohl höher geschätzt als heute.

Erst vor etwa 250 Jahren, in der Zeit der so genannten Aufklärung, setzte der Kampf gegen Wünschelrute und Strahlenwissen ein. Die technischen Wissenschaften begannen ihren Siegeszug und legten ihre Spiel-

24 Pohl, Gustav: Erdstrahlen als Krankheitserreger, J. Hubertus-Verlag, Diessen vor München 1932

25 u. a. Mayer, Hans u. Winkelbauer, Günther: Wünschelrutenpraxis, Verlag Orac, Wien 1991

regeln fest. Dazu gehörte unter anderem, dass jedes Phänomen unter Laborbedingungen wiederhalber sein müsse, dass jedermann dabei zum gleichen Ergebnis kommen müsse und dass es innerhalb des wissenschaftlichen Rahmens erklärbar sein müsse. Diese Forderungen waren für die Radiästhesie nicht zu erfüllen, weil sie zu sehr von der Sensitivität des Rutengängers abhängt.

*Abb. 36: Bei diesem Baum im Garten eines Freundes von mir handelte es sich um eine Pappel, die gewöhnlich einen aufrechten, gerade gewachsenen Stamm besitzt. Ein Nachprüfen mit der Rute ergab hier eine Kreuzung von zwei Strahlungszonen, hat dieser Einfluss den Baum so ungewöhnlich wachsen lassen?*

Natürlich ist die Sensitivität der Menschen in den letzten 250 Jahren nicht verloren gegangen, nur weil sie sich den Spielregeln der Wissenschaften entzieht. Genauso wie es in früheren Zeiten Menschen gab – wie die Druiden – welche neben diesem besonderen Sinn auch noch eine umfangreiche Ausbildung besaßen, die sie zu ihrer Arbeit befähigte, gibt es diese auch heute noch. Ebenso wie der Druide der vorchristlichen Zeit genießt auch der heutige Schamane eine umfassende Ausbildung und greift auf Wissen zurück, welches heute einerseits immer noch ausschließlich mündlich überliefert sein kann - wie bei den Schamanen der südamerikanischen Indianer - aber auch für die Mitglieder der Zunft in unseren Breiten in vielfältiger Form schriftlich niedergelegt ist.

## Gemeinsamkeiten

Unter diesen Aspekten, die für so manchen Leser neu sein mögen, aber lediglich uraltes Wissen in unsere Betrachtungen einbeziehen, wollen wir noch einmal auf die Aussage von Linta hinsichtlich des Waldwegs bei der Gravitationsanomalie blicken. Nimmt sie auf Grund ihrer erhöhten Sensitivität hier etwas wahr, was andere Menschen nicht wahrnehmen können? Zumindest gibt es hier irgendetwas, das sie irritiert und ihre Wahrnehmung beeinflusst. Das überrascht mich aber nicht, wenn ich die Ergebnisse der dortigen Messungen anschaue, denn wie bereits dargelegt haben diese die gleiche Charakteristik wie die Messungen unmittelbar neben der Kathedrale von Chartres, sie haben lediglich eine niedrigere Intensität, die Einflüsse sind also nicht so stark wie dort.

Wenn aber die gemessenen Impulse von einer Energie herrühren, die etwas mit der Bedeutung des Hügels von Chartres als Kraftort zu tun hat, so muss ein Schamane oder eine Schamanin zwangsläufig auch in Butzbach einen Hinweis auf diese Energie spüren. Ich erinnere in diesem Zusammenhang auch nochmals an die Aussage des Mannes, der mit seiner Fähigkeit des Remote Viewing an dem kleinen Megalith-Bauwerk nahe der Salsquelle von „Impulsen" sprach, die wir - ohne seine Aussage zu kennen - im darauffolgenden Jahr messen und aufzeichnen konnten.

Diese Parallele regt an, nach weiteren Gemeinsamkeiten der verschiedenen Orte zu fragen, an welchen wir Auffälligkeiten entdeckt hatten. Dabei werden wir schnell fündig, wenn wir uns in die Katakomben der Kathedrale von Chartres begeben. Dort befindet sich der bereits erwähnte, 33 Meter tiefe Brunnen, der als ältestes Gemäuer in der Kathedrale angesehen wird und durch die Kelten angelegt worden sein soll. Er erinnert an den noch erheblich tieferen Brunnenschacht auf dem Heiligenberg, von dem wir nicht mit Sicherheit sagen können, ob er erst in römischer Zeit entstanden ist oder ob wir auch ihn den Kelten zuordnen müssen, die bereits vor den Römern die Bedeutung dieses Platzes erkannt hatten und hier ihre Spuren hinterlassen haben.

In beiden Fällen ist jedoch nicht bekannt, ob die Brunnen nur der Versorgung mit Wasser dienten oder ob der gewaltige Aufwand, der für ihre Anlage notwendig war, noch einen anderen Hintergrund hatte. Es gibt viele mittelalterliche Burgen, die einen tiefen Brunnenschacht besitzen, weil eine unabhängige Wasserversorgung im Fall einer Belagerung aus strategischen Gründen unabdingbar ist. Aber auch an einem heiligen Platz oder einer Wallfahrtsstätte, die von vielen Menschen aufgesucht wird, ist die Versorgung mit Wasser wichtig. Doch darf man es so profan sehen? An anderen heiligen Orten finden wir Quellen, denen eine Heilwirkung bis hin zur Wirkung von Wundern - wie in Lourdes - zugeschrieben wird. Ich erinnere in diesem Zusammenhang auch an die - inzwischen verschlossene - Quelle am Untersberg, wo wir womöglich sogar eine direkte Verbindung zu einem Ort mit einer physikalischen Anomalie erkennen können. Von dieser wissen wir zwar, dass eine Heilwirkung nicht offiziell anerkannt war, und die Wunderwirkung von Quellen kann ohnehin nicht nach den Bestimmungen des Arzneimittelgesetzes eingeordnet werden, doch bevor ich näher auf die Frage eingehe, was es mit diesem Wasser auf sich haben könnte, will ich noch von einer weiteren Exkursion berichten, die wir in der Zwischenzeit unternommen hatten und die uns zu einem Ort führte, der in diesem Zusammenhang eine Gemeinsamkeit bietet.

Im Mai 2013 waren wieder einmal die Pyrenäen unser Ziel gewesen, weil wir dort noch einige Orte näher untersuchen wollten. Leider spielte in diesem Jahr das Wetter überhaupt nicht mit, so dass wir einige Exkursionen unverrichteter Dinge abbrechen mussten. Ein Highlight jedoch blieb uns nicht vorenthalten, der Tag, an dem wir uns die Gorges de Galamus als Ziel ausgewählt hatten, blieb weitgehend regenfrei. Ich bin schon oft durch diese Schlucht mit ihrer überwältigend schönen Landschaft gefahren und habe genau so oft an dem Parkplatz Halt gemacht, um die herrliche Aussicht zu genießen. Doch ich war noch nie zu der Einsiedelei hinunter gestiegen, und das wollten wir in diesem Jahr gemeinsam nachholen. Udo Vits hatte uns dazu geraten, neben der Einsiedelei noch eine weitere Stelle in Augenschein zu nehmen.

Auf dem Weg zur Eremitage befindet sich nämlich ein Eingang zu einem ausgedehnten Höhlensystem, das der Franziskaner-Pater Albouys als „Maul der Hölle“ bezeichnete. Veranlasst haben ihn hierzu möglicherweise die dramatischen Erlebnisse von Höhlenforschern vor etwa 400

Jahren, die nach den Aufzeichnungen eines Mönches aus dem Jahr 1601 dort Dämonen begegnet sein sollen. Was damals genau geschah, werden wir wohl nie erfahren, aber von Udo Vits liegt uns ein zeitnaher Bericht über seine Forschungen in den Höhlen vor, der erkennen lässt, dass eine Begehung nicht ungefährlich ist.[26] Nicht ohne Grund ist der Eingang mit einem Gitter verschlossen, welches jedoch auch zum Zeitpunkt unseres Besuchs kein wirkliches Hindernis darstellte. Wir wollten natürlich nicht die Höhlen erkunden, sondern auch hier mit Hilfe unserer Längstwellen-Messung nach Besonderheiten suchen, die den Ort einer uralten Eremitage auszeichnen könnten. Damit begannen wir nicht erst am Eingang des Höllenschlundes, sondern bereits vorher.

*Abb. 37: Blick vom Parkplatz auf die in der Felswand der Gorges de Galamus hängende Einsiedelei.*

Während auf dem Parkplatz ein relativ ruhiges Bild auf dem Monitor zu sehen war, lediglich einzelne schwache Impulse, die keine Rückschlüsse auf ungewöhnliche Kräfte oder Energien zuließen, wurden diese

[26] Vits, Udo: Höllenschlund in der Gorges de Galamus, eBook, Ancient Mail Verlag, 2013

bereits häufiger, als wir die Schlucht betraten und in Richtung Höllenschlund wanderten. Auffällig war lediglich, dass auf dem Parkplatz, an dem Geländer mit Blick zur Schlucht, die Signale der militärischen VLF-Sender nur ganz schwach oder überhaupt nicht aufgezeichnet wurden. Wir vermuteten, dass diese durch die Berge links und rechts der Schlucht abgeschirmt wurden und daher nicht bzw. nur in sehr abgeschwächter Form in das Tal gelangen konnten.[27]

*Abb. 38: Der Eingang zum „Maul der Hölle", das vor etwa 400 Jahren Höhlenforscher in Angst und Schrecken versetzte.*

Als wir den Eingang des Höhlensystems erreichten, brachten die Messungen deutlich andere Ergebnisse. Die Impulse schienen etwas stärker zu werden, doch darüber hinaus traten in verschiedenen Frequenzbereichen Signale im Abstand von etwa 50 Hertz auf, ähnlich wie wir sie bereits im Salon der Domaine de la Sals gemessen hatten, allerdings häufiger also dort. Doch nicht nur das, sondern noch ein weiteres Signal fiel dort auf.

---

[27] Man muss hierbei berücksichtigen, dass dies in Relation zu den anderen vorgenommenen Messungen zu sehen ist, weil wir wenn möglich die Empfindlichkeit der Anzeige nicht veränderten, um vergleichbare Werte zu erhalten.

Es war nicht so breit gestreut wie die bekannten militärischen VLF-Signale, sondern auf einen schmalen Frequenzbereich eingegrenzt, nämlich nur wenig mehr als 20,4 kHz. Auf dieser Frequenz sendet jedoch keiner der bekannten Sender, und dieses Signal tauchte auch an keiner weiteren Stelle der Schlucht auf. Das wäre sogar ein Hinweis darauf, dass es sich um eine Störung handeln könnte. Auch wenn wir uns diese nicht erklären können, so wollen wir doch in solchen Fällen vorsichtig sein und nicht gleich eine ominöse Quelle der Funksignale vermuten. Doch genau an diesem Signal war noch etwas anderes auffällig, was ich erst im Nachhinein bei der Auswertung der Ergebnisse bemerkt hatte.

Dieses Signal zeigte regelmäßige „Störungen" im Abstand von etwa einer Sekunde, so wie wir es bereits in Chartres beobachtet hatten, wo offenbar regelmäßige Impulse in kurzen Abständen ein VLF-Funksignal so ausgefranst erscheinen ließen. Waren auch hier im Hintergrund noch diese Impulse wirksam, lediglich zu schwach, um bei der vorgenommenen Einstellung die bekannten Streifen auf dem Monitor zu hinterlassen?

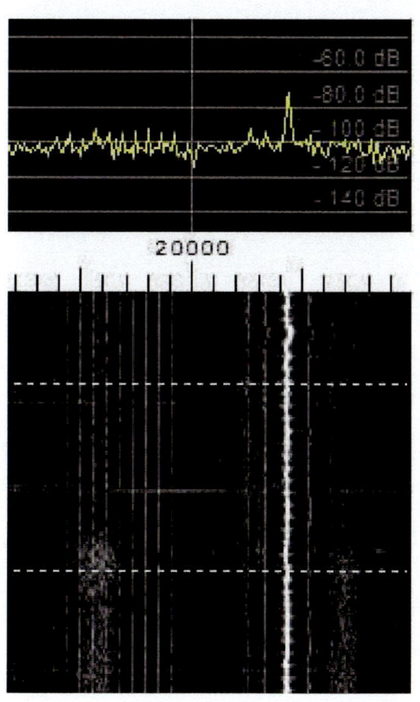


*Abb. 39: Das Signal bei etwa 20,4 kHz zeigt die gleichen zerfransten Ränder wie das VLF-Signal in Chartres (sh. Abb. 27) und deutet damit auf eine Störung durch regelmäßige Impulse hin.*

Vom Höhleneingang wanderten wir weiter zur Eremitage, die sich nicht weit davon befindet. Unregelmäßig auftretende Impulse waren dort sowohl vor als auch in der Höhlen-Kapelle des Heiligen Antonius, die dort in den Fels gearbeitet ist. Wie wir auch bei Udo Vits nachlesen können, handelt es sich hier um eine uralte Einsiedelei, in der, wie alten Urkunden zu entnehmen ist, schon im 7. Jahrhundert Einsiedler in einigen der Höhlen und Grotten hausten. Doch spricht sehr vieles dafür, dass hier schon in vorchristlicher Zeit ein heiliger Bezirk existierte. Auf dem Felsen gegenüber dem Hauptparkplatz fand man die Überreste eines Oppidum, welches aber ebenso gut auch eine kultische Anlage gewesen sein könnte.

*Abb. 40: Blick in die Höhlen-Kapelle der Eremitage. Hinter der weißen Wand hinter dem Altar befindet sich ein Becken mit klarem Quellwasser.*

Wenn man in die Höhlen-Kapelle blickt, so sieht man, dass diese nicht hinter dem Altar endet. Obwohl die Höhle sich noch weiter fortsetzt, ist diese jedoch am Ende durch eine Mauer abgegrenzt, deren Sinn man erst versteht, wenn man die Stufen zu Alter hoch geht und an ihm vorbei über die Mauer schaut. Dann wird offenbar, dass diese zusammen mit den natürlichen Felswänden ein Wasserbecken bildet, das mit klarem Quellwasser gefüllt ist. Ein Trinkwasser-Reservoir in der Kirche? Das erscheint umso unwahrscheinlicher, als sich neben der Kirche eine zweite Höhle mit einem Wasserbecken befindet, welches ebenso gut als solches dienen könnte. Haben wir es also hier mit einem Quellheiligtum zu tun? Dann stellt sich auch hier wieder die Frage, welche Eigenschaften das Wasser so bedeutend machen, sei es dass es heilsame Wirkung hat oder dass man ihm in vergangener Zeit sogar eine magische Bedeutung zusprach.

Doch die große Überraschung für uns folgte erst noch, in einem Moment, als wir sie gar nicht mehr erwartet hatten. Wir waren von der Eremitage nicht den Weg durch die Schlucht zurück zum Parkplatz gegangen, sondern von dort aus direkt über eine Treppe nach oben zur Straße gestiegen. Dort angekommen, wollten wir nur noch kurz eine Vergleichsmessung vornehmen, bevor wir zurück zum Auto gingen. Direkt am Ende der Treppe, also etwa über der Höhlen-Kapelle, hatten wir ein völlig neues Bild. Der Monitor leuchtete hell, neben nunmehr noch stärkeren, aber immer noch unregelmäßigen Impulsen, war nun ein erhöhter Pegel über den gesamten gemessenen Frequenzbereich sichtbar.

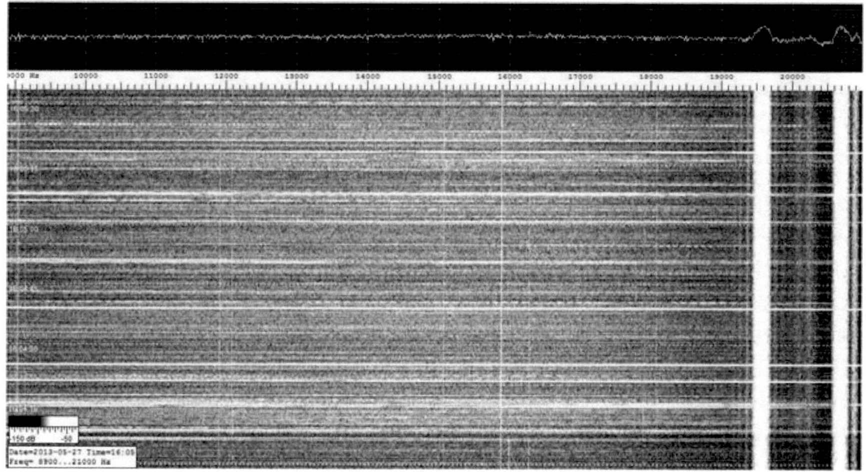

*Abb. 41: Welche Einflüsse wirken auf dem Platz über der Höhlen-Kapelle auf die Antenne, dass hier die Messergebnisse so gravierend von denen der Umgebung abweichen?*

Das änderte sich auch nicht als wir die Antenne drehten, der Pegel blieb unverändert hoch. Auch waren hier die Signale bei 19,6 und 20,9 kHz wieder sehr deutlich messbar, stärker als an allen anderen Stellen in dem kurzen Teil der Schlucht, den wir bisher untersucht hatten. Dabei befanden wir uns hier keineswegs in freiem Gelände, wir waren immer noch von Bergen umgeben, befanden uns auf einem runden, freien Platz, der von der Straße durchquert wurde. Das Drehen der Antenne hatte auch kaum Einfluss auf die Intensität dieser Signale, sie kamen offenbar aus allen Richtungen, als würden sie von den Bergen ringsum wie ein Echo reflektiert. Wenn das möglich war, warum waren sie dann einige Meter tiefer kaum noch feststellbar? Auch hatten wir bei den Messungen in der Schlucht sowie in der Höhlen-Kapelle festgestellt, dass die Impulse häufiger auftraten, wenn die Antenne in Längsrichtung, also mit dem Verlauf der Schlucht platziert war. Hier oben hatte aber ein Drehen der Antenne auch auf die Häufigkeit der Impulse keinen Einfluss mehr.

Der Weg von hier zum Parkplatz führte uns zunächst durch einen kurzen Tunnel, durch den auch die Straße verlief. Am anderen Ende angelangt, platzierten wir sofort wieder die Antenne und verglichen die Ergebnisse. Das Feld hatte sich deutlich abgeschwächt, lediglich die Impulse hoben sich noch deutlich hervor, allerdings nicht mehr in der Häufigkeit und Intensität wie zuvor. Die nächste Station war der Beginn des großen Parkplatzes, auf dem auch unser Auto parkte. Hier hatte sich die Anzahl der Signale nochmals reduziert, das ganze „Energiefeld" schien in jeder Hinsicht schwächer zu werden.

Beim Vergleich mit unseren bisherigen Messungen fällt uns natürlich sofort Drüggelte ein, und doch gibt es Unterschiede, wenn wir die aufgezeichneten Pegel gegeneinander betrachten. Bisher waren bei allen Gemeinsamkeiten keine zwei Orte völlig identisch in ihren Ergebnissen. Daraus dürfen wir aber keine falschen Rückschlüsse ziehen, denn wir haben bisher von allen möglichen Orten nur einen Bruchteil gemessen und dabei darauf geachtet, dass diese unterschiedlichen Charakter und eine unterschiedliche Geschichte haben. So wäre es erklärbar, dass sie auch eine unterschiedliche Energie aufweisen. Uns war klar, dass wir noch viele Stellen untersuchen mussten, um ein repräsentatives Ergebnis zu erhalten. Und doch hatten wir das Gefühl, dass wir auf dem Weg waren, ein Phänomen immer enger einzugrenzen, immer mehr Details eröffneten sich uns, die uns zuvor verborgen geblieben waren. Bei der Nachbearbeitung der Messergebnisse suchte ich daher auch immer weiter nach neuen Gemeinsamkeiten, die eventuell Vergleiche zuließen.

## Die Kraft des Wassers

Wenn man die Orte näher betrachtet, so scheint eine dieser Gemeinsamkeiten in dem Element Wasser zu liegen, das oft eine große Rolle spielt. In Chartres und auf dem Heiligenberg sind es die tiefen Brunnen, in der Gorges de Galamus und am Untersberg sind es Quellen, die für die Menschen offenbar eine besondere Bedeutung hatten. Quellen könnte man noch unzählige nennen, denn alte Quellheiligtümer sind in großer Zahl bekannt. Wir erinnern uns, dass auch eines unserer ersten Ziele, am Ausgangspunkt unserer Recherchen, zu einem solchen bei Lichtenklingen, nahe der Ruine einer Wallfahrtskirche im Odenwald, führte. Doch der Leser wird sich auch erinnern, dass wir dort keine Besonderheiten bei unseren Messungen feststellen konnten. Also können wir auch hier keine Gesetzmäßigkeit ableiten, sondern müssen jeden Ort, den wir in unsere Betrachtungen einbeziehen wollen, separat untersuchen. Dennoch wollen wir einen kleinen thematischen Exkurs machen und der Frage nachgehen, ob das Wasser überhaupt durch den Ort beeinflusst sein kann oder auch umgekehrt.

Beginnen wir zunächst mit der zweiten Frage, denn die ist zumindest für den Radiästheten leichter zu beantworten. Ein Wasserlauf ist für ihn mit der Rute aufspürbar, auch wenn er unter der Erde verborgen ist. Nun haben wir natürlich schon wieder „nur" die Rute als Beweismittel, doch ist das wirklich so abwegig? In dem bereits erwähnten Buch von Mayr/Winklbaur werden Versuchsreihen beschrieben, in welche der Konzern Hoffmann-La Roche in den Jahren 1974/75 eine erhebliche Summe Geld investiert hat und die zum Ziel hatten, unter strengen Versuchsbedingungen das Muten aus dem Bereich der Magie herauszuführen. Hintergrund war der steigende Bedarf des Konzerns an Kühlwasser und die Tatsache, dass bereits seit 1943 der Chemiker Dr. Peter Treadwell erfolgreich mit der Rute für La Roche auf Wassersuche war. Es waren die ausführlichsten Versuchsreihen, die bis dahin jemals mit der Wünschelrute durchgeführt wurden und sie bestätigten alles, was man landläufig über die Wassersuche mit der Rute weiß. Darüber hinaus wurde vieles dokumentiert, was bis dahin nicht untersucht war, zum Beispiel dass das Muten mit der Rute auch im faradayschen Käfig funktioniert. Dennoch musste der Testleiter Dr. Comunetti letztlich zu dem Schluss kommen, dass sich die Wissenschaftler scheuen, sich dieser Frage anzunehmen, als ob sie ahnen würden, dass diese Phänomene im bekannten Wissenschaftsrahmen keinen Platz finden.

Nun wenden wir uns der anderen Frage zu, nämlich ob ein Ort das Wasser beeinflussen kann. Das wäre die naheliegendste Vermutung im Hinblick auf Heilquellen oder gar Wunderquellen, wobei diese beiden Spezies sehr differenziert zu betrachten sind. Heilwasser ist nämlich sehr genau definiert, es benötigt in Deutschland und Österreich eine staatliche Zulassung und hat nach dem Arzneimittelgesetz den Status eines Arzneimittels. Es muss auf Grund seiner Zusammensetzung oder/und seiner physikalischen Eigenschaften für die medizinische Therapie geeignet sein. Meist sind es Mineralstoffe und Spurenelemente, die ihm eine heilende, lindernde oder vorbeugende Wirkung verleihen.

Bei Wunderquellen verhält sich das anders. Diesen wird auch oft eine heilsame Wirkung nachgesagt, die jedoch oft nicht nach medizinischen Gesichtspunkten anerkannt wird und bis hin zu unerklärlichen Wunderheilungen reicht. Die wohl bekannteste Wunderheilquelle hatte ich schon erwähnt, es ist der Wallfahrtsort Lourdes im Département Hautes-Pyrénées im Südwesten Frankreichs. Der Ort besitzt ein Ärztebüro, das sich die Untersuchung und Dokumentation von aufgetretenen Besserungen zur Aufgabe gemacht hat. Es gibt dort außerdem eine Ärztekommission und eine katholische kanonische Kommission, so dass die dort aufgetretenen Heilungen in der Vergangenheit auch die offizielle kirchliche Anerkennung erlangen konnten. Lourdes wird von etwa 50.000 Schwerkranken pro Jahr besucht. Die Akten des Ärztebüros enthalten seit 1858 etwa 7.000 Heilungsberichte, davon wurden insgesamt 67 kirchlich anerkannt. Besondere Häufungen traten um 1900 und wieder um 1950 auf. Seither haben die gestiegenen wissenschaftlichen Ansprüche der Kommissionen die Anerkennung sehr erschwert. Die letzte Anerkennung einer Wunderheilung in Lourdes erfolgte 1978.[28]

Diese Heilungen scheinen den bekannten Naturgesetzen zu widersprechen und haben mit den oben erwähnten Eigenschaften oder Bestandteilen eines anerkannten Heilwassers nichts zu tun. Doch muss man deshalb davon ausgehen, dass es sich bei den Heilungen um Zufall handelt? Oder liegen hier vielleicht Spontanheilungen vor, die allein auf den festen Glauben des Kranken an die Kraft der Quelle zurück zu führen

---

[28] http://de.wikipedia.org/wiki/Wunderheilung_%28Christentum%29

sind, also eine Art Placebo-Effekt? Das ist beides nicht auszuschließen, doch die Vielzahl der Heilungsberichte an verschiedenen Orten sollte uns auch darüber nachdenken lassen, ob Wasser tatsächlich Eigenschaften erlangen kann, die wir ihm gar nicht zutrauen. Diese Frage ist nicht neu, und es gibt hierzu Versuche auf dem Gebiet der Quantenphysik mit erstaunlichen Ergebnissen. Um diese näher zu erläutern, möchte ich den Leser ein klein wenig mit der Thematik der Teleportation vertraut machen. Das scheint jetzt zunächst vom Thema abzuweichen, doch es sollte uns helfen, einige Vorgänge besser zu verstehen.

Auch wenn diese bereits in der phantastischen Literatur des 19. Jahrhunderts beschrieben wurde, erlebte das Thema erst in den 1960er Jahren mit der Fernsehserie „Raumschiff Enterprise“ einen regelrechten Boom. Wer hätte zu Zeiten von „Raumschiff Enterprise“ geahnt, dass sich die Physiker des beginnenden 21. Jahrhunderts ernsthaft damit beschäftigen, ob und wie es möglich ist, Gegenstände per Teleportation zu übertragen, d. h. zu „beamen“. Und doch ist es so. Ich hatte hierzu in meinem Beitrag zu Daniela Mattes' Buch „Steinspuren“ bereits einige Ausführungen gemacht, die ich hier kurz wiedergeben möchte.[29]

Hierzu zunächst eine wesentliche Erkenntnis, die uns zeigt, welche Türen uns die Physik in Zukunft noch öffnen kann:

Seit Beginn der 1990er Jahre macht die Erforschung der Quanten-teleportation in der theoretischen und experimentellen Physik große Fortschritte und heute sagen die Physiker: Die Quantenteleportation zwischen Licht und Materie ist kein Spuk mehr!

Die Lösung der damit verbundenen Schwierigkeiten liegt in der Möglichkeit, zwei Teilchen miteinander so zu „verschränken“, dass deren Eigenschaften perfekt korreliert sind. Misst man eine bestimmte Eigenschaft an einem der „Zwillingsteilchen“, so ist damit die entsprechende Eigenschaft des anderen automatisch und mit sofortiger Wirkung festgelegt. Das klingt kompliziert und es ist auch in der Praxis nicht einfach durchführbar, aber uns soll hier nur interessieren, was dann passiert: Man erzeugt ein Hilfspaar von miteinander verschränkten Teilchen, die jeweils

---

[29] Mattes, Daniela: Steinspuren, Groß-Gerau 2012

an A beziehungsweise B verschickt werden. A verschränkt nun das Objekt, das teleportiert werden soll, mit einem der Hilfsteilchen, und misst anschließend den gemeinsamen Zustand (Bell-Messung). Das Ergebnis schickt sie auf klassischem Weg an B. Der wendet es auf sein Hilfsteilchen an und „zaubert" daraus das Teleportationsobjekt.

Das klingt wirklich ein wenig nach Zauberei, aber ein Forscherteam um Eugene Polzik am Niels-Bohr-Institut in Kopenhagen führte schon 2006 erfolgreich einen Versuch aus, der auf einen Vorschlag von Ignacio Cirac vom Max-Planck-Institut für Quantenoptik und seinen Mitarbeiter Klemens Hammerer (inzwischen Universität Innsbruck) zurückging. Und er war erfolgreich! Durch diesen neuen Forschungsbereich der Physik – der Quantenphysik – ist auch der Nachweis möglich geworden, dass sich Teilchen „verschränken" können. Das bedeutet vereinfacht ausgedrückt, dass sich zwei quantengroße Teilchen, die sich in großer Entfernung voneinander befinden, das gleiche tun, obwohl keine (sichtbare) Verbindung zwischen ihnen besteht. Bereits Albert Einstein hatte diesen Effekt erkannt und ihn als „Spukhafte Fernwirkung" bezeichnet, wobei er jedoch von einem experimentellen Nachweis noch ganz weit entfernt war und sich wohl nicht hätte träumen lassen, dass dieser irgendwann erbracht werden wird.

Ich habe nun versucht, die Erläuterung hierzu in möglichst einfacher und verständlicher Form wiederzugeben. Man kann hierzu auch physikalische Fachjournale zu Hilfe nehmen, deren Studium jedoch umfassende Kenntnisse von den Grundlagen der Teilchenphysik erfordert. Es gibt jedoch auch sehr gut populärwissenschaftliche Werke, die geeignet sind, den Leser in die Materie einzuführen. Dort finden wir auch weitere Beispiele für gelungene Teleportationen, so auch in dem Buch „Quantenphilosophie und Spiritualität" von Dr. rer. nat. Ulrich Warnke.[30] Der Autor begibt sich in diesem Buch auf die Suche nach dem Schlüssel zu den Geheimnissen des menschlichen Seins und sucht dabei die Verbindung zwischen spirituellen Fragen und den Erkenntnissen der modernen Physik. Er besitzt fundierte Kenntnisse, um einen großen Bogen zu schlagen, hat er doch Biologie, Physik, Geografie und Pädagogik studiert und war

---

30 Warnke, Ulrich: Quantenphilosophie und Spiritualität, Scorpio Verlag, Berlin u. München 2011

mit Lehraufträgen für Biomedizin, Biophysik, Umweltmedizin, Physiologische Psychologie und Psychosomatik, Präventivbiologie und Bionik betraut.

Ich möchte jetzt von der Verschränkung von Quantenspins an meine Überlegungen zum Thema Wasser anknüpfen. Auch hierzu gibt Dr. Warnke in seinem Buch einen interessanten Hinweis auf der Basis einer von ihm angeführten Versuchsreihe des Chinesen Huping Hu und seiner Ehefrau Maoxin Wu. Sie haben die Spins von Wassermolekülen mit den Spins von Drogen verschränkt, worauf sich die Wirkung der Drogen im Wasser wieder fand. Als Verschränkungsenergie diente hierbei eine kohärente Quelle, wie ein Laser, ein Magnetfeld oder eine Mikrowelle. Wird das so verschränkte Wasser getrunken, ergeben sich die Wirkungssymptome, als sei die Droge - in diesem Fall ein Anästhetikum - eingenommen worden. Das ist natürlich sehr vereinfacht ausgedrückt, aber die Beschreibung entspricht dem Prinzip. Den kompletten Bericht kann man im Internet einsehen.[31] Nebenbei angemerkt, kam mir - als ich in Dr. Warnkes Buch von den Experimenten las - sofort der Gedanke, dass sich so doch auch die Wirkungsweise von homöopathischen Mitteln erklären lässt, von denen Chemiker und Pharmazeuten gerne behaupten, dass sie überhaupt nicht wirken können, weil die Wirkstoffe in der hohen Potenz nicht mehr nachgewiesen werden können. Die Wirkungsweise ist eben eine andere, und als ich den Originalbericht las, musste ich feststellen, dass die beiden Wissenschaftler genau das bestätigen.

Doch nicht nur das, auch meinen nächsten Gedanken fand ich in dem Bericht ausdrücklich bestätigt, bereits bevor ich ihn zu Papier gebracht hatte. Ich hatte nämlich gleich daran gedacht, dass sich so auch ein heilender Effekt von Quellwasser, der über die Wirkung von darin enthaltenen Mineralien und Spurenelementen hinausgeht, erklären lässt. Zu dem gleichen Ergebnis waren auch die beiden Wissenschaftler gekommen. Für die Verschränkung von Spins war aber in den Versuchen eine künstliche Energiequelle notwendig, die in der Natur in dieser Art nicht vorhanden ist. Aber wir haben doch bei unseren Recherchen eine Energie ausmachen

---

31 Hu, Huping u. Wu, Maoxin: Spin-Mediated Consciousness: Theory, Experimental Studies, Further Development & Related Topics, http://arxiv.org/ftp/quant-ph/papers/0208/0208068.pdf

können, die sich in regelmäßigen oder auch unregelmäßigen Impulsen o- der auch in einem erhöhten Pegel über einen breiteren Frequenzbereich manifestiert. Gibt es also eine natürlich Energiequelle, die diese Funktion übernimmt? Noch wissen wir zu wenig darüber, welche Information das Wasser zu einem Heil- oder Wunderwasser macht, aber wir haben in Chartres, beim Brunnen auf dem Heiligenberg sowie bei den Quellen am Untersberg und in der Gorges de Galamus insofern eine Gemeinsamkeit, dass wir hier überall vom „Normalpegel" – wenn man von einem solchen überhaupt sprechen kann – abweichende Energiemuster gemessen haben. Wir können es im Moment lediglich als ein Indiz hinnehmen, welches im Zusammenhang mit der Erkenntnis von Huping Hu und Maoxin Wu letztlich einen Sinn ergibt.

## Kirchen geben Rätsel auf

Nach diesem – vielleicht nicht ganz so einfachen – Ausflug in die Physik will ich nun zunächst wieder von anderen Ausflügen berichten, die wir im Rahmen unserer Recherchen unternommen haben. Wir hatten uns für das Jahr 2013 eine Reihe von Zielen vorgenommen, darunter auch wieder Kirchen und Klöster. Dabei führte uns unser Weg nochmals zur Drüggelter Kapelle, weil wir beim auswerten der Ergebnisse festgestellt hatten, dass es hilfreich gewesen wäre, hier noch detailliertere Aufzeichnungen vorzunehmen. Das wollten wir dieses Mal nachholen und dabei auch gleichzeitig überprüfen, ob die Ergebnisse die gleichen sind wie im letzten Jahr. Es wäre ja immerhin denkbar, dass es sich um momentane Einflüsse handelt, vielleicht abhängig vom Wetter oder von der Jahreszeit, die Schwankungen unterworfen sind. Doch in Drüggelte erwartete uns eine ähnlich rätselhafte Situation wie im Vorjahr. Diesmal zeichneten wir die Abweichungen in einen Grundrissplan ein, um sie später im Detail nachvollziehen zu können und ich möchte das hier am Beispiel des Signals bei 20,76 kHz (Sender Tavolara/Italien) zeigen.

Der Sender liegt im Süden, das Signal ist also in Nord-Süd-Ausrichtung deutlich zu empfangen. Das trifft auch fast für die gesamte Fläche der Kapelle zu, außer an ganz bestimmten, eng einzugrenzenden Stellen, die im folgenden Grundrissplan gekennzeichnet sind. Die Pfeile markieren die Richtung, in der das Signal gemessen werden kann, also in der sich die elektromagnetische Welle fortbewegt. An dem mit „A" gekennzeichneten Punkt war es jedoch in keiner Richtung messbar, es war auf mysteriöse Weise völlig verschwunden.

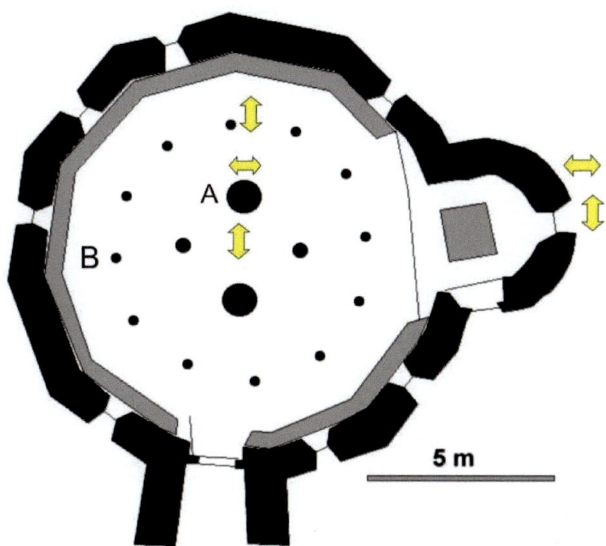


*Abb. 42: Welche Kraft dreht die Richtung der elektromagnetischen Funkwellen oder lässt sie bei „A" völlig verschwinden?*[32]

Im Oktober 2013 ergab es sich, dass ich gemeinsam mit Gisela Ermel einen Kongress im Sauerland besuchte. Da sie bereits im Mai 2012 in den Pyrenäen dabei war, als wir mit unseren Messungen experimentierten, wollte ich die Gelegenheit nutzen und ihr die merkwürdigen Effekte in der Drüggelter Kapelle zeigen, die nur eine Stunde vom Ort der Tagung entfernt lag. Das Wetter war nicht ideal, es regnete in Strömen, doch mit der Aussicht, wenigstens eine Innenbesichtigung vornehmen zu können, nahmen wir den Umweg auf uns. Selbstverständlich hatte ich auch Antenne und Notebook im Gepäck, um noch ein paar Ergebnisse des letzten Besuchs zu bestätigen. Auch wollte ich Gisela den oben beschriebenen Ef-

[32] Grundrissplan: Stefan Enste, http://commons.wikimedia.org/wiki/File:DrueggelteGrundriss.gif
veröffentlicht unter GNU Free Documentation License, Version 1.2

fekt vorführen und ihr zeigen, wie die Funkwellen an verschiedenen Stellen in dem Raum offensichtlich willkürlich ihre Richtung ändern. Doch dabei erlebte ich eine neue Überraschung.

Die Ergebnisse ließen sich nämlich nicht nachvollziehen. Grundsätzlich war im gesamten Raum das Signal bei 20,76 kHz in der gleichen Richtung messbar wie auch im April des Jahres. Doch in einigen Bereichen wich es ab, als schienen jetzt genau hier die Wellen aus der anderen Richtung zu kommen als noch ein halbes Jahr zuvor. Bei der Auswertung verglich ich Punkt für Punkt, den wir gemessen hatten, wobei sich diese nicht genau deckten. Ich hatte jeweils Verschiebungen von maximal einem Meter in der Antennenposition und war nicht davon ausgegangen, dass dadurch die Messungen so gravierend beeinflusst werden. So wie es schien, war das aber der Fall, zumindest in einigen Bereichen der Kapelle, wobei ich beim auswerten den mit „B“ gekennzeichneten Bereich als besonders auffällig eingrenzen konnte. Jedoch war die Verwirrung jetzt komplett. Hier war das Signal im April in Nord-Süd-Richtung nicht mehr wahrnehmbar gewesen. Bei der Messung im Oktober war es in gewohnter und erwarteter Weise vorhanden. Kann das nur daran gelegen haben, dass die Position der Antenne um einige Zentimeter abwich?

Ich hatte Messungen im Bereich von der Kapellenmitte bis hinter den Altar vorgenommen, wobei hier die Stärke des empfangenen Signals von Position zu Position ein wenig variierte. Dazwischen lag jeweils etwa ein halber Meter, aber völlig verschwunden war das Signal an keiner der Stellen. Betraf das also nur ganz kleine Flächen? Daran hatten wir noch nicht gedacht, und um dies festzustellen, müsste man wirklich jeden Quadratzentimeter des Raums untersuchen. Darüber hinaus wären Langzeitmessungen mit Sicherheit aufschlussreich. Das bedeutet allerdings, dass alleine Tage oder Wochen vergehen können, bis alle Besonderheiten dokumentiert sind, wobei ich mit der Verwendung des Wortes „alle“ inzwischen sehr vorsichtig geworden bin. Wenn die Schwankungen auch noch von Jahreszeit, Wetter oder anderen Einflüssen abhängen, ist es eine Sisyphus-Arbeit, die nie enden wird.

Wir werden das, wenn überhaupt, so schnell nicht klären können. Es wäre zwar interessant und auch wir würden gerne mehr darüber wissen, doch für unsere Arbeit hat sich im Oktober in Drüggelte einmal mehr bestätigt, dass dieser Ort offenbar seltsame Einflüsse auf die Funkwellen im VLF-Bereich hat. Dabei fiel mir die Aussage eines Pfarrers wieder ein, den ich um die Genehmigung gebeten hatte, unsere Messungen durchführen zu dürfen. Er hatte in dem Gespräch erwähnt, dass die Übertragungsanlage mit den Funkmikrofenen in der Kirche oft Störungen unterworfen ist. Üblicherweise sind diese Anlagen aber recht zuverlässig und störungsfrei und auch am Übertragungsweg kann es nicht liegen, denn der ist mit wenigen Metern relativ kurz. Sollten also auch kurzwellige Funkfrequenzen von den Einflüssen betroffen sein? Die Vermutung liegt nahe, denn in der betreffenden Kirche und in ihrer Umgebung gibt es ebenfalls Kraftlinien, die sich wohl auf unsere Messungen auswirken.

Das ist natürlich alles sehr vage, und ich habe immer wieder auch Freunde und Bekannte befragt, von denen ich annahm, dass sie Kenntnisse über die Längstwellen haben und uns vielleicht helfen können. Das Wissen um diese Wellen ging auch da nicht weit über das hinaus, was ich mir bisher angeeignet hatte. So hatte ich auch meinen Freund Bernhardt konsultiert, zu dieser Zeit Student der Optotronik bzw. Optoelektronik, einem Spezialbereich der Lasertechnik und damit einem Teilbereich der Physik. Er schien mir genau der richtige Mann zu sein, da dieses Studium ein umfangreiches Detailwissen über Wellen aller Art vermittelt. Über die Längstwellen konnte er mir den hilfreichen Hinweis geben, dass diese sich in Gebäuden seltsam verhalten und dort mitunter zu bestimmten Tageszeiten aus dem „Nichts“ heraus entstehen. Das bestätigte mir zwar, dass es bereits entsprechende Beobachtungen und Erfahrungen gibt, doch die Erkenntnisse daraus sind wohl genau so vage wie die Rückschlüsse, die sich uns bisher aus unserer Arbeit eröffnet haben.

Wir hatten auch bereits darüber nachgedacht, ob die Form der Kapelle etwas mit den Eigenheiten zu tun haben könnte, ist doch der zwölfeckige Grundriss ungewöhnlich für die deutsche Kirchenarchitektur. Es lag also nahe, nach weiteren Kirchen mit außergewöhnlichen Grundrissen zu suchen, und dabei sticht ein Bauwerk schon wegen seiner herausragenden Bedeutung besonders ins Auge. Es ist der Aachener Dom mit seinem im Zentrum gelegenen, um das Jahr 800 errichteten Oktogon, wobei die Frage, welches geometrische Konzept und Basismaß der achteckigen Kapelle zu Grunde liegen, bis heute nicht eindeutig geklärt ist. Seine Bedeutung erlangte der Aachener Dom unter anderem als Krönungsort der deutschen Könige und als Begräbnisstätte Karls des Großen, wobei der genaue Ort seines Grabes auf Grund fehlender Dokumente allerdings nicht bekannt ist.

*Abb. 43: Aachener Dom, Blick auf die südwestliche Fassade mit ihren Heiligenfiguren.*

Inzwischen hatten wir Erfahrungen darin gesammelt, möglichst unauffällig mit Notebook und der damit durch ein Kabel verbundenen Tasche, in der die Antenne versteckt ist, zu hantieren, um Fragen nach dem Zweck unserer Unternehmung aus dem Weg zu gehen. Das war uns auch in Aachen gelungen und wir konnten ungestört den Raum untersuchen. Es schien, wie wenn nicht schon die bisherigen Untersuchungsergebnisse verwirrend genug gewesen wären. Im Oktogon, exakt auf der ost-westlichen Mittelachse des Bauwerks, waren im Abstand von 100 Hertz Signale von hoher Intensität auf dem Monitor sichtbar. Jeweils dazwischen, im Abstand von 50 Hertz, waren weitere Signale sichtbar, jedoch wesentlich schwächer.

Darüber hinaus war hier ein erhöhter Pegel der Hintergrundfrequenz feststellbar, ähnlich wie in Drüggelte außerhalb der Kapelle, hinter der Apsis. Im Aachener Dom jedoch war diese nun drinnen messbar, und zwar traf sie offenbar aus ost-westlicher Richtung auf die Antenne. Drehte man die Antenne, war der Pegel wieder im üblichen Level, nur die Signale im 100-Hertz-Abstand waren noch vorhanden, wenn auch wesentlich schwächer.

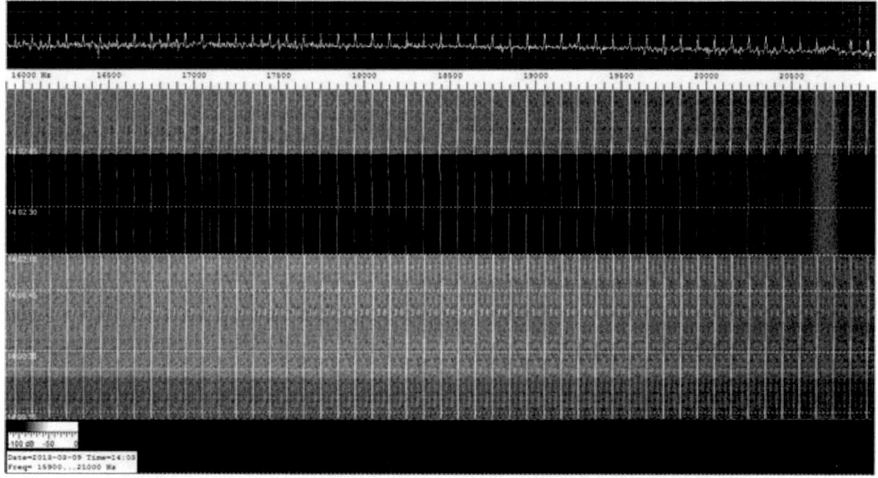

*Abb. 44: Wo die sporadisch auftauchenden „Muster“ zwischen den Signalen ihren Ursprung haben, ist ebenfalls unbekannt.*

Im äußeren Bereich des Oktogons verschwanden diese auffälligen Signale vom Monitor, hier war wieder alles beim alten, dort waren keinerlei Auffälligkeiten mehr erkennbar. Wenn die Induktion der Antenne von einer geomantischen Zone, zum Beispiel einer Verwerfung ausging, so wie man das in Drüggelte auf Grund der Darstellung von Padligur annehmen könnte, dann müsste sich doch diese auch in Aachen außerhalb des Doms fortsetzen. Wir begaben uns also nach draußen, um das nachzuprüfen, mussten aber feststellen, dass wenige Meter gegenüber dem Eingang, auf der gleiche Achse also, nichts mehr von all dem feststellbar war. Als wir aber den Bau umrundet hatten und unsere Antenne hinter dem östlichen Ende platzierten, wurden die Signale wieder aufgezeichnet, hier - nach oben schwächer werdend - wiederum im Abstand von 50 Hertz. Auch der Pegel des Hintergrundes war hier erhöht, wenn auch nicht in dem Umfang wie es drinnen der Fall gewesen war.

Als wir uns an dieser Stelle, sozusagen „hinter dem Dom“ ein wenig umsahen, fiel unser Blick auf eine weitere Kirche. Das hatten wir hier nicht vermutet und hatten uns auch nur auf den Dom vorbereitet. Diese Kirche namens St. Follian hatten wir dabei gänzlich übersehen. Nun schauten wir uns drinnen ein wenig um und mussten feststellen, dass sie relativ modern ausgestattet war und tippten daher zunächst auf ein Baujahr jüngeren Datums.

*Abb. 45: Die Kirche „St. Follian" liegt fast versteckt hinter dem Dom, jedoch nicht exakt auf der gleichen Achse, sondern etwas versetzt.*

Da wir Antenne und Notebook noch griffbereit hatten, nutzten wir natürlich die Gelegenheit und testeten auch diese Kirche. Dabei bemerkten wir, dass auch hier wieder im Wechsel stärkere und schwächere Signale im Abstand von 50 Hertz auftraten, dazu ein erhöhter Pegel im Hintergrund vorhanden war. Auch hier war der Empfang auf der Mittelachse der Kirche am stärksten, wobei dort der Hintergrundpegel im Abstand von etwa 100 Hertz unterbrochen war, so dass es aussah, als würde es sich um lauter einzelne Signale handeln, die im regelmäßigen Abstand nebeneinander auftreten. Im Prinzip ist das auch so, denn auch hier wurde die

Antenne nur in ost-westlicher Richtung induziert, das heißt die Signale hatten die Eigenschaft elektromagnetischer Wellen, sie breiteten sich nur in einer Richtung aus.

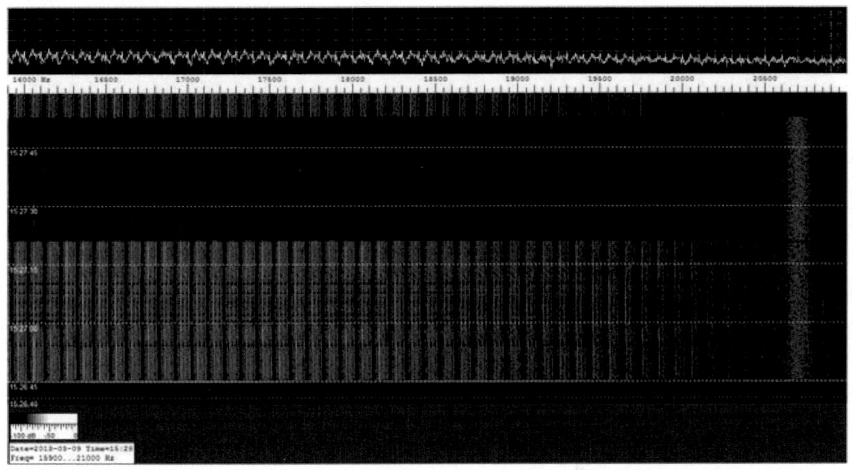

*Abb. 46: Die nebeneinander liegenden Signale wie in der Kirche „St. Follian" hatten wir noch an keinem anderen Ort bisher angetroffen.*

Wenn eine geomantische Zone im radiästhetischen Sinn die Ursache für die Signale ist, sollte man eigentlich davon ausgehen, dass diese sich hinter dem Dom auf der gleichen Achse fortsetzt. Das ist aber hier nicht der Fall, denn die Kirche St. Follian steht gegenüber dem Dom einige Meter weiter nördlich. Außerdem verlaufen die Achsen der beiden Kirchen nicht parallel in Ost-West-Richtung, sondern bilden einen Winkel von etwa 15 Grad zueinander. Hat die gemessene Energie - wir können diese „Erscheinung" getrost als solche bezeichnen, denn sie induziert unsere Spule in einem messbaren Bereich - doch eine andere Ursache? Das können wir aus der Verschiebung der Achse nicht zwingend ableiten, denn eine geologische Verwerfung muss nicht unbedingt in einer geraden Linie verlaufen. Es ist also möglich, dass sie das auch hier nicht tut. Warum aber sollten dann die beiden Kirchen genau diesem Verlauf folgen? Es ist schwer zu glauben, dass es sich um einen Zufall handelt, wir sollten lieber darüber nachdenken, was sich die Erbauer dabei gedacht haben und was sie von diesen Kräften wussten.

Noch während wir uns dort aufhielten, fanden wir in der Kirche in einem Informationsblatt den Hinweis, dass diese doch nicht so neu ist wie wir zunächst dachten. Der Eindruck trügt, denn sie wurde – wie viele andere Kirchen auch – bei einem Bombenangriff im Jahr 1944 fast völlig zerstört. Erst in den Jahren 1956 bis 1958 erfolgte der Wiederaufbau und daher rührt auch die modern anmutende Architektur und Ausstattung im Inneren. Tatsächlich wurde hier das erste Gotteshaus bereits im Jahr 1180 erbaut. Als Grund für den Bau wird genannt, dass nach der Errichtung des Aachener Doms um das Jahr 800 dort die Privilegierten und Stiftsherren des damaligen Reiches ihre Gottesdienste feierten, während der normale Bürger auf andere Kirchen ausweichen musste. Die erste Kirche wurde bereits im 15. Jahrhundert durch eine größere ersetzt, aber schauen wir einmal zurück in die Zeit der Kirchengründung, so stellen wir fest, dass wir wie auch in Drüggelte und Chartres in das 12. Jahrhundert blicken. Ist es Zufall, dass in dieser Zeit die Templer ihren großen Aufschwung hatten, die auch Bauwerke an der Sals-Quelle und am Untersberg errichteten, dort wo uns die Energien die größten Rätsel aufgeben?

## Ruinen

Bereits im Jahr 2012 hatte mich Linta – nachdem ich ihr von unseren Forschungen erzählt hatte – zum ersten Mal zur Klosterruine Tönisstein geführt. Sie wohnte zu dieser Zeit dort in der Nähe und war selbst schon öfter dort gewesen. Die Ruine ist offiziell nicht zugänglich und wir waren sehr vorsichtig, als wir das Verbot missachteten und durch den Wald zu den verfallenen Bauten vordrangen. Dort gibt es uralte Kellergewölbe, deren Decken zum Teil eingestürzt sind, vor den dadurch entstandenen Löchern mussten wir uns in acht nehmen, da wir das Gelände unbeschadet wieder verlassen wollten.

Vom Waldweg aus hatten wir die wenigen Mauern, die noch vorhanden sind, bereits gesehen und als wir dort ankamen, fanden wir ein idyllisches Plätzchen vor. Geheimnisvoll ragen die Überreste des Klosters über die Bäume hinaus und lassen erkennen, dass hier einst eine stattliche Anlage gestanden haben muss.

*Abb. 47: Kärgliche Mauerreste des Klosters Tönisstein in der Eifel.*

Die Gründung des Klosters geht der Legende nach auf ein Wunder zurück. Einer Legende nach sollen im Jahr 1388 Hirten (nach anderen Angaben nur ein Hirte) dort in einem brennenden Dornbusch das Gnadenbild der Gottesmutter gefunden haben, auf dem die Jungfrau Maria mit dem vor ihr knienden Heiligen Antonius abgebildet war. Dies nahm man zum Anlass, im darauffolgenden Jahr hier eine Kapelle zu erbauen und im Jahr 1463 mit dem Bau eines Klosters zu beginnen, das aber erst 1494 vollendet werden konnte. Das Kloster wurde 1801 unter Napoleons Herrschaft zerstört, das Gnadenbild brachte man in die katholische Pfarrkirche St. Lubentius in Kell.[33] Auch über die Jahreszahlen gibt es in anderen Quellen leicht abweichende Angaben.

Es handelte sich um ein Karmeliterkloster. Die Karmeliter oder auch „Karmeliten“ sind die Mitglieder des römisch-katholischen „Ordens der Brüder der allerseligsten Jungfrau Maria vom Berge Karmel“, der um das Jahr 1150 am Karmelgebirge im heutigen Israel gegründet wurde. Die

---

33 Heyen, Franz-Josef (Hrsg.): Andernach – Geschichte einer rheinischen Stadt, Andernach 1988

Karmeliter hatten bereits die Heilwirkung des Quellwassers von Tönisstein erkannt und wendeten dieses zu Heilzwecken an, die Quelle „Helpert" im Pöntertal wird im Jahr 1501 erstmals urkundlich erwähnt. Seit 1620 hieß auch der entstehende Kurort wie das Kloster „Tönisstein", abgeleitet von der ursprünglichen Bezeichnung „St. Antoniusstein". Ein Wunder, eine Heilquelle, das Kloster eines Ordens, der seinen Ursprung im Heiligen Land hatte – das alles hatte mich neugierig gemacht, ob an diesem Ort unsere Messungen etwas Besonderes ergeben würden.

Unsere Messungen im September 2012 brachten jedoch keine spektakulären Ergebnisse. Es zeigten sich immer wieder vereinzelt Impulse auf dem Monitor, jedoch bei weitem nicht so häufig, wie wir das von anderen Orten kannten. Eigentlich hätten wir den Ort also unter der Rubrik „uninteressant" verbuchen und links liegen lassen können, doch es zog uns wieder dorthin. Den nächsten Besuch statteten wir ihm an einem sehr denkwürdigen Tag ab und außer Linta war dieses Mal noch Sonja dabei, die den Platz bis dahin noch nicht kannte, außerdem noch zwei weitere. Wir hatten uns den 21. Dezember 2012 ausgesucht, genau der Tag, an dem die Welt untergehen sollte, weil doch der Maja-Kalender endete. Natürlich waren wir alle davon überzeugt, dass sich die Welt nach unserer Rückkehr noch genauso drehen würde wie vorher, aber wenn Scharen von Menschen einschließlich hunderte von Journalisten und Reportern den Tag am Pic de Bugarach in den Pyrenäen verbrachten – die einen, um den Weltuntergang zu erleben und die anderen, um erstere dabei zu beobachten – warum sollten wir dann nicht an diesem geschichtsträchtigen Datum eine Kontrollmessung in den Ruinen eines mittelalterlichen Klosters vornehmen.

Für den Tag war ja nicht nur der Weltuntergang prophezeit – der dann in der Tat doch nicht stattgefunden hat – sondern auch eine ganz besondere Planetenkonstellation. An diesem Tag sollten auch unsere Sonne, die Erde und weitere Planeten unseres Sonnensystems in Konjunktion zum Äquator unserer Milchstraße stehen. Das scheint eine interessante Aussage, die oft im Zusammenhang mit der Weltuntergangs-Diskussion zu hören war. Könnte die außergewöhnliche Konstellation auch eine Auswirkung auf unsere Messungen haben, wenn diese vielleicht von kosmischen Kräften beeinflusst werden? Wohl eher nicht, denn näher betrachtet handelt es sich bei dieser Konstellation nicht um eine astronomische Besonderheit, sondern sie war eher unter astrologischen Gesichtspunkten zu sehen. In seriösen Quellen war selbstverständlich auch ausdrücklich erwähnt, dass es sich um eine astrologische Ausrichtung handelte und dass die massiven Auswirkungen auf unser Leben in astrologischer Hinsicht zu sehen waren. Für einen Astrophysiker gab es also keinen Grund zur Beunruhigung, doch was sagten unsere Messergebnisse? Wir hatten keine besonderen Erwartungen und waren dennoch auf alle Überraschungen vorbereitet. Aber die einzige sichtbare Veränderung war die, dass nun kaum noch Impulse messbar waren, ihre Anzahl war verschwindend gering. Im September waren es aber auch nicht sehr viele gewesen, so dass die beiden Ergebnisse kaum gegeneinander zu differenzieren waren.

Sollte der Platz doch keine energetische Besonderheit haben, die mit unserer Technik messbar wäre? Gegen diese Annahme spricht eine merkwürdige Auffälligkeit. Einige Meter abseits der Ruinen, kurz vor dem steilen Abhang zur Wolfsschlucht, steht eine Baumgruppe, die einen kleinen Kreis bildet und deren Stämme aus der gleichen Wurzel zu wachsen scheinen, so dicht stehen sie beieinander.

*Abb. 48: Die hintere Reihe der Baumgruppe bildet eine geschlossene Reihe.*

Diese Stämme haben sich beim wachsen Raum gesucht und gehen daher auseinander, sie bilden nach oben eine Art Trichter. Die Äste aber winden sich umeinander, als seien sie verknotet, so dass die hinteren, Richtung Abhang zur Schlucht stehenden Stämme eine Einheit bilden. Solch ein ungewöhnliches Wachstum ist in den Augen der Radiästheten ein Hinweis auf eine geomantische Besonderheit wie zum Beispiel eine Kreuzung von Kraftlinien.

*Abb. 49 u. 50: Die Zweige der Bäume winden sich umeinander und die Stämme scheinen miteinander verwachsen zu sein.*

Aber wir hatten es uns ja zum Ziel gesetzt, eine messbare Größe zu finden. Eine weitere Messung, die ich über ein halbes Jahr später vornahm, zeigte zwar deutlich mehr Impulse, die sich jedoch im Hinblick auf ihre Intensität und Häufigkeit nicht von denen an anderen, unauffälligeren Orten unterschieden. Wir durften daher, wenn wir objektiv bleiben wollten, trotz aller Eigenheiten dieses Platzes davon ausgehen, dass wir auch den sonderbaren Wuchs der Bäume nicht auf mysteriöse Energien zurückführen durften, soweit sie in unserem messbaren Bereich lagen. Diese Tatsache ändert natürlich nichts daran, dass der Standort der Klosterruine durchaus ein interessanter Platz ist, daher wollen wir ihn in unsere Betrachtungen einbeziehen, auch wenn er die in ihn gesetzten Erwartungen nicht erfüllt hat. Für unsere weiteren Recherchen jedoch erhielten wir neue Hinweise aus einer ganz anderen Richtung, denn offenbar waren wir doch nicht als einzige auf die Idee gekommen, im Längstwellen-Bereich nach unbekannten Energien zu forschen.

## Allgegenwärtige Pyramiden

Selbstverständlich stand auf der Liste unserer Wunschziele von Beginn an bereits die Cheops-Pyramide, denn zu viel war doch bereits darüber spekuliert worden, dass diese in einem engen Zusammenhang mit der Nutzung, Speicherung oder Erzeugung von Energien steht. Meist handelt es sich hierbei jedoch tatsächlich um reine Hypothesen, die mit nicht mehr als ein paar schwachen Indizien belegt sind und auf reinen Vermutungen beruhen. Das bedeutet natürlich nicht, dass man nicht spekulieren darf, doch ich erwarte, dass eine Spekulation auch als solche gekennzeichnet wird und nicht als unumstößliche Tatsache gehandelt wird.

Nun gibt es tatsächlich seit Jahrzehnten starke Hinweise darauf, dass die Pyramidenform Eigenschaften hat, die in der Lage sind, seltsame Effekte – wie unter anderem eine beschleunigte Mumifizierung organischen Materials – hervorzurufen. Auch das ist immer noch umstritten, da man sich damit schwer tut, die Ursachen hierfür genau zu lokalisieren. Erkenntnisse hierzu und sogar Anleitungen zum ausprobieren gaben bereits im Jahr 1974 Max Toth und Greg Nielsen in ihrem Buch „Pyramid Power“, das bereits 1977 ins Deutsche übersetzt wurde.[34] Doch uns war von Anfang an klar gewesen, dass Messungen in der Cheops-Pyramide ein reines Wunschdenken waren, da es nahezu unmöglich war, eine offizielle Genehmigung hierfür zu erhalten. Hinzu kam, dass sich gerade zur Zeit unserer Recherchen die politische Situation in Ägypten immer mehr zuspitzte und während ich diese Zeilen schreibe, bereits das Auswärtige Amt offiziell vor Reisen dorthin gewarnt hat.

Während wir also die ägyptischen Pyramiden zunächst gedanklich weit zurück gestellt hatten, kursierte plötzlich eine andere „sensationelle“ Geschichte in den grenzwissenschaftlichen Blogs und Zeitschriften. Es

[34] Toth, Max und Nielsen, Greg: Pyramid Power – kosmische Energie der Pyramiden, Goldmann Verlag, überarbeitete 2. Auflage 1982

ging um die im Jahr 2005 entdeckten Pyramiden bei Visoko/Bosnien. Es handelt sich hierbei zweifellos um archäologisch höchst interessante Objekte, die uns mit Sicherheit noch viele Jahre Rätsel aufgeben werden. Doch uns überraschte in diesem Zusammenhang im Herbst 2012 eine Meldung, wonach aus der so genannten „Sonnenpyramide" ein Energiestrahl austritt. Dabei handelte es sich dieses Mal nicht um eine nicht näher definierte „Pyramidenenergie", sondern die Entdecker waren in der Lage, hierzu ganz klare technische Aussagen zu machen.

Am 6. November 2012 zitierte die Seite „grenz | wissenschaft-aktuell" Professor Paolo Debertolis von der Universität Triest/Italien, der als Anthropologe Mitglied des Forschungsteams in Visoko ist, wie folgt: „*Ich selbst habe persönlich Ultraschall-Untersuchungen dieses Strahls durchgeführt, während mein Kollege Dr. Slobodan Mizdrak* (Anmerkung d. Verf.: Physiker aus Kroatien) *die elektromagnetischen Eigenschaften des Strahls untersucht hatte. Anhand dieser Messungen kommen wir beide zu dem Schluss, dass dieser „Energiestrahl" existiert, konstant und sehr stark ist: Er tritt in 2,44 Kilometern Tiefe unterhalb des Pyramidenhügels aus einer sehr großen metallischen parabolisch geformten Platte von 800 Metern Durchmesser aus. Diese Platte erzeugt elektromagnetische Wellen von 28.300 Hz und damit elektromagnetische Längstwellen (VLF), die sich etwa 15 Meter über dem Gipfel der Pyramide konzentrieren. Zwar könnte die Quelle dieses Signals auch 2,4 Kilometer oberhalb des Berges liegen, aber Messungen in den zahlreichen Tunneln im Berg belegen, dass das Signal zusehends aus der Tiefe kommt.*"[35]

Interessant für uns war hierbei natürlich die Tatsache, dass die Wissenschaftler offenbar eine Energiequelle geortet hatten, die Wellen in dem Frequenzbereich ausstrahlte, den wir für unsere Untersuchungen nutzten. Leider gab es in der Folgezeit zunächst einmal keinerlei technischen Informationen zu den angewendeten Messverfahren und -ergebnissen. Erst in der Ausgabe 184/2013 der Zeitschrift „raum&zeit" erhielt der Leser einige technische Detail-Informationen.[36] Dort konnte man lesen, dass im Jahr 2010 Messungen mit dem Gaussmeter, Oszilloskop und Spektrometer durchgeführt wurden. Dabei wurde festgestellt, dass die Leistung des Energiestrahls von 30 Milliwatt anscheinend nach oben hin noch zu-

---

[35] http://grenzwissenschaft-aktuell.blogspot.de/2012/11/grewi-exklusiv-italienischer.html

[36] Scholz, Detlef: Pyramiden in Bosnien, in raum&zeit 184/2013

nimmt. Ein unerklärliches Phänomen, denn laut herkömmlicher Strahlungsphysik müsste die Energie mit zunehmender Entfernung von der Quelle abnehmen.

Unter anderem können wir hier auch lesen, dass die gemessenen Bio-Energieströme über der Sonnenpyramide vertikal ausgerichtet sind, während diese normalerweise über natürlicher Landschaft horizontal orientiert sind. Unabhängig davon, was die Wissenschaftler des Teams um den bosnischen Anthropologen Dr. Semir Osmanagich als Bio-Energieströme bezeichnen, fiel mir hierbei sofort unsere Beobachtung auf der Domaine de la Sals in den Pyrenäen ein, wo offenbar Wellen willkürlich ihre Richtung wechseln und nach oben steigen. Oder auch der Richtungswechsel der Funkwellen, den wir beispielsweise in der Drüggelter Kapelle beobachtet hatten. Ich werte das jedenfalls als Indiz dafür, dass wir mit unserer Arbeit dem gleichen oder zumindest einem ähnlichen physikalischen Phänomen auf der Spur sind. Aber hier bringen die Wissenschaftler in Visoko jene 800 Meter große metallene, parabolische Platte in 2,44 Kilometern Tiefe ins Spiel. Diese hat verständlicherweise bisher noch niemand zu Gesicht bekommen, weil man noch nicht bis in diese Tiefe vorgedrungen ist. Doch ist sie wirklich als Erklärung des Phänomens erforderlich?

Wir werden dies im Auge behalten planen entsprechende Messungen dort mit unserem Verfahren, auch wenn die Pyramiden-Theorie nicht zweifelsfrei belegt ist. Schlagkräftige Argumente dagegen liefert uns ganz aktuell der Experimental-Archäologe Dr. Dominique Görlitz nach einem Besuch des Areals.[37] Ähnlich vorsichtig wird man mit Sicherheit auch bei der Beurteilung der nächsten Meldung sein müssen, die uns erreichte, während wir bereits an der Auswertung der bisher vorliegenden Daten arbeiteten. *„In Deutschland gibt es größere Pyramiden als in Ägypten"* lautete die Schlagzeile der Website „TERRANETZ.org"[38], auf die ich im Juli 2013 aufmerksam gemacht wurde. Als ich die Überschrift las, dachte ich zunächst daran, dass wieder einmal die Geschichte um die angeblichen „Pyramiden" im Kraichgau – die mir durchaus bekannt sind und auf die ich später noch eingehen werde – aufgewärmt werden soll, doch bei näherem

---

[37] Görlitz: Dr. Dominique: Pyramiden, Sphingen und andere Täuschungen, in Q'Phaze, Ausgabe 32, Nr. 4/2013

[38] http://terranetz.org/profiles/blogs/in-deutschland-gibt-es-gr-ere-pyramiden-als-in-gypten

Hinsehen war dem nicht so. Es ging um die drei Kaiserberge am Rande der Schwäbischen Alb, zwischen Göppingen und Schwäbisch Gmünd, deren künstlichen Ursprung in diesem Beitrag begründet werden sollte.

Einer davon ist der Hohenstaufen, auf dessen Kuppe wir die Burgruine des Stammsitzes der Staufer finden, die anderen sind der Rechberg und der Stuifen. Es handelt sich bei allen dreien um Zeugenberge, also Einzelberge, die durch Erosionsvorgänge von den umliegenden, in der Regel geschichteten Gesteinen abgetrennt sind. Diese weisen oft gleichförmige Stufen auf, die der Autor neben anderen Indizien als Hinweis auf die künstliche Errichtung der Berge betrachtet. Er vergleicht die Berge auch mit den Pyramiden in Visoko, was uns natürlich auf die Idee brachte, diese näher zu untersuchen, wenn schon in diesem Jahr keine Reise nach Bosnien mehr möglich war.

*Abb. 51: Blick auf den Hohenstaufen.*

Dabei kam uns noch entgegen, dass die drei Berge unmittelbar vor Sonjas Haustür liegen und deshalb für sie bekanntes Terrain waren. Also statteten wir ihnen - oder besser gesagt dem Hohenstaufen - gleich im August einen Besuch ab. Unsere Wahl war aus einem bestimmten Grund auf den Hohenstaufen gefallen, nämlich weil ihn sich auch die Staufer als

Ort ihres Stammsitzes auserwählt hatten. Wir planten unsere Tour dorthin ziemlich spontan und als wir angekommen waren, stiegen wir auch gleich auf die Kuppe hinauf. Oben findet man neben einigen restaurierten Mauerresten der Stauferburg eine Reihe von stattlichen, alten Bäumen, die dem heute weitgehend unbebauten Areal Schatten spenden. Dort begannen wir auch mit unseren Messungen und stellten dabei fest, dass wir wohl mit unserer Vermutung, hier fündig zu werden, nicht ganz falsch gelegen hatten.

*Abb. 52: Die Ruinen der Stauferburg umschließen eine Gruppe gewaltiger Bäume.*

Starke Impulse in unregelmäßigen Intervallen waren auf dem gesamten Plateau messbar. Immer wieder veränderten wir die Position unserer Antenne, jedoch ohne Einfluss auf die aufgezeichneten Ergebnisse. Diese waren überall gleich, und sogar als wir wieder hinabstiegen und auf dem Weg Messungen vornahmen, wichen diese nicht erkennbar von denen auf der Bergkuppe ab. Es schien sich um ein großräumiges Phänomen zu handeln, denn erst als wir uns immer weiter vom Hohenstaufen entfernten, war eine deutliche Abschwächung der Impulse erkennbar.

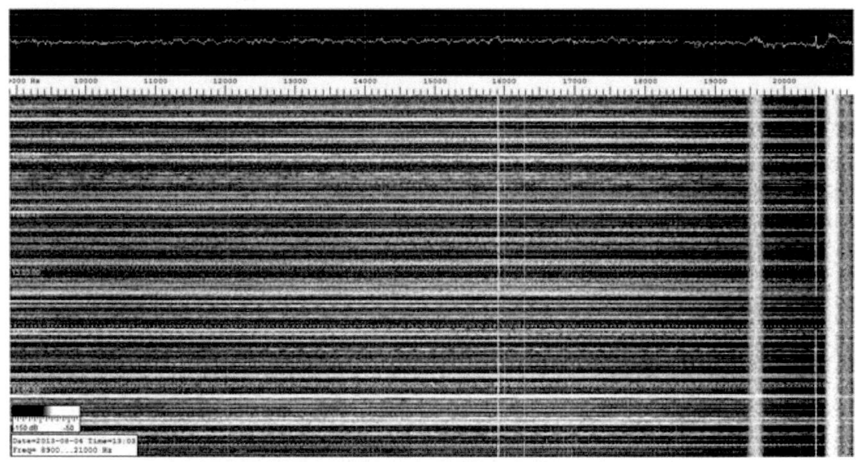

*Abb. 53: Wirken auf dem Hohenstaufen ähnliche Kräfte wie in der Gorges de Galamus in den Pyrenäen (siehe Abb. 41)?*

Auf Grund eines unglücklichen Umstandes wurden wir nun aber gezwungen, unsere Messungen zu wiederholen, denn unsere Technik hatte uns einen Streich gespielt und nicht alle Ergebnisse aufgezeichnet. Wir wollten aber auf jeden Fall lückenlose Aufzeichnungen, um die einzelnen Werte vergleichen zu können. Also fuhr ich knapp zwei Wochen später noch einmal ins Schwabenland und musste feststellen, dass die Impulse jetzt zwar genauso häufig wie beim ersten Besuch, jedoch wesentlich schwächer gemessen wurden. Dass Messungen in zeitlichem Abstand nicht die gleichen Ergebnisse brachten, hatten wir ja bereits bei der Klosterruine Tönisstein erlebt, aber hier war der Unterschied noch größer und vor allem waren die zuerst gemessenen Werte viel höher. Wodurch könnten diese Schwankungen hervorrufen werden?

Selbstverständlich hatte ich bereits Vergleichsmessungen an einem gleichen Platz, aber zu unterschiedlichen Tageszeiten vorgenommen, dies auch um auszuschließen, dass die Sonnenstrahlung eine Rolle spielt. Die Ergebnisse waren hierbei zumindest innerhalb der Spanne eines Tages unverändert, die Schwankungen mussten also längerfristigen Einflüssen unterliegen. Dabei kam als nächstes das Wetter bzw. die Wetterlage in Betracht, denn bei Impulsen im VLF-Bereich kann es sich auch um so genannte Sferics handeln. Unter Sferics (auch als atmosphärische Impulsstrahlung oder AIS bekannt) versteht man das impulshafte Auftreten elektromagnetischer Wellen natürlichen Ursprungs innerhalb der Erdatmosphäre. Es sind sehr kurz dauernde, oft nur aus wenigen Schwingungen bestehende Wellenpakete, die durch Ladungsverschiebungen in der Troposphäre entstehen. Die Frequenzen liegen zwischen 3 und 100 kHz und umfassen damit auch den von uns untersuchten Bereich. Hauptquellen für Sferics sind Gewitter, deren Blitze elektromagnetische Felder erzeugen, sowie luftelektrische Schwankungen, die durch die Bewegung und Reibung großer Luftmassen ausgelöst werden.[39]

Tatsächlich braute sich während unserem ersten Besuch auf dem Hohenstaufen ein Gewitter zusammen, vor dem wir, nachdem wir die ersten Messungen abgeschlossen hatten, gerade noch in eine Pizzeria flüchten konnten. Beim zweiten Besuch war die Wetterlage ungestört, und die Signale waren wesentlich schwächer. Gab es also einen Zusammenhang? Das können wir nicht ausschließen, aber wir müssen beachten, dass auch am Tag des Gewitters die Intensität der Impulse umso schwächer wurde, je weiter wir uns vom Hohenstaufen entfernten. Wenn man bedenkt, dass sich diese Art von Sferics über mehr als 1.000 Kilometer ausbreiten können, ist es verwunderlich, dass sie innerhalb einem Radius von wenigen Kilometern so unterschiedlich stark empfangen werden. Auch erinnere ich nochmals daran, dass die Impulse in der Gorges de Galamus nur auf einem relativ scharf abgegrenzten Platz so stark waren.

Wir gehen davon aus, dass die von uns gemessenen Kräfte eine natürliche und keine mystische Erklärung haben, dennoch muss eines dabei bedacht werden:

Wenn Sferics für die aufgezeichneten Impulse verantwortlich sind – was in dem untersuchten Frequenzbereich nicht auszuschließen ist – was ist dann die Ursache dafür, dass sie an bestimmten Orten mehr Energie aufweisen als an anderen? An Plätzen mit Impulsen im „normalen" Umfang werden diese auch nicht stärker oder häufiger, wenn ein Gewitter aufzieht. Das Rätsel bleibt also bestehen!

Der Hohenstaufen hatte uns aber nicht nur die ungewöhnlich starken Impulse zu bieten. Aus der Ortsmitte führt die Kaiserbergsteige, eine Straße mit Wohnbebauung, in Richtung des kleinen Berges, das Ende des

---

[39] http://de.wikipedia.org/wiki/Sferics

Ortes markieren hier zwei Kirchen und der Friedhof. Wir wollten natürlich nachprüfen, ob sich die Impulse auch hier fortsetzen, erhielten jedoch ein völlig anderes Bild. Als wir die Antenne dort mitten auf der Straße aufstellten, sahen wir auf dem Monitor ein weißes Feld, das uns an die Messungen auf der geomantischen Zone in Drüggelte erinnerte. Der zweite Besuch brachte die gleichen Ergebnisse, so dass hier ein Auftreten von Sferics auf Grund des aufziehenden Gewitters ausgeschlossen werden kann. Der Vergleich der Grafiken zeigte zudem, dass die empfangenen Wellen wieder andere Eigenschaften hatten als die an anderen Orten. Die eng nebeneinander liegenden Signale waren unregelmäßig und ihre Frequenz schwankte, jedoch nicht so stark wie bei der Messung im Einflussbereich einer Hochspannung (sh. Abb. 19). Offensichtlich änderte sich auch die Charakteristik der Signale, an anderen Stellen waren wieder komplette „Felder" messbar, deren Frequenz sich zudem veränderte, wenn wir die Antenne um 90° drehten.

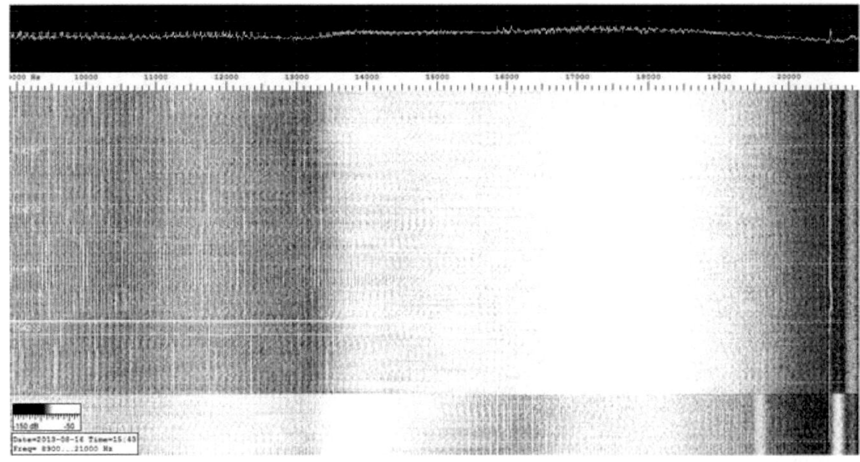

*Abb. 53: Wie ist zu erklären, dass sich die Frequenz des gemessenen „Energiefeldes" verschiebt, wenn wir die Antenne um 90° drehen?*

Diese seltsame Verschiebung der Frequenz lässt sich nicht durch eine der uns bekannten Störungsquellen erklären. Natürlich haben wir bedacht, dass hier - inmitten der Wohnhäuser - Einflüsse technischer Anlagen oder Geräte wirksam sein könnten, doch wir hatten inzwischen verschiedene Vergleichswerte, zum Beispiel auch von einer laufenden

Waschmaschine, deren starker Elektromotor relativ weit reichende Störungen verursacht. Doch ein Phänomen wie dieses hatten wir im Bereich solcher Quellen noch nicht beobachtet und auch Harald Lutz hat es in seinem bereits erwähnten Buch unter der Rubrik „Störungen" nicht beschrieben. Auch ein sich ständig veränderndes Signal an einer anderen Stelle trug nicht zur Aufklärung des Rätsels bei. Es sah aus wie eine Störung durch einen Elektromotor, war jedoch so stark, dass man fast vermuten musste, man stände direkt neben diesem. Doch wir standen auch hier wieder mitten auf der Straße und ließen die Möglichkeit außer Betracht, in den umliegenden Häusern nachzufragen, ob dort vielleicht starke elektrische Anlagen in Betrieb sind. Wir wären damit bestimmt auf wenig Verständnis gestoßen, und auch wenn hier Anhaltspunkte vorliegen, die auf Störungen schließen lassen könnten, so sind diese aber keinesfalls eindeutig und lassen weiter Fragen offen.

## Wissenschaftler oder Spinner?

Unser Interesse am Hohenstaufen war ja bekanntlich geweckt worden, als wir davon hörten, dass es sich um eine Pyramide oder wenigstens um einen künstlich aufgeschütteten Berg handeln soll oder handeln könnte. Für diese Annahme konnten wir keine Bestätigung finden, aber das war auch nicht der Gegenstand unserer Untersuchungen. Interessant war in diesem Zusammenhang für uns aber auch die Tatsache, dass dort das Geschlecht der Staufer seinen Stammsitz hatte, von dessen einstiger Größe heute nur noch Ruinen zeugen. Was konnten sie davon wissen, ob von dem Hügel besondere Kräfte ausgingen oder ob er bereits lange vor ihrer Zeit eine außergewöhnliche Bedeutung hatte oder Beachtung gefunden hat? Oder anders gefragt, wer waren die Staufer und gibt es Dinge, durch die sie sich hervorhoben?

Die Staufer entstammen väterlicherseits einer eher unbedeutenden schwäbischen Adelsfamilie mit geringem Landbesitz. Durch Heiratsverbindungen wuchs der Einfluss der Familie im 11. Jahrhundert. Friedrich I., der uns heute mit dem Beinamen Barbarossa ein Begriff ist, legte großen Wert darauf, dass seine Großmutter Agnes eine Tochter des Salierkaisers Heinrich IV. war, wodurch er seine Abstammung von den Saliern ableiten konnte. Seine Mutter Judith entstammte dem bayrischen Herzogsgeschlecht der Welfen. König wurde er also nicht auf Grund einer Erbfolge, sondern man hat ihn im Jahr 1152 aus politischen Gründen gewählt, da man ihm wegen der bestehenden verwandtschaftlichen Verbindungen den Ausgleich zwischen Welfen und Saliern zutraute. Am 8. Juni 1155 wurde er zum Kaiser des römisch-deutschen Reiches gekrönt und obwohl er der Überlieferung nach keine hohe Bildung genossen hatte, prägte er die Politik des Reiches über Jahrzehnte hinweg und wurde zu einer überaus bedeutenden Figur seiner Zeit. Schon vor seiner Krönung zum König hatte Barbarossa von 1147 bis 1149 am Kreuzzug seines königlichen Onkels Konrad III. teilgenommen. Nach der Niederlage des Königs von Jerusalem gegen Saladin 1187 bereitete er einen weiteren Kreuzzug vor. Am 11. Mai 1189 brach der Kaiser auf, doch ertrank er dreizehn Monate später im Fluss Saleph nahe Seleucia in Kleinarmenien.[40]

Um ihn rankt sich die wohl im 14. Jahrhundert entstandene und vielleicht bedeutendste deutsche Legende, nämlich dass er überhaupt nicht tot ist, sondern zusammen mit seinem Hofstaat in einer Höhle im Kyffhäuser schläft und darauf wartet, zurück zu kehren, das Reich zu retten und es wieder zu neuer Herrlichkeit zu führen. Alle hundert Jahre wacht er auf und lässt erkunden, ob die Raben noch um den Berg kreisen. Wenn sie das tun, muss er weitere 100 Jahre schlafen. Dabei ist interessant, dass sich diese Sage zunächst auf seinen Enkel, den Stauferkaiser Friedrich II., bezogen hatte, bevor sie im 16. Jahrhundert auf Friedrich I. Barbarossa übertragen wurde.

Friedrich II. ist nicht nur politisch eine bemerkenswerte Persönlichkeit, sondern er hat sich auch in anderer Hinsicht hervor gehoben. Den Überlieferungen zufolge war Friedrich II. von Wissensdrang und unbändiger Neugier erfüllt. Dinge, die sich nicht mit Vernunft erklären ließen, glaubte er zum Entsetzen seiner Zeitgenossen nicht. Aufgewachsen in Palermo, sprach er mehrere Sprachen und galt als eine der herausragenden wissenschaftlichen Persönlichkeiten des Mittelalters. Der hochgebildete Kaiser, der Kunst und Wissenschaft an seinem Hof gefördert und selbst als Autor eines Buches über die Beizjagd hervorgetreten war, wurde schon von den Zeitgenossen zur überirdischen Lichtgestalt verklärt. So erhielt er den Beinamen Stupor mundi – das Staunen der Welt. Gleich im ersten Jahr seiner Regierungszeit gründete Friedrich II. die Universität Neapel. Neben The-

[40] http://de.wikipedia.org/wiki/Friedrich_I._%28HRR%29

men der Philosophie und Religion, staatstheoretischen sowie sozialwissenschaftlichen Fragestellungen, galt sein besonderes Interesse der Biologie.[41]

In Apulien im Südosten Italiens ließ er in der ersten Hälfte des 13. Jahrhunderts das „Castel des Monte“ errichten, eine achteckige Burg, an der er neben zahlreichen Dichtern und Künstlern auch Wissenschaftlern die Möglichkeit gab, zu arbeiten und zu forschen. Zu diesem Zweck soll er in der Burg sogar ein Forschungslabor eingerichtet haben. Auch wurde über Funktion und Grundriss der Burg schon viel gerätselt, wobei vor allem die achteckige Figur die Phantasien angeregt hat.

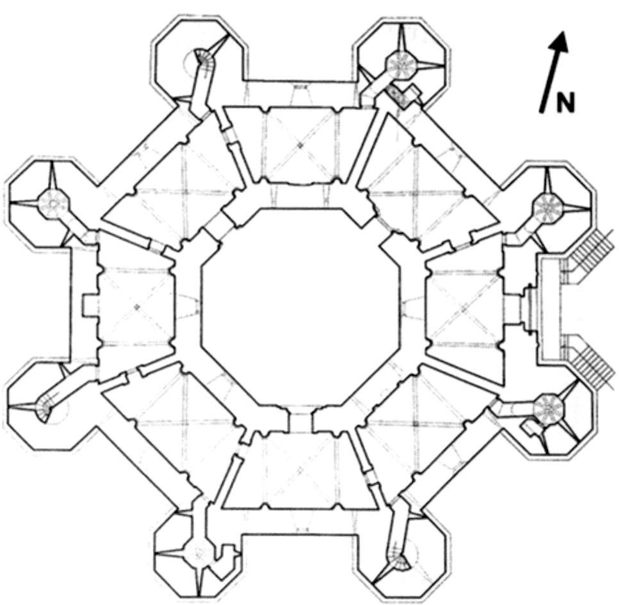


*Abb. 54: Gibt es einen Sinn hinter dem achteckigen Grundriss des Castel del Monte?*[42]

[41] http://www.kaiser-friedrich-forschungspreis.de/de/index.php?option=com_content&view= article&id=48&Itemid=29

[42] http://commons.wikimedia.org/wiki/File:Casteldelmontepln.png (gemeinfrei)

1991 berichtete die Zeitschrift „Der Spiegel"[43] über eine Theorie dreier italienischer Forscher aus Bari, die eine Beziehung zwischen dem Castel und der Cheops-Pyramide in Gizeh (Ägypten) herstellen. Nach den Erkenntnissen des Geografen Professor Nedim R. Vlora, des Kunsthistorikers Gaetano Mongelli und der Astronomin Maria Simonetta Resta soll Friedrich II. in der geometrischen Formelsprache von Castel del Monte allerlei Hinweise auf andere ihm wichtige Orte und Bauwerke versteckt haben: auf Chartres und die Kathedrale Notre-Dame, auf Jerusalem und den Felsendom. Vor allem aber wollen die Forscher im Grundriss versteckt auch ein Abbild der Cheops-Pyramide erkannt haben – samt Angaben über die Lage jener verborgenen Kammer des Pharaos, der die Wissenschaftler nun mit Hilfe ihrer hier gewonnenen Kenntnisse auf die Spur kommen wollen. Bei dieser Behauptung wird im Wesentlichen mit Beziehungen der Architektur zur Astrologie gearbeitet, die sowohl für Castel del Monte als auch für die Cheops-Pyramide gelten sollen.

Friedrich II. war sowohl mathematisch als auch astronomisch überaus gebildet, hatte darüber hinaus umfassende Kenntnisse der Astrologie, was für diese Zeit nicht ungewöhnlich war. Die apulischen Forscher behaupten, dass die Burg wie ein gigantischer Sonnenkalender in die Landschaft gesetzt wurde, wobei die Schatten der Mauern auf dem Umkreis des Achtsterns präzise den Ablauf des Jahres markieren – eine Demonstration der Kenntnisse, über die der Gelehrten-Kaiser verfügte. Nach den Berechnungen der italienischen Wissenschaftler wurde als Maßeinheit für die Burg die sakrale ägyptische Elle verwendet. Davon leiten sie ab, dass der Umkreis von Castel del Monte ziemlich genau der Seitenlänge der Cheops-Pyramide entspricht: 232,92 Meter.

Die Forscher haben auch eine Erklärung für den Ursprung des Wissens, das den Planungen zugrunde liegt: *„Seit seiner Kindheit in Palermo, wo die Kultur der Sarazenen noch lebendig war, sprach Friedrich II. fließend arabisch. Auf seinem Kreuzzug ins Heilige Land 1228/29 freundete er sich mit dem gelehrten Sultan Kamil von Ägypten an. Er pflegte zahlreiche und intensive Kontakte zu Mathematikern und Astronomen aus dem Bereich des Islam, die ihrerseits vieles vom Wissen der alten Ägypter bewahrt hatten."* Auch der Grundriss des Felsendoms in Jerusalem, einer der wichtigsten heiligen Stätten

[43] „Rätsel aus Stein" in: Der Spiegel, Ausgabe 42/1991

des Islam, beruht - genau wie der des Castel del Monte - auf dem Achtstern und dürfte den Kaiser bei seinen Planungen inspiriert haben.

Letztlich kommen die Wissenschaftler noch zu einer weiteren Erkenntnis, die für unsere Nachforschungen nicht unerheblich sein könnte: Sie zeigen, dass Castel del Monte geographisch fast haargenau auf einer Linie liegt, die Chartres mit Jerusalem verbindet, wobei sie die Frage offen lassen, wie mittelalterliche Baumeister das landvermesserische Kunststück vollbracht haben sollen, diese Luftlinie zwischen Frankreich, Italien und dem Heiligen Land zu ziehen. Doch muss man diese Kenntnisse haben, wenn man sich an geomantischen Linien - auch als Ley-Lines bekannt - orientiert und wenn diese sowohl den arabischen Gelehrten als auch den keltischen Druiden seit Jahrhunderten bekannt waren?

Und wenn wir schon dabei sind, die Kontakte von Friedrich II. zu den „Wissenden" seiner Zeit zu durchleuchten, so dürfen wir die Verbindung zu einer Gruppe nicht übersehen, die uns bereits mehrfach im Zusammenhang mit unseren Recherchen begegnet ist: Bereits im Jahr 1184 hatte sein Großvater Friedrich I. die in Jerusalem etablierten Templer unter seinen Schutz gestellt und diese privilegiert. 1223 bestätigte Friedrich II. die Privilegien, und die Beziehungen zwischen dem Monarchen und dem Orden blieben gut bis zum Ausbruch des Konflikts zwischen ihm und dem Papst.[44,45] Seine Kontakte zu arabischen Gelehrten sowie zu den Templern und die Tatsache, dass an seinem Hof Wissenschaftler der verschiedensten Fakultäten forschen durften, müssen uns davon ausgehen lassen, dass seine Kenntnisse auf dem aktuellsten Stand waren und dass wir seine Aktivitäten nicht als „esoterische Spinnereien" abtun dürfen.

Das lässt allerdings keine Rückschlüsse darauf zu, ob es auch unter seinen Vorfahren Personen mit ähnlicher Bildung und ähnlichen Interessen gab, die vielleicht aus diesem Grund den Hohenstaufen als Stammsitz gewählt hatten. Hatten ihm doch nur strategische Gesichtspunkte den Vorzug verliehen? Auch können wir daraus keine Rückschlüsse hinsichtlich der Frage ableiten, wie Friedrich II. die Bedeutung dieses Berges hinsichtlich „besonderer Kräfte" einschätzte, das wäre reine Spekulation. Wir wissen nur, dass er für seine Residenz dem Standort in Apulien den Vorzug gab, und wir kommen zu der Erkenntnis: Um festzustellen, wie sich

---

[44] http://www.templerlexikon.uni-hamburg.de/TDF-D.htm

[45] Dendl, Jörg: Friedrich II. im Heiligen Land, eBook, Ancient Mail Verlag, 2012

die beiden Plätze in „energetischer" Hinsicht voneinander unterscheiden, müssen wir unsere Forschungen in Apulien am Castel des Monte fortsetzen. Das wird uns jedoch vor Fertigstellung dieses Buches nicht mehr möglich sein, weshalb wir uns nun zunächst weiteren, bereits erkundeten Plätzen zuwenden wollen.

## Bergentrückung

Wie wir erfahren haben, war der Hohenstaufen nicht einmal wichtig genug, um als „ewige Ruhestätte" des Kaisers in die Legende Einzug zu halten. Dafür war einst der Kyffhäuser in Thüringen auserwählt worden. Auch unsere Recherchen hatten hier keine eindeutigen Ergebnisse bescheren können. Aber auch wenn wir das Energiefeld längs der Kaiserbergsteige nicht zuordnen konnten und uns eine Vergleichsmöglichkeit mit der Energie über der Sonnenpyramide in Bosnien zunächst versagt blieb, so waren wir durch die Geschichte um die Stauferkaiser erneut auf eine Spur gebracht worden, auf der wir uns schon einmal bewegt hatten.

Bereits am Untersberg waren wir auf das Phänomen der so genannten Bergentrückung gestoßen, nämlich dass Personen verschwinden und in einer Unterwelt weiter leben. Dabei altern diese erheblich langsamer als die Menschen außerhalb des Berges. Das Motiv findet sich mit geringen Abweichungen in verschiedenen europäischen Kulturen, so auch im skandinavischen und in der keltischen Sagenwelt sowie in Böhmen, Serbien oder Polen. Aber auch weltweit, so zum Beispiel auf den Philippinen oder bei den Indianern, gibt es derartige Legenden. Alleine in der deutschen Überlieferung finden sich mehrere Regenten, die hiervon betroffen waren, wobei häufig die gleichen Berge Schauplatz des Geschehens sind. So werden im Zusammenhang mit Karl dem Großen gleich mehrere Berge genannt, nämlich der Desenberg in Nordrhein-Westfalen, der Donnersberg in Rheinland-Pfalz, der Odenberg in Nordhessen sowie der Untersberg. Auch bei Barbarossa und seinem Enkel Friedrich II. ist die Lage nicht eindeutig, beide werden sowohl im Kyffhäuer als auch im Untersberg vermutet, während Heinrich der Vogler seine Schlafstatt im Südemer Berg bei Goslar weitgehend für sich alleine beanspruchen kann.

Auch wenn vornehmend die Geschichten um die im Berg ruhenden Herrscher im Volksgedächtnis präsent sind, so beschränkt sich das Phänomen doch nicht auf diese. Genau wie am Untersberg gibt es auch um den Kyffhäuser zahlreiche Legenden über ganz gewöhnliche Leute, die dort für Jahrzehnte oder gar Jahrhunderte verschollen waren, bevor sie - kaum gealtert - wieder auftauchten. Wir wollten daher auch einen dieser Berge nochmals ins Visier nehmen und entschieden uns für den Odenberg bei Gudensberg im Schwalm-Eder Kreis. Bei ihm handelt es sich, ebenso wie beim Desenberg - wie wir wissen sagt man beiden nach, dass in ihnen Karl der Große schlummert - um eine Basaltkuppe, eine weitere Gemeinsamkeit also.

*Abb. 55: Die Strahlen des Gegenlichtes geben dem dicht bewaldeten Odenberg eine geheimnisvolle Aura.*

Die ersten Siedlungsspuren am Berg stammen aus der Zeit um 4000 v. Chr., und neben dem Phänomen der Bergentrückung ranken sich weitere Sagen um ihn. So soll der germanische Gott Wodan mit seinem „Wilden Heer" dort wohnen, einer Erscheinung am Nachthimmel, die als Jagdgesellschaft übernatürlicher Wesen interpretiert wurde, und die vor allem während der Zwölf Weihnachtstage oder der Rauhnächte beobachtet wurde. Die damit verbundenen Vorstellungen und Bräuche reichen ins germanische Heidentum zurück, was aber nicht bedeutet, dass die Erscheinung auf diesen Kulturkreis beschränkt ist. Auch solche Überlieferungen gibt es in vielen anderen Gegenden der Welt.

Ein Zeichen dafür, dass der Berg und die Region seit langer Zeit eine große Bedeutung für die Menschen dort hatten, ist eine Reihe von Menhiren, die man im Umkreis von nur wenigen Kilometern findet. Diese waren auch ein weiterer Grund für uns, im August 2013 einen Ausflug nach Nordhessen zu machen. Da Sonja diesmal nicht mitkommen konnte, begleitete mich die Autorin Gisela Ermel, die sich zudem bestens dort auskannte und mich zu den Plätzen führen konnte. Wir starteten direkt am Berg und nahmen im Wald die steile Abkürzung zur Kuppe, die von einem 17 Meter hohen Aussichtsturm gekrönt ist. Bereits am Fuß des Berges hatten wir Messungen vorgenommen, ebenso an verschiedenen Stellen im Wald, auf der Kuppe sowie auf dem Turm.

Die Ergebnisse der einzelnen Messungen wichen nur wenig, aber dennoch erkennbar voneinander ab, wobei überall die bereits an anderen Orten registrierten unregelmäßigen Impulse vorhanden waren. Diese waren allerdings sehr viel schwächer und nicht so häufig wie auf dem Hohenstaufen und auffällig war, dass sie sich am Fuß des Berges bevorzugt in nord-südlicher Richtung auszubreiten schienen, während sie über der Kuppe, in der oberen Etage des Aussichtsturms, in der anderen Richtung zahlreicher und stärker gemessen werden konnten, also offenbar aus Osten oder Westen kamen. Da wir über die Herkunft dieser Impulse immer noch im Dunkeln tappen, können wir dies nur als weitere Besonderheit in unsere Liste aufnehmen, da wir es noch nie beobachtet hatten, und es zeigte wieder einmal, dass wir gezwungen waren, auf jedes kleine Detail zu achten.

Die Tatsache, dass sich um diesen Berg Legenden rankten, die an den Untersberg erinnerten, hatte uns auch bewogen, dort wiederum zu testen, ob die Standortbestimmung mittels einem GPS-Gerät ähnliche Abweichungen zeigte, wie sie Wolfgang Stadler vom Untersberg geschildert hatte. Doch auch hier konnten wir nichts dergleichen bestätigen, selbst die Höhenmessungen auf den verschiedenen Etagen des Aussichtsturms ergaben lediglich Abweichungen im Rahmen der vom Gerät für den Standort ermittelten Messgenauigkeit. Hierbei muss man jedoch berücksichtigen, dass nach Stadlers Schilderungen dort die Abweichungen an Stellen festgestellt wurden, die sich ziemlich exakt im Bereich der Zeitanomalie-Zone befinden. Eine solche ist jedoch am Odenberg nicht lokalisiert und daher konnten wir lediglich stichprobenartige Messungen ins

Blaue hinein vornehmen. Ein Treffer wäre also auf Grund der Ausdehnung des Areals reiner Zufall gewesen.

Allerdings machten wir eine andere Beobachtung, die für uns eher nicht nach einem Zufall aussah. Bereits nach einer kurzen Strecke im Wald, in Richtung der Bergkuppe, sahen wir eine Baumgruppe, aus mehreren Stämmen bestehend, die ähnlich wie bei der Klosterruine Tönisstein aus einer einzigen Wurzel zu kommen schienen und deren Stämme den Eindruck machten, als wollten sie sich in der Höhe umeinander winden. Auf dem weiteren Weg begegneten uns noch mehr merkwürdig gewachsene Bäume, die ich so noch nirgendwo gesehen hatte.

*Abb. 56 u. 57: Baumstämme, die sich miteinander zu „verknoten" scheinen, bieten einen seltsamen Anblick.*

Ein Exemplar übertraf dabei alle anderen, sein Stamm schien aus unzähligen, miteinander verdrehten, kleineren Stämmen zu bestehen, die sich dann wieder teilten, um eine skurril verzweigte Krone zu bilden. Die Rute zeigte dabei erwartungsgemäß jeweils an diesen Punkten Kreuzungen von Kraftlinien an, die Messungen mit der Antenne ergaben jedoch keine nennenswerten Abweichungen. Doch wir waren ja bereits gewohnt, dass diese auf „normale" Kraftlinien nicht reagierte, da sie offenbar stärkere oder andere Impulse benötigte. Trotzdem nahmen wir zur Kenntnis, dass es auch in dieser Hinsicht Parallelen gab, nämlich dass sich an Orten, denen besondere mystische Kräfte nachgesagt werden, Bäume mit auffallend merkwürdigem Wuchs häufen. Kann es daher Zufall sein, dass gerade hier auch die Wünschelrute ihre zwar wissenschaftlich nicht als Messmethode anerkannten, doch überaus deutlichen Ausschläge zeigt? Ich verweise in diesem Zusammenhang nochmals auf die Ausführungen hierzu im Kapitel „Uraltes Wissen".

*Abb. 58: Der Wotanstein in Maden, von mächtigen Bäumen umgeben.*

Da unsere Messungen hier also keine weiteren Besonderheiten erkennen ließen, begaben wir uns zu unserem nächsten Ziel, dem Menhir in Maden, der auch als Wotanstein bezeichnet wird. Der Stein besteht aus ortsfremdem Quarzit, der erst wieder im Gebiet um Borken in rund 25 Kilometer Entfernung zu finden ist. Man vermutet, dass er im dritten Jahrtausend v. Chr. hierher gebracht wurde. Er ist etwa 2,10 Meter hoch, 1,2 Meter breit und 0,5 Meter dick, und nach mündlicher Überlieferung soll er im Siebenjährigen Krieg (1756-1763) ausgegraben worden sein, weil man unter ihm Schätze vermutete. Man fand aber nur Überreste menschlicher Knochen und stellte fest, dass er genauso tief in der Erde steckt, wie er über die Erde ragt.[46]

Die Messungen dort wichen auf den ersten Blick kaum von denen am Odenberg ab, doch bei näherem Hinsehen zeigte sich, dass hier noch eine kleine Überraschung versteckt war. In einem relativ kleinen Frequenzbereich von 12 bis 18 kHz waren schwach regelmäßige Impulse erkennbar, ähnlich wie in Chartres und in Butzbach, jedoch bei weitem nicht in der dort gemessenen Intensität.

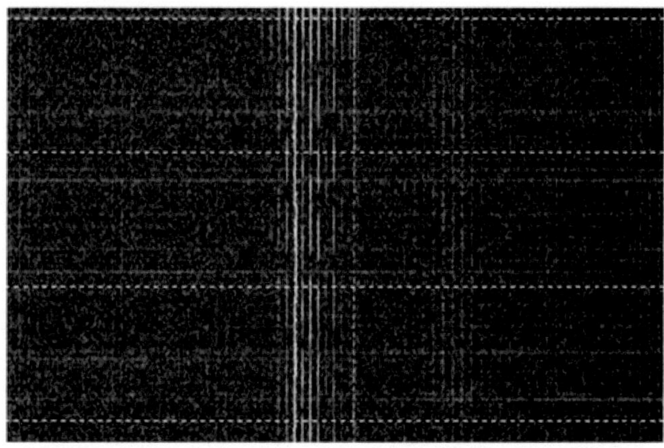

*Abb. 59: Sehr schwach sind die regelmäßigen Impulse beim Wotanstein in Maden erkennbar.*

Ein Vergleich mit den Messungen am Odenberg ergab, dass dort diese Regelmäßigkeit nirgendwo vorhanden war. Mehrere hintereinander folgende Impulse gab es auch hier, aber nicht über einen Zeitraum von mehr als wenigen Sekunden. Hier am Menhir aber tickerten die Signale im Abstand von ca. 1,15 Sekunden, also etwa genauso häufig wie in dem Waldweg nahe der „Gravitationsanomalie" in Butzbach. Wir werden also nachfolgend die Menhire ein wenig näher unter die Lupe nehmen.

Gerne hätten wir auch am Odenberg wenigstens noch ein zweites Exemplar untersucht und sind daher von Maden zum „Riesenstein" nach

---

46 http://tw.strahlen.org/praehistorie/hessen/madenwotanstein.html

Wolfershausen gefahren, ebenfalls ein Quarzitbrocken, aber von noch gewaltigerem Ausmaß. Dort haben wir zwar einen Eindruck von dem Stein bekommen, mussten den Ort jedoch unverrichteter Dinge wieder verlassen, da direkt über den Stein eine Hochspannungsleitung führt, wodurch Messungen unmöglich sind, weil nur die hierdurch hervorgerufenen Störungen aufgezeichnet werden. Also müssen wir uns anderen Menhiren zuwenden, was wir allerdings bereits im Vorfeld getan hatten. Daher kann ich hier nahtlos anschließen und mache zunächst einen Zeitsprung zurück in den Mai 2013.

## Wozu sind Menhire da?

Auf unserer Tour in die Pyrenäen im Mai des Jahres hatte uns Udo Vits zu einem Menhir in der Nähe von Arques geführt. Er steht alleine inmitten von Feldern und neigt sich inzwischen auf Grund der Bodenerosion nach Süden. Wenn er nicht gesichert wird, so besteht die Gefahr, dass er in absehbarer Zeit umkippt.

Auch ist uns über seine Bedeutung nichts Näheres bekannt und ich konnte bei meinen Recherchen nur herausfinden, dass wohl sogar in Frankreich das Interesse für diesen Stein eher gering ist. Möglicherweise war also auch die Bedeutung des Steines in vergangener Zeit nicht so groß, dass es hierüber aussagekräftige Überlieferungen gäbe. Zumindest ergaben auch unsere Messungen keine bemerkenswerten Ergebnisse. Wir hatten Impulse auf dem Monitor, jedoch nicht sehr stark und auch nicht regelmäßig wie in Maden. Daher hatten wir auch den Menhiren zunächst keine größere Bedeutung beigemessen, sondern unsere Untersuchungen auf andere Plätze konzentriert.

Als wir im Mai in den Pyrenäen weilten, hatten wir unseren Reiseplan für den Rest des Jahres bereits erstellt. Auf diesem standen für Juni zwei Tage in der Bretagne, denn wir wollten bei unseren Untersuchungen die großen Menhire und die Steinreihen bei Carnac nicht auslassen. Unsere Hoffnungen waren nach der Erfahrung in Arques jedoch etwas gedämpft, und wir sahen der Tour zwar neugierig und gespannt, aber gelassen entgegen.

*Abb. 60: Der „Menhir de Peyrolles" in der Nähe von Arques.*

Zumindest war uns bei der Ankunft das Wetter besser gesonnen als vier Wochen vorher in den Pyrenäen. Anstatt Regen und Sturm erwartete uns Sonnenschein und als wir in dem kleinen, gemütlichen Hotel am Golf von Morbihan unsere Zimmer bezogen hatten, kam fast schon Urlaubsstimmung auf. Aber die durften wir nur abends bei einem Glas Rotwein genießen, denn wir waren ja zum arbeiten hier, und für den nächsten Tag hatten wir ein großes Programm angesetzt.

Was uns dabei erwartete, konnte man natürlich nicht mit dem kleinen Menhir bei Arques vergleichen, und gleich am ersten Tag widmeten wir uns ausführliche den langen Steinreihen bei Carnac. Sie sind in der Tat beeindruckend und man fragt sich, wozu diese einst errichtet worden sind. Eine zufriedenstellende Antwort darauf hat bis heute niemand gefunden und auch wir werden uns nicht anmaßen, eine solche präsentieren zu wollen.

*Abb. 61: Kilometerlange Steinreihen in der Bretagne geben uns heute noch Rätsel auf.*

Aber unsere Überlegungen gingen natürlich schon in eine bestimmte Richtung, nämlich ob die Plätze, die durch die Steine „markiert" waren, eine für uns messbare energetische Veränderung aufwiesen. Ich hatte mir bereits vor einigen Jahren, als ich zum ersten Mal hier war, die Frage gestellt, wozu am Ende der langen Steinreihen ein halbrunder Abschluss aus Steinplatten aufgestellt war. Er ist wie ein Parabolspiegel platziert und erweckt den Eindruck, als ob hier irgendetwas reflektiert oder abgeschirmt werden soll, wobei das Oval allerdings nicht exakt in Richtung der Steinreihen ausgerichtet ist. Allerdings ist dieses auch nicht mehr komplett erhalten, da die Steinreihen hier am Rand einer kleinen Siedlung enden, deren Häuser nun teilweise den Weg und die Sicht versperren.

*Abb. 62: Zwischen den Häusern findet man – wie zum Abschluss der Steinreihen – Reste einer halbrunden Reihe aus Steinplatten.*

Wenn man nach Sinn für die Errichtung der Menhire fragt, so muss man feststellen, dass es eine zufriedenstellende Erklärung hierfür nicht gibt. Das erkannte auch Pierre-Roland Giot (gest. 2002), französischer Anthropologe, Archäologe und Geologe und ehemaliger Direktor der prähistorischen Stätten und Museen der Bretagne, dem wir mehrere Veröffentlichungen zu verdanken haben, die man in den dortigen Informationszentren erwerben kann.[47,48] Er kommt zu dem Schluss, dass es keine Klarheit über den Grund für die Errichtung der Steine gibt, auch wenn im Laufe der Zeit mehrere Theorien diesbezüglich aufgestellt worden sind. So gibt es Meinungen, nach denen es sich um Teile großer Observatorien handelte, mit denen man Mond- und Sonnenfinsternisse vorhersagte, ebenso hat man in ihnen Rechensysteme oder Markierungen zur Landvermessung vermutet, und natürlich darf in der Auflistung der „religiöse" Hintergrund für ihre Errichtung nicht fehlen. Andere Veröffentlichungen führen noch Kalender oder Monumente eines Totenkultes in ihrer Liste

[47] Giot, Pierre-Roland: Menhire und Dolmen, Èditions d'Art Jos le Doarè

[48] Giot, Pierre-Roland: Vorgeschichte in der Bretagne, Èditions d'Art Jos le Doarè

auf, und Giot weist nur noch darauf hin, dass die Suche nach dem Grund für die Errichtung der Menhire durch *„Arbeiten gestört wurde, die den Boden der Tatsachen verließen"*. Es ist jedoch fraglich, wo sich bei allen anderen aufgeführten Erklärungen der Boden der Tatsachen befindet, denn bisher konnte noch keine Theorie zweifelsfrei belegt werden, die Menhire bleiben, wie auch Giot anerkennen muss, *„von einem großen Geheimnis umhüllt"*.

Auch wenn wir nach der Lektüre dieser Veröffentlichungen vermuten mussten, dass auch unsere Untersuchungen die „ernsthaften" Forschungen stören könnten, wollten wir doch versuchen, dem Phänomen mit unserer Methode ein wenig auf den Grund zu gehen. Immer wieder platzierten wir unsere Antenne neu, drehten sie und zeichneten die Ergebnisse der Messungen lückenlos auf, um später noch einmal vergleichen zu können. Doch auf den ersten Blick konnten wir keine Besonderheiten feststellen. Es gab nichts, woraus wir auf eine Gesetzmäßigkeit schließen konnten, doch wir hatten uns ja noch einige weitere markante Orte in der Umgebung ausgesucht und dokumentierten zunächst alle Ergebnisse, um sie später nochmals in Ruhe sorgfältig vergleichen zu können.

Doch an einem allein stehenden Menhir in unmittelbarer Nähe der Steinreihen von „Le Manio" waren wir bereits vor Ort stutzig geworden, hier hatten die Aufzeichnungen ein wenig anders ausgesehen. Es handelt sich hier um den etwa sechs Meter hohen „Géant du Manio" (Riese von Le Manio). Wenige Meter daneben befindet sich ein rechteckiger, von einer Einfassung aus Granitblöcken umgebener Platz. Dabei soll es sich um ein Hügelgrab handeln, doch diesbezüglich wird nur auf alte Beschreibungen verwiesen, Ausgrabungen wurden offenbar nicht vorgenommen.[49]

Bereits bei unseren Messungen innerhalb und außerhalb des „Steingeheges" – wie es in der Literatur meist bezeichnet wird – hatten wir den Eindruck, dass hier ein Unterschied festzustellen ist. Außerhalb, etwa am Standort, von dem das Foto (Abb. 63) gemacht wurde, waren deutlich mehr Signale zu sehen als drinnen, und das auch nur, wenn die Antenne

---

49 http://www.monuments-nationaux.fr/fichier/m_docvisite/25/docvisite_fichier_16E.carnac.DE.pdf

quer zu dem Rechteck ausgerichtet war. Wenn wir uns auf dieser Stelle nach links wendeten, schauten wir direkt zu dem Menhir.

*Abb. 63: Das Quadrilatère („Steingehege") von Le Manio.*

Dort setzten wir unsere Messungen fort und stellten fest, dass in unmittelbarer Nähe des Steins - die Antenne war wieder quer zur Ausrichtung des Rechtecks platziert - schwache Impulse in kurzen Abständen auftauchten. Man hat sogar den Eindruck, dass eine Regelmäßigkeit zu erkennen ist, doch so deutlich wie bei dem Menhir von Maden ist diese nicht. Dafür reichen sie über einen breiteren Frequenzbereich als dort. Ein Test mit der Rute ergab, dass auf zwei Seiten des Menhirs je eine Kraftlinie oder ein Störfeld verläuft, eine weitere Linie bildet einen rechten Winkel hierzu und geht direkt durch den Standort des Steins.

Das bedeutet, dass die Impulse aus einer bestimmten Richtung kommen, die im rechten Winkel zu den beiden parallelen Kraftlinien verläuft. Wir wissen aber immer noch nicht, ob hier ein Zusammenhang besteht und wo diese ihren Ursprung haben bzw. auf welche Art und Weise sie entstehen. Die gleiche Beobachtung hatte ich beispielsweise auch schon in Butzbach gemacht, ohne dass dort ein Menhir eine Rolle spielen würde. In der Frage nach deren Sinn sind wir also auch durch diese Erkenntnis noch keinen Schritt weiter gekommen, doch wir wollen sie nicht aus den Augen verlieren.

*Abb. 64: Der „Géant du Manio".*

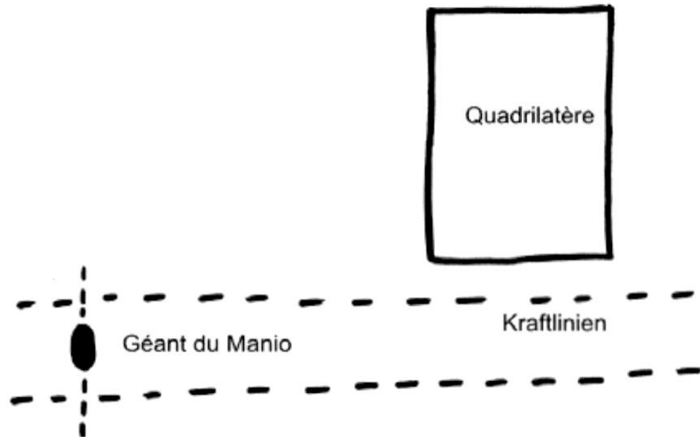


*Abb. 65: Standortskizze „Géant du Manio" (nicht maßstabsgerecht).*

Allerdings hatten wir in den beiden Tagen noch weitere Ziele in dieser Gegend, und so will ich mich zunächst einer anderen Art von Steinmonumenten zuwenden, nämlich den Dolmen.

## Noch mehr Steine

Die „Dolmens de Mane-Kerioned" bei Plouharnel bestehen aus einer Gruppe von drei Dolmen, die von mehreren kleinen Menhiren umgeben ist. Man spricht bei Dolmen allgemein von „Großsteingräbern" und lässt auch eine andere Erklärung als die von Grabstätten nicht zu. Die Entstehung der Anlage wird in die Zeit um 3500 v. Chr. datiert, wobei man sich hier auf die Altersbestimmung der menschlichen Überreste stützt, die man in den Dolmen gefunden hat. Diese sowie Gebrauchsgegenstände, Waffen, Schmuck und sogar Rückstände von Lebensmitteln, die man als Grabbeigaben gewertet hat, sind auch das Indiz dafür, dass es sich um Begräbnisstätten handelte. Die Datierung der gefundenen Gebeine ließ die Archäologen schließen, dass diese über lange Zeit, bisweilen mehrere Jahrhunderte oder eineinhalb Jahrtausende, dort abgelegt wurden und gehen daher von einem Totenkult aus. Diese Erkenntnisse sollten uns aber nicht beirren, auch dort Messungen vorzunehmen.

Dort konnten wir wieder relativ häufige, schwache Impulse feststellen, ähnlich wie bei dem großen Menhir zuvor, jedoch von der Intensität an manchen Stellen sogar noch etwas stärker. Dennoch war auch hier eine Regelmäßigkeit lediglich zu erahnen, aber es kam uns wieder ein Hilfsmittel zugute, das uns bereits bei den Messungen in der Gorges de Galamus nützlich gewesen war und einen Hinweis gegeben hatte (sh. Abb. 39). Wieder war es ein ähnliches Signal – diesmal etwas mehr in Richtung 20,5 kHz verschoben – das uns durch regelmäßige Störungen anzeigte, dass hier im gleichbleibenden Takt eine Kraft wirkte. Dieses Signal ist nicht permanent auf dem Monitor sichtbar und wir konnten es bisher nicht zuordnen. Doch das spielt eigentlich keine Rolle, denn selbst wenn es sich um ein vom PC verursachtes Störsignal handelt, so wird es offenbar von den Impulsen ebenso beeinflusst wie Funksignale und ist zumindest dafür geeignet, uns so mittelbar einen Hinweis auf diese zu geben. Abweichend war jedoch die Häufigkeit der Impulse, diese kamen hier im Abstand von nur einer Sekunde an. Auch war zu beobachten, dass bei drehen der Antenne diese regelmäßigen Streuungen des Signals schwächer wurden oder verschwanden, was darauf hin deutet, dass die Impulse auch hier offenbar aus einer Richtung zu kommen schienen, und zwar aus Norden oder Süden.

*Abb. 66: In der Bildmitte der mittlere Dolmen von Mane-Kerioned, der nach Ost/West ausgerichtet ist, im Hintergrund einer der beiden Dolmen, die in nord-südlicher Richtung erbaut sind.*

Mit diesen Erkenntnissen sichteten wir bei der Nachbearbeitung nochmals alle Aufzeichnungen, und tatsächlich war das gleiche auch in der Nähe der Steinalleen aufgetreten. Bei dieser Methode, die Impulse zu orten, ist allerdings von Nachteil, dass die Streuungen nicht bei jedem Signal auftreten und das betreffende Signal bei ungefähr 20,5 kHz – von dem wir nicht wissen, ob es überhaupt einer der Sendeanlagen entstammt – nicht dauerhaft empfangen wird. Dennoch zeigen unsere Messungen Anzeichen dafür, dass die Impulse außerhalb der halbrund aufgestellten Steinreihe (sh. Abb. 62) auch über dieses Hilfsmittel nicht mehr angezeigt wurden, hingegen aber innerhalb des „Stein-Parabolspiegels", also zwischen diesem und dem Beginn der Steinreihen. Sollte das der reine Zufall sein? Oder hatten die Steinreihen vor langer Zeit eine Funktion, die mit einer energetischen Besonderheit dieses Ortes zusammenhing? Ich weiß, dass die Frage nach dem derzeitigen Stand unserer Recherchen ein wenig provokant ist und jede Antwort pure Spekulation wäre. Ich will aber zumindest die Möglichkeit in Betracht ziehen, um weiteren Forschungen in alle Richtungen Raum zu lassen.

Wir sahen uns nun natürlich zunächst alle weiteren Aufzeichnungen der beiden Tage in der Bretagne nochmals näher an und fanden tatsächlich weitere Stellen, an welchen dieses Merkmal mehr oder weniger deutlich hervortrat. Teilweise war das nur für einen kurzen Moment erkennbar, weil das Signal danach wieder verschwand, doch gab es auch längere Sequenzen, und dann deckten sich diese mit einer erhöhten Anzahl von sichtbaren Impulsen in einem etwas niedrigeren Frequenzbereich. Diese ließen jedoch keine Regelmäßigkeit erkennen, weil sie in ihrer Intensität so unterschiedlich waren, dass möglicherweise die schwächsten von ihnen gar nicht angezeigt wurden.

Sehr deutlich waren die Streuungen an dem Signal bei knapp 20,5 kHz bei den Steinreihen von Kerzerho auf dem Gebiet der Gemeinde Erdeven zu erkennen, die in ihrer Art denen bei Carnac ähneln, deren Gesamtensemble jedoch bereits erheblich zerstört ist. Auch hatten wir gehofft fündig zu werden bei einem der größten – und aus der Megalithzeit vielleicht dem größten überhaupt – Monolithen der Welt, nämlich dem „Grand Menhir" von Locmariaquer.

Dieser Stein war ursprünglich 20,60 Meter lang und erreichte aufgerichtet eine Höhe von etwa 18,50 Meter, da er etwa 2 Meter tief im Boden steckte. Heute ist er zerbrochen und besteht aus vier am Boden liegenden Teilstücken. Das Gesamtgewicht des aus granitähnlichem Orthogneis-Gestein bestehenden Steines betrug etwa 280 Tonnen. Man geht davon aus, dass er um 4500 v. Chr. als Teil einer Reihe aus 19 Steinen errichtet wurde, wobei man aus einer Entfernung von 10 Kilometern herbei geschafft hat. Es ist der einzige dort, dessen Teile noch an Ort und Stelle liegen, Teile der anderen Menhire hat man bei der Errichtung anderer megalithischer Bauwerke der Umgebung wieder verwendet.[50,51]

---

50 Le Roux, Charles-Tanguy: Carnac, Locmariaquer und Gavrinis, Éditions Quest-France

51 http://de.wikipedia.org/wiki/Grand_Menhir

*Abb. 67: Die vier Teile des zerbrochenen „Grand Menhir“ von Locmariaquer.*

Das untere und mit sieben Metern Länge größte Teilstück dieses gigantischen Monuments liegt in südöstlicher Richtung, die anderen drei Teile waren nach Südwesten gefallen. Vor dem oberen und kleinsten Teil hatten wir für unsere Messungen die Antenne platziert, konnten aber hier auch im Nachhinein keine Besonderheiten feststellen. Liegt es am Ende daran, dass der Menhir zerbrochen ist und am Boden liegt anstatt aufrecht zu stehen? Oder auch daran, dass die anderen 18 Menhire nicht mehr vorhanden sind? Ich will jetzt nicht wild spekulieren, aber das könnte ja dann bedeuten, dass die Menhire nicht nur irgendwelche Plätze markieren, sondern mit den dort vorhandenen Kräften in einer Wechselwirkung stehen. Ist so etwas überhaupt möglich?

## Warum dort und nicht anderswo?

Diese Frage ist nicht von mir – obwohl ich sie durchaus als berechtigt ansehe – sondern La Roux widmet ihr einen Abschnitt in seinem Büchlein. Als Prähistoriker sind seine Spezialgebiete die Jungsteinzeit sowie die Megalith-Kultur, als „Konservator des Kulturerbes der Bretagne“ befindet er sich inzwischen im Ruhestand.

Die Errichtung der kilometerlangen Alignements, wie die Steinreihen in Frankreich genannt werden, sowie der Transport und die Aufrichtung der gewaltigen Megalithen stellen zweifellos technische Meisterleistungen dar, und wir haben heute nur eine vage Vorstellung davon, wie sie vollbracht wurden. Über die Gründe hierfür überlegt La Roux wie folgt: *„Eine solche Zusammenkunft zum Preis von wiederholten technischen Meisterleistungen zeugt von einem außergewöhnlich starken Willen, an diesem Ort großartige Zeugnisse des Glaubens und menschlichen Stolzes zu vereinen. Lange Zeit wurde über die Gründe dieser Wahl gemutmaßt und an Hypothesen – ernstzunehmenden oder völlig abwegigen – hat es nicht gefehlt. Durch die Forschungen der letzten Jahre kommt langsam etwas Licht ins Dunkle."*

Im Anschluss bringt er einige Erkenntnisse über die frühe Siedlungsgeschichte der Region und führt die Funde von „Opfergaben" zusammen mit den Gerippen von zwei Rindern als Indiz dafür an, dass *„die Anhöhe der Halbinsel schon als ein Ort mit kultischer Berufung wahrgenommen wurde"*. Daraus schlussfolgert er, dass es *„vorstellbar wäre, dass die ersten jungsteinzeitlichen Siedler (die zum Beispiel von der Loire-Mündung gekommen sein könnten) an diesem begünstigten Ort Halt machten und deren Nachfahren diese Erinnerung während annähernd dreier Jahrtausende wach hielten und pflegten."*

Einen schlüssig bewiesenen Grund für die Errichtung der Anlagen gerade hier kann ich allerdings aus seinen Worten nicht entnehmen, sondern sie klingen eher nach vagen Vermutungen. Man weiß definitiv nicht, welche Bedeutung der Ort vor der Errichtung der Menhire hatte und auch die Gründe weshalb sie gerade hier stehen, sind längst nicht bekannt. Auch Giot erwähnt in seinen bereits genannten Veröffentlichungen zwar, dass es sich um Kultstätten oder Heilige Stätten gehandelt haben soll und spricht dabei von „Götterkult", „Totenkult" oder „religiösen Denkmälern", wobei die angeführten Belege hierfür wenig stichhaltig sind. Überlieferungen, die – wie am Beispiel des Kultortes Chartres – schwerer wiegende Indizien liefern könnten, sind über die Steine in der Bretagne nicht bekannt.

Nun sei es mir daher gestattet, nochmals den Autor Louis Charpentier zu Wort kommen zu lassen, der sich in dem bereits erwähnten Buch „Die Geheimnisse der Kathedrale von Chartres" auch über die Bedeutung der Menhire äußerte. Er definiert zunächst die Bedeutung des alten gallischen Ausdrucks „Wouivre" (Schlange), den unsere Ahnen auch für *„Ströme, die in schlangenhaften Windungen den Erdboden unterirdisch durchziehen"* verwendeten. Er nennt sie „tellurische Ströme" oder „Erdströme", wobei er bei den Erdströmen zwischen guten und schädlichen unterscheidet. Die guten sollen das Gedeihen der Pflanzen, Tiere und Menschen positiv beeinflussen, was ein Rutengeher der heutigen Tage zweifellos aus seiner Sicht bestätigen kann. Umgedreht wirken natürlich die schädlichen Erdströme negativen Einfluss aus; wie wir bereits im Kapitel „Uraltes Wissen" erfahren haben, ist das längst kein Geheimnis mehr.

Und so sieht Charpentier die Rolle der Menhire in diesem Zusammenhang: *„Man markierte die Stellen, wo die befruchtenden Ströme besonders stark wirkten, mit Steinblöcken, welche die Ströme gewissermaßen festhielten, verdichteten. Zuweilen wurden diese Steine hoch aufgerichtet, um auch die Himmelsströme aufzufangen; wir nennen diese Steine Menhire. Das waren Fruchtbarkeitssteine; sie zogen die fruchtbar machenden Eigenschaften von Erde und Himmel auf sich."* Den Argumenten von Le Roux, dass ihre Errichtung ein *„großartiges Zeugnis des Glaubens und menschlichen Stolzes"* darstellt, hält er – bewusst oder unbewusst – folgendes entgegen: *„Man verstehe recht: diese Steine waren Gebrauchsgegenstände; sie erfüllten eine bestimmte Funktion. Nicht auszudenken, die Menschen der Vergangenheit hätten Überlegungen angestellt wie eine Dame, die ihren Salon einrichtet und ein Gemälde an die Wand hängt, »weil sich das eben gut macht«. Aufgrund solcher Erwägungen haben die Alten gewiß keinen Menhir errichtet…"*

Was bei Charpentier an dieser Stelle wie kühne Spekulation klingt, erklärt der Schweizer Dr. Hermann Wild, den ich bereits weiter vorn erwähnt habe, aus Sicht der Physikers.[52] Nach seiner Ansicht werden die Ausschläge einer Rute – sowohl über Wasseradern als auch an den gitterförmig angeordneten „geomantischen" Linien – nicht von diesen direkt hervorgerufen, sondern sind auf eine Strahlung zurück zu führen.

Die Erklärung aus Sicht des Physikers Dr. Hermann Wild:

*„Über einer Kreuzung von Wasseradern und den Linien des Globalnetzgitters wird die Strahlung verstärkt. So können Strahlenzentren entstehen, an denen sich die Wirkungen verschiedener Strahlungen potenzieren. Man spricht dann von Orten der Kraft. An solchen Stellen finden wir die bekannten Megalithenzonen, wie zum Beispiel Stonehenge in England, ferner die Kathedrale von Chartres und andere bekannte Wallfahrtsorte"*

[52] Wild, Hermann: Technologien von gestern: Chancen für morgen, Bern 1996

In seinem einige Jahre später erschienenen Buch „Die vergessene Energie“ definiert er diese Orte noch näher: *„Solche Orte, genannt Ort der Kraft, sind meist Stellen, an denen sich Reizlinien und -zonen mehrfach kreuzen. Kommen an solchen Stellen noch unterirdische Wasseradern vor, so können Strahlenzentren entstehen, an denen sich die Wirkungen verschiedener Strahlungen potenzieren. ... An solchen Stellen finden wir Kultstätten, Kapellen und Kirchen, Wachttürme und Burgen, Marktplätze und Versammlungsorte.“*

Dr. Wild geht davon aus, dass die Erde unter einem kontinuierlichen Energiezufluss steht und vermutet, dass diese Energie nicht rein physikalischer Art ist, auch wenn sich gewisse Eigenschaften mit physikalischen Einrichtungen und Messgeräten beeinflussen und nachweisen lassen. Eines ist aber dabei sicher, nämlich dass dieser Zufluss nur aus dem All kommen kann, dass es sich also um eine „kosmische Energie“ handeln muss, die auf die Erde einstrahlt. Damit bestätigt er die Interpretation Charpentiers, der meint: *„Wouivres nannten die Alten die Ströme, die wir jetzt als kosmische und als magnetische Ströme bezeichnen würden“*. Wenn man die Bücher von Dr. Wild aufmerksam liest und seinen Ausführungen über unbekannte Energien, die sogar Experimente der mechanischen Physik beeinflussen, folgt, dann erscheint die Aussage von Charpentier gar nicht mehr so hypothetisch.

Doch können wir wirklich so weit gehen, die aufgerichteten Menhire als Kollektoren für diese „Himmelsströme“, wie sie Charpentier nennt, anzusehen? Das ist natürlich schwer zu beurteilen, solange diese Funktion nicht durch physikalische Messungen bestätigt wird. Einzelne Steine oder kleinere Steinsetzungen, zum Beispiel Steinkreise, im Zusammenhang mit alten Kultplätzen kann man sich sehr leicht als „Markierungen“ vorstellen, die vorgenommen wurden, um die besondere Bedeutung dieser Plätze zu unterstreichen. Doch warum sollten die Menschen tausende von Steine auf so kleinem Raum wie in der Region von Carnac errichten, nur um eine Markierung zu setzen? Selbst wenn dieser Gedanke zum tragen käme, muss der Ort immens wichtig gewesen, um den gewaltigen Aufwand zu rechtfertigen, den man „nur“ für seine Kenntlichmachung betrieben hat. Realistischer erscheint mir jedoch, dass die Steine eine Funktion hatten, die diesen Aufwand wert war. Diesbezüglich steht die Erklärung Charpentiers im Raum, die wir nun noch einmal näher unter die Lupe nehmen wollen.

## Die Natur der Steine

Während der mehr als zwei Jahre andauernden Zeit unserer Recherchen zu diesem Buch berichtete ich immer mal wieder gerne im Bekanntenkreis von unserem Projekt, um vorab ein wenig die Meinungen und die Einstellung hierzu auszuloten. Besonders willkommen waren mir dabei natürlich Fachleute der verschiedensten Disziplinen, da ich dabei oft interessante Anregungen erhielt. So gab mir mein Freund Jürgen, ein Energieanlagenelektroniker im Bereich Energieversorgung und Antriebstechnik zu bedenken, auch die Möglichkeit in Betracht zu ziehen, dass die empfangenen Impulse durch magnetische Induktionen der Antenne hervorgerufen werden könnten. Das ist nur eine der Möglichkeiten, aber schon Charpentier nannte auch die „magnetischen Ströme" beim Namen, ohne wissen zu können, welche Spuren die „Wouivres" 40 Jahre später bei unseren elektronischen Aufzeichnungen hinterlassen würden. Meines Wissens ist diese Methode nicht vorher angewendet worden.

Nun macht es aber einen großen Unterschied, ob wir Energie in irgendeiner Form mit Hilfe einer empfindlichen Antenne und eines Computers aufnehmen oder ob wir uns hierfür eines ganz banalen Steins bedienen wollen. Wie soll das funktionieren? Doch auch hier gibt uns der Physiker Dr. Wild einen entscheidenden Ansatz für weitere wichtige Überlegungen. Er berichtet von den Experimenten des graduierten Elektro-Ingenieurs Dr. Thomas Henry Moray[53] aus Salt Lake City. Dieser war davon überzeugt, dass die Energie, die auf die Erde eingestrahlt wird, nutzbar gemacht werden kann und arbeitete von 1926 bis 1958 an einer „Energiemaschine", die letztlich im Dauerversuch bis zu 50 kW lieferte.

Schauen wir zu seinen anfänglichen Versuchen, so bastelte er mit Kristall-Detektoren für den Radioempfang, wie sie die älteren Leser vielleicht noch aus der Zeit der „Detektorempfänger" kennen. Diese einfachste Version des Radioempfängers arbeitet mit sehr wenigen Bauteilen. Wichtigster Bestandteil war ein Gleichrichter aus halbleitendem Material, der so genannte Kristall-Detektor, der zur Demodulation der amplitudenmodulierten Hochfrequenz diente.[54] Interessant ist dabei auch, dass diese Empfänger ohne Stromversorgung auskamen, der gesamte Strom, der dem angeschlossenen Kopfhörer zugeleitet wurde, stammte aus der Energie der

---

[53] http://en.wikipedia.org/wiki/Thomas_Henry_Moray

[54] http://de.wikipedia.org/wiki/Detektorempf%C3%A4nger

vom empfangenen Sender aufgenommenen elektromagnetischen Wellen. Diesen Effekt machte sich also auch Moray zu Nutze, indem er den Empfänger nicht zum Empfang elektromagnetischer Wellen, sondern lediglich zum „Empfang“ der einstrahlenden Energie verwendete. Doch welches Material eröffnet uns diese Möglichkeiten?

Als Detektor kamen bei den klassischen Radioempfängern vor allem Bleiglanz oder Pyrit zum Einsatz, aber auch andere Materialien sind denkbar, es muss sich dabei jedoch um einen halbleitenden Kristall handeln. In späterer Zeit wurden hierfür anstelle der kompliziert zu handhabenden Kristalle industriegefertigte Dioden (zum Beispiel Germaniumdioden) verwendet, aber auch Silicium war als Ausgangsmaterial tauglich.

Silicium – ein ganz besonderes Material?

Heute gibt es für Silicium noch viel mehr Einsatzmöglichkeiten, so findet es Verwendung in der Mikroelektronik bei der Herstellung von Computerchips oder in der Photovoltaik zum Bau von Solarzellen. In der Solarzelle oder photovoltaischen Zelle ist dieses dann in der Lage, kurzwellige Strahlungsenergie, in der Regel Sonnenlicht, direkt in elektrische Energie umzuwandeln.

Für diese Anwendungen wird monokristallines Halbleitersilicium benötigt, zu dessen Herstellung aufwändige Reinigungsverfahren erforderlich sind.[55] Nun fragen wir uns aber, was ist das für ein „Wundermittel“ und wo kommt es her? Es ist keineswegs ein seltenes Material, die gesamte Erde besteht zu etwa 15 Massenprozent aus Silicium. Die Erdkruste besteht zu etwa 25,8 Gewichtsprozent aus Silicium; damit ist es das zweithäufigste chemische Element nach dem Sauerstoff.[56] Als Ausgangsstoffe zur Herstellung von Silicium dienen vor allem Quarzkies und gebrochener Quarz. Dass es so häufig vorkommt, wundert uns nicht, wenn wir wissen, dass Sand vorwiegend aus Siliciumdioxid besteht und es sich bei Quarz, der einen Siliciumgehalt von bis zu 46,7 % hat, um reines Siliciumdioxid handelt.[57] Aber was hat das jetzt mit unseren Menhiren zu tun? Hierzu schauen wir uns zunächst einmal näher an, woraus diese bestehen:

---

55 http://www.chemie.de/lexikon/Silicium.html#Halbleitersilicium

56 http://de.wikipedia.org/wiki/Silicium#Rohsilicium

57 http://webmineral.com/chem/Chem-Si.shtml#.Uk_e_1OSk5t

- „Grand Menhir“ von Locmariaquer: Orthogneis
- Andere Menhire der Bretagne: Quarz, Quarzit, Schiefer, bevorzugt aber Granit
- Stonehenge: Sandstein, Blaustein (Dolerit, eine Art Basalt)

Die Auswahl der Steine führt man seitens der Archäologen darauf zurück, dass diese in der Nähe vorkamen, sich gut bearbeiten ließen oder teilweise bereits die gewünschte Form hatten. Doch es ist auch erwiesen, dass sowohl in der Bretagne Steine über eine Entfernung von mehreren Kilometern transportiert wurden – so auch der „Grand Menhir“ mit seinem enormen Gewicht, die Blausteine in Stonehenge jedoch sogar über eine Entfernung von 380 Kilometern aus dem Südwesten von Wales herangeschafft worden sind.

*Abb. 68: Welcher Grund war wichtig genug, diese riesigen Steine über eine Entfernung von 380 Kilometern nach Stonehenge zu transportieren?*

Die offizielle Ausgabe des „English Heritage“, in deutscher Übersetzung vorliegend, als „Neuausgabe mit revidierter Interpretation und Datierung“ deklariert, lässt die Frage weitgehend offen, warum die Steine über eine so große Entfernung transportiert wurden.[58] Einige Archäologen schlagen die Deutung vor, dass die Steine symbolisch für ein Bündnis zwischen zwei Kulturen stehen oder hierher gebracht wurden, um Überlegenheit über einen geschlagenen Feind anzuzeigen.[59] Diese Meinungen sind nicht allgemein anerkannt und nicht weniger spekulativ, wie wenn ich jetzt die Vermutung äußere, dass es genau diese Stein sein mussten, weil das Material für ihre Verwendung entscheidend war.

Aber wie könnte man auf diese Idee kommen? Wenn wir das Material der Steine vergleichen, so stellen wir fest, dass überall vorwiegend quarzhaltiges Gestein verwendet wurde. Der Orthogneis enthält Feldspat, daneben Quarz und Glimmer. Granit ist reich an Quarz und Feldspat und hat ebenfalls einen Anteil von Glimmer. Bei den Quarz- und Quarzit-Blöcken ist der Quarzanteil höher als 98 % und Sandstein besteht ebenfalls vorwiegend aus Quarz. Auch handelt es sich bei dem in der Bretagne vorkommenden Schiefer um kristallinen Glimmer-Schiefer, bei dem der Silikatanteil wesentlich höher ist als beim Tonschiefer. Alleine der in Stonehenge verwendete Blaustein hat keinen hohen Quarzanteil, dennoch handelt es sich bei ihm um etwas Besonderes. Es ist der so genannte „gefleckte Dolerit", der nur an einer Stelle der Erde, nämlich in den Preseli-Hills in Pembrokeshire/Wales, vorkommt. Er wurde nur für den inneren Kreis der Anlage verwendet, weshalb wir vermuten dürfen, dass auch das einen guten Grund hat.

Da das Vorkommen dieses Steines auf eine sehr kleine Fläche begrenzt ist, ist es inzwischen untersagt, diesen abzubauen. Dennoch erhält man bei einzelnen Anbietern Schmuckstücke oder Trommelsteine aus diesem Stein, wobei zugesichert wird, dass sie vor Inkrafttreten des Verbots dort abgebaut wurden. Andernfalls wäre ein legaler Handel auch nicht möglich. Die Nachfrage hiernach besteht zum einen deshalb, weil es sich eben um „den Stein" von Stonehenge handelt und dieser noch dazu äußerst selten vorkommt, aber es gibt noch einen weiteren Grund dafür. Man sagt dem Stein Heilwirkung nach, wobei ich diese Aussage in keiner mir bekannten Quelle über Heilkraft der Steine bestätigt fand. Dies mag daran

[58] Stonehenge und benachbarte Denkmäler, English Heritage, 2. deutsche Auflage 1999

[59] http://de.wikipedia.org/wiki/Stonehenge#Die_Blausteine

liegen, dass es kein Edelstein ist und sich diese Quellen bevorzugt mit solchen auseinandersetzen, oder es kann daran liegen, dass es sich dabei um eine „Parole" handelt, die nur in einschlägigen Foren kreist, was ich nicht beurteilen kann und daher vorsichtig mit meiner Einschätzung bin.[60] Es bleibt offen, ob man in diesen Kreisen dem Stein heilkräftige Wirkung nachsagt, weil man wie Charpentier der Meinung ist, dass die Steinsetzungen auch heilkräftige Stätten markierten, oder ob unsere Vorfahren das Wissen hatten und in der Lage waren, die Wirkungen einer heilkräftigen Stätte durch den Einsatz von riesigen Heilsteinen noch zu verstärken.

Unstreitig jedoch ist, dass die Steinreihen und -kreise hunderte von Tonnen systematisch angeordnetes Rohmaterial für Halbleiter und Solarzellen, die beide zum Empfang von Energie geeignet sind, und sogar bei der Herstellung elektronische Speichermedien Verwendung finden.[61] Wie bereits erwähnt, ist das Material für diese Nutzungen selbstverständlich in reinster Form erforderlich, die aufwändige Reinigungsverfahren notwendig macht. Aber die Fähigkeiten, die Silicium in dieser reinen Form entwickelt, stecken in jedem einzelnen Molekül. Kann hier also vielleicht nach dem Motto „Masse statt Klasse" durch die Menge der zum Einsatz kommenden - wenn auch winzigen - Kristalle eine Wirkung erzielt werden? Wenn ja, stellt sich die Frage, ob sie heute noch Energie sammeln und ob bzw. wie wir diese nutzen können. Mit dieser Frage sowie auch mit der Frage, welcher Art die einstrahlenden Energien sind, hat sich Dr. Wild nicht nur in seinen Büchern umfassend auseinandergesetzt. Ich werde daher seine Gedanken auch im weiteren Verlauf einbeziehen, da sie uns interessante Zusammenhänge offenbaren.

## Wechselwirkungen

Eine ähnliche praktische Funktion wie bei den Menhiren vermutet Charpentier auch bei den Dolmen, wobei der einen gravierenden Unterschied erkennt: *„Doch ist der Dolmen kein Fruchtbarkeitsstein, sondern ein religiöses Zeichen. Man brachte ihn an eine Stelle, wo der tellurische Strom eine*

---

60 http://www.heilsteine.info/stonehenge-bluestone-aus-preseli-wales-t6703.html

61 http://www.chemie.de/lexikon/Silicium.html#Halbleitersilicium

*geistige Wirkung auf den Menschen ausübt, an einen Ort, wo der Geist weht. Hier, im höhlenhaften Schoß der Mutter Erde, in der Dolmenkammer, suchte der Mensch, was nur die Erde ihm geben kann."*

Auch diese „Feststellung" von ihm wirkt spekulativ, sogar esoterisch. Doch lassen wir uns auch hier die Zusammenhänge von Dr. Wild aus Sicht des Wissenschaftlers näher bringen. Er beschreibt in seinen Büchern eine Reihe von klassischen physikalischen Versuchen, bei denen offenbar Kräfte, die sich bisher nicht messen ließen, die Ergebnisse beeinflussen. Insbesondere lassen die Ergebnisse - bevorzugt bei Versuchen aus der mechanischen Physik - darauf schließen, dass Energie zugeführt wird, was eigentlich gar nicht möglich ist. Diese Versuche sollen belegen, dass eine unbekannte Kraft Bewegungen beeinflusst, werden jedoch von vielen Naturwissenschaftlern nicht als Beweise anerkannt, da zum Teil auch andere Erklärungen für die Effekte gefunden wurden oder auch nur vermutet werden.

So wird auch die so genannten N-Maschine, eine von Bruce de Palma konstruierte Variante eines Unipolargenerators, nicht als Perpetuum mobile anerkannt. De Palma studierte Elektrotechnik in Harvard und unterrichtete fünfzehn Jahre lang Physik am Massachusetts Institute of Technology, und er wurde bereits zu Lebzeiten immer wieder heftig angegriffen. Die Inernet-Recherche über seine Person ergab weiterhin, dass der Versuch scheiterte, nach seinem Tod in Fortsetzung seiner Arbeit in Auckland den Beweis seiner Theorie zu erbringen, worauf das Projekt aufgelöst wurde.[62] Andere Quellen stellen seine Arbeit und seine Erfolge wesentlich positiver dar, weshalb wir hier wohlüberlegt differenzieren sollten.[63]

Aber Dr. Wild führt auch Arbeiten anderer Forscher an, die uns heute immer noch beeindrucken und überzeugender erscheinen, weil sie sich direkt mit dem Empfang dieser „fremden Energie" beschäftigen, wie zum Beispiel die bereits erwähnten Versuche von T. Henry Moray. Dabei findet er Anhaltspunkte, die dafür sprechen, dass diese Energie nicht nur physische, sondern auch psychische Wirkungen hat. Mehr noch, er berichtet uns über die Untersuchungen von Wechselwirkungen zwischen physischer und psychischer Energie, die ihn zu einem folgerichtigen

---

[62] http://s23.org/wiki/Bruce_De_Palma

[63] http://brucedepalma.com/n-machine

Schluss kommen lassen, der sich auch mir beim Studium seiner Versuchsbeschreibungen aufdrängt: Diese Wechselwirkungen liegen dem Funktionsprinzip der Wünschelrute oder des Pendels zugrunde, sonst würde ihre Anwendung keine wiederholbaren und nachprüfbaren Ergebnisse erzielen, was aber – wie weiter vorn beschrieben – der Fall ist. Da die Rute hierbei nur der „Anzeiger" einer Reaktion ist, können wir davon ausgehen, dass geübte und erfahrene Menschen wie die Druiden der Vergangenheit oder die Schamanen der Gegenwart diese nicht benötigen, sie „spüren" bestimmte Kräfte auch ohne Rute auf, allein mit Hilfe ihrer Psyche.

So wie die Schamanin Linta in Butzbach, an der Einmündung des Waldwegs, ein Gefühl hat, dass genau dieser Fleck eine besondere Kraft hat, so habe ich selbst erlebt, dass sogar völlig unvorbelastete Menschen in Chartres oder Drüggelte einen Einfluss spüren, der für sie undefinierbar ist. Unerklärbarer Druck auf den Kopf bis hin zu Kopfschmerzen, schwindelähnliche Gefühle und im Extremfall Übelkeit bei Menschen, die ohne irgendeine Erwartung, nur zum Sightseeing, diese Orte aufsuchten, lassen mich nachdenklich werden. Sie bestätigen mir doch unbewusst und ungewollt, dass es kein Zufall sein kann, dass der Journalist und Schriftsteller Charpentier und der Physiker Dr. Wild aus zwei verschiedenen Sichtweisen das gleiche Phänomen beschreiben.

In diesem Zusammenhang erscheint auch die mittels „Remote Viewing" getroffene Vorhersage der von uns später gemessenen Energie-Impulse am „Glasofen" bei der Salsquelle in einem neuen Licht. Der Mann hat zweifellos das wahrgenommen, was wir ein Jahr später auf unserem Monitor beobachten konnten, was mich wieder einmal über den Zweck dieses Bauwerks in den Pyrenäen nachdenken lässt. Ich habe mir schon mehrfach darüber den Kopf zerbrochen und wir haben bei unseren Besuchen schon oft genug darüber diskutiert und gemeinsam überlegt, wobei die Meinungen bereits bei der Frage auseinander gingen, ob es nun ein megalithisches Bauwerk ist oder nicht. Ich stufe es als ein solches ein, nachdem ich mir die Mühe gemacht hatte, das ungefähre Gewicht der Steine zu berechnen, die den Gang abdecken. Das liegt bei ca. 650 bis 700 kg pro Stein.

Dennoch handelt es sich nicht um einen klassischen Dolmen, denn diese Deckensteine liegen nicht auf ebensolchen Monolithen, sondern der Rest des Bauwerkes besteht aus Naturstein-Trockenmauerwerk, was für einen Dolmen unüblich ist, auch wenn die Form der Anlage ein wenig daran erinnert. Was aber übereinstimmt, ist der Umstand, dass eben auch hier Energie-Impulse messbar waren, wenn auch nicht in den regelmäßigen Abständen wie an einigen anderen Orten. Stand vielleicht auch dieses Monument im Zusammenhang mit der dort vorhandenen Energie und hatte es die gleiche „Funktion" wie ein Dolmen? Oder war dort noch viel mehr im Spiel? Ich erinnere an die Verglasung der Steine (siehe Abb. 14). Diese wird zwar auf den neuerdings angebrachten Schautafeln als Beweis dafür angeführt, dass der „Ofen" zur Glasherstellung diente, doch wir werden hier an der Nase herum geführt.

*Abb. 69: An der Stelle dieses „Fensters" zur Befeuerung oder Bedienung des vermeintlichen Glasofens war bei Ausgrabung der Konstruktion eine geschlossene Wand. Hier werden wir in die Irre geführt, weil es sich ohne die Öffnung nicht um einen Glasofen gehandelt haben kann.*

Das „Fenster" in der Kuppel, durch das der vermeintliche Ofen angeblich bedient wurde, war nämlich noch vor ein paar Jahren, als wir die Konstruktion im Urzustand antrafen, nicht vorhanden. Es wurde erst bei der Restaurierung in den Jahren 2011/2012 geschaffen, weil ohne dieses eine Bedienung des „Ofens" nicht möglich gewesen wäre.

Ich hatte bereits zu einer Zeit, in der sich das Bauwerk noch im „Urzustand“ befand, eine spekulative Theorie aufgestellt und gefragt, ob es sich hier vielleicht um ein „Kraftwerk“ gehandelt haben könnte, in dem eine uns unbekannte Energie freigesetzt oder gewonnen wurden. Heute bin ich der Meinung, dass diese Spekulation noch ein wenig mehr an Bedeutung gewonnen hat, auch wenn wir diese Energie noch nicht näher definieren können. Ist es eine solche Energie, die erst in Wechselwirkung mit der menschlichen Psyche ihre Kraft entfaltet? Charpentier erwähnt in diesem Zusammenhang den „tellurischen Strom“, ohne näher darauf einzugehen, was wir uns darunter vorzustellen haben. Also müssen wir selbst nachforschen, was sich hinter dieser Bezeichnung verbirgt oder verbergen könnte.

## Verschwörungstheorien

Zunächst einmal müssen wir nachfragen, worum es sich bei „tellurischen Strömen“ überhaupt handelt. Dabei stoßen wir auf den Begriff „Tellurik“ oder „Magnetotellurik“, die wie folgt definiert wird: *„Die Tellurik ist ein erfolgversprechendes geophysikalisches Verfahren zur Analyse der Verteilung der elektrischen Leitfähigkeit im Erdreich. Es basiert auf dem Umstand, dass natürliche Schwankungen des elektromagnetischen Feldes – etwa durch Sonnenstrahlung und Blitzentladungen – elektrische Ströme in den Untergrund induzieren. Aus Messungen des magnetischen und elektrischen Feldes an der Erdoberfläche lassen sich die Impedanzwerte des Erdreichs bestimmen. Diese Impedanzwerte können wertvolle Informationen über die Zusammensetzung des Untergrundes liefern.“*[64]

Praktische Bedeutung hat dieses Verfahren beispielsweise für geotektonische Analysen oder der Bedeutung des tektonischen Gefährdungspotentials einer Region. Die Entwicklung des Verfahrens geht maßgeblich auf Otto Meißer zurück, der als Professor für Angewandte Geophysik an der Bergakademie Freiberg das Institut für Geodynamik in Jena leitete und sich besonders um die Entwicklung neuer geophysikalischer Verfahren verdient gemacht hat.[65] Doch wenn wir die Definition des Verfahrens

---

[64] http://www.innovations-report.de/html/berichte/geowissenschaften/bericht-20988.html

[65] http://de.wikipedia.org/wiki/Otto_Mei%C3%9Fer

aufmerksam lesen, finden wir keinen Hinweis auf „Erdströme". Hat Charpentier hier eventuell etwas missverstanden?

Ich glaube nicht, denn wir müssen berücksichtigen, dass wir eine deutsche Übersetzung seines Buches vorliegen haben, das Original ist in Französisch abgefasst. Und in Frankreich misst man dem Begriff „Courants telluriques", der hier einfach wörtlich ins Deutsche übersetzt wurde, offenbar vorwiegend eine andere Bedeutung bei. Auch mag es ein klein wenig repräsentativ sein, dass die Google-Suche nach dem Begriff „Tellurische Ströme" etwa 11.000 Ergebnisse bringt, bei der Suche nach dem französischen Begriff jedoch über 79.000 Treffer erzielt werden. Dabei wird der Begriff sehr häufig in Verbindung mit „Erdströmen" und Geobiologie genannt. Auch Feng Shui und Heilige Plätze werden in Verbindung gebracht, aber es gibt - genau wie im Deutschen - auch eine Reihe von Seiten, die der Esoterik zuzuordnen sind.

So sollten wir auch vorsichtig sein, wenn wir in einem der vielen Frage-Antwort-Foren den Hinweis finden, dass der französische Wikipedia-Artikel zu diesem Thema viel länger und detaillierter sei als der deutsche. Darauf folgt ein übersetztes „Zitat", in dem erwähnt wird, dass diese *„aus der Erde stammende Energie von der Kirche verteufelt oder sich nutzbar gemacht wurde, denn diese Orte wurden zu allen Zeiten als heilig angesehen."* Es folgt ein Hinweis auf Flurnamen, die *„reich an positiven oder negativen Bezeichnungen sind (Teufelsbett, Höllenloch, Hexenstein, Sankt Georgsgrotte etc.), welche die Existenz von teuflischen tellurischen Strömen annehmen lassen können."*[66]

Doch wie erwähnt ist hier Vorsicht geboten, und bei Überprüfung der Angaben in dem Forum konnte ich keine derart ausführliche Erläuterung im französischen Wikipedia finden, eher das Gegenteil ist der Fall, der Artikel zum Begriff „Courant tellurique" gibt nur die knapp gehaltene Erklärung, dass *„Erdstrom ein elektrischer Strom ist, der durch die Erdkruste fließt"*[67], was an die deutsche Erklärung des Begriffs Tellurik aus wissenschaftlicher Sicht erinnert. Meine weitere Suche war aber dennoch erfolgreich, das in dem Forum genannte Zitat fand ich vollständig wieder auf einem französischen Portal, dessen Name ins Deutsche übersetzt „Seele

---

[66] http://www.cosmiq.de/qa/show/809420/Was-sind-tellurische-Stroeme/

[67] http://fr.wikipedia.org/wiki/Courant_tellurique

des Lichts" bedeutet.[68] Der Ursprung der Aussagen bleibt allerdings auch hier im Dunkeln und ihr Inhalt deutet eher auf einen esoterischen Zusammenhang hin.

Tatsächlich ist es insgesamt schwierig, hier esoterische Sichtweisen und Aussagen und überlieferten historische Hintergründe klar zu trennen, da diese immer wieder gerne vermischt werden. So finden wir auch in einer Auflistung von so genannten „Verschwörungstheorien" die tellurischen Ströme wieder: *„Die tellurischen Ströme werden mit den **Templern** in Zusammenhang gebracht. Die Templer fanden auf den Kreuzzügen eine mächtige Energiequelle. Sie war mächtiger als jede bekannte Energieform. Mit ihr soll sogar die Plattentektonik verändert werden können. Anscheinend stammt diese Technik aus Atlantis. Die Templer nannten den Zugang zu der Kraftquelle „**Umbilicus Mundi**" - Nabel der Welt. Handelt es sich um eine Maschine aus Atlantis? Oder um außerirdische Technologie?"*[69]

Weiter wird hier ausgeführt, dass die Templer von dort aus in der Lage gewesen wären, tellurische Ströme überall auf der Erde zu kontrollieren und zu stören, was ihnen enorme Macht verliehen hätte. Verhindert wurde das jedoch dadurch, dass sie die Technik nur teilweise verstanden und sie – damals – noch nicht nutzen konnten. Nach dieser Theorie sollen Rosenkreuzer, Freimaurer und Illuminaten Versuche sein, den Plan der Templer zu Ende führen und eines Tages die tellurische Energie zu kontrollieren. Auch auf dieser Seite ist eine Quelle für die Informationen nicht genannt, aber wir finden sie bei sorgfältiger Suche wieder in der Handlung des Romans „Das Foucaultsche Pendel" von Umberto Eco. Jetzt stellt sich die Frage, was zuerst da war, die Henne oder das Ei? War Eco mit seinem Roman der Begründer dieser Theorie oder stützt er sich auf ältere Informationen, vielleicht auch nur auf Indizien? Darüber klärt uns auch der Autor nicht auf.

Ich will hier bestimmt keine Verschwörungstheorie als Beleg für die Richtigkeit unserer Erkenntnisse heranziehen und es ist auch nicht meine Absicht, eine solche Theorie zu stützen oder fortzuführen. Deshalb differenziere ich auch sehr genau und mache mir die Mühe, die Herkunft der von mir herangezogenen Informationen möglichst genau zu belegen.

---

[68] http://amedelumiere.xooit.fr/t1403-Courants-cheminees-et-vortex-cosmo-telluriques.htm

[69] http://www.verschwoerung-von-illuminaten-bis-wtc.de/tellurische-stroeme

Dennoch erlaube ich mir aber hier die Frage: Ist es Zufall, dass bereits mehrfach, wenn unsere Messergebnisse offenbar Einflüssen einer Energie unterlagen, für die wir keine Erklärung haben, dies im Zusammenhang mit Bauwerken auftrat, die auf die Templer zurückzuführen sind (z. B. Chartres, Drüggelte u. a.) oder zumindest in jener Zeit errichtet wurden, in der die Templer großen Einfluss in mancherlei Hinsicht ausübten? Gibt es ein Wissen hierüber, das Umberto Eco vielleicht heranzog und das ihm Hinweise für die von ihm erfundene Handlung lieferte?

Das können wir nicht beurteilen, solange keine abschließende und umfassende Untersuchung aller in Frage kommenden Gebäude vorgenommen worden ist. Genau das wird sich allerdings schwierig gestalten, denn es gibt sie in großer Anzahl. Auch setzte die Ausrichtung von Kirchen nach den Kreuzungspunkten von geomantischen Zonen nicht erst mit dem Erscheinen der Templer ein, sondern wie Dr. Wild feststellt, der sich im Wesentlichen auf die von Matthias L. Mettler[70] in der Schweiz durchgeführten Untersuchungen stützt, bereits im 10. Jahrhundert. Es waren auch nicht alle Templerkapellen in gleicher Weise auffällig bei unseren Messungen, es gab hier deutliche Unterschiede. Daher möchte ich noch auf ein weiteres Beispiel eingehen, die Templerkapelle bei Fürfeld im Landkreis Bad Kreuznach in Rheinland-Pfalz.

Bei dieser vermeintlichen „Kapelle“ handelt es sich um keinen eigenständig errichteten Bau, sondern um den Chor der um 1240 entstandenen Burgkapelle der Wasserburg und Templerkommende „Hof Iben“. Ursprünglich schloss sich dem Chor ein romanisches Langhaus an, das im 19. Jahrhundert abgebrochen wurde. Die Burgkapelle von Iben ist der Frühgotik zuzuordnen und man findet diese an einem ansonsten relativ unbedeutenden Ort. Sie ist reich im Stil der französischen Kathedralgotik verziert, was auf die Templer als Erbauer hinweist.[71] Daher wollten wir sie auch in unsere Untersuchungen einbeziehen und statteten ihr im Frühjahr 2012 einen Besuch ab. Heute liegt die Kapelle inmitten des Hofgutes Iben, über dessen Gelände man sie auch betreten kann.

---

[70] Mettler, Matthias L.: Atmosphärische Reizstreifen, Moser Verlag, Zürich 1986

[71] http://www.burgen-rlp.de/index.php?id=40851

*Abb. 70: Deutlich kann man hier erkennen, dass es sich bei der Kapelle des Hofs Iben in Wirklichkeit um den Chor einer größeren Kirche handelt, die heute nicht mehr existiert.*

In der Kapelle war auffällig, dass sich fast überall im gesamten Raum ein mehr oder weniger starkes Feld einer generell erhöhten Intensität des Hintergrundes zeigte, dazu Signale im Abstand von 100 Hertz, die mit steigender Frequenz schwächer wurden. An diesem Ort ist nicht auszuschließen, dass es sich um eine Störung durch eine auf dem Hof betriebene elektrische Anlage handelt, doch die Detailmessungen zeigten, dass dieses Feld sowie die Signale nur deutlich zu erkennen waren, wenn die Antenne quer zum Kirchenschiff platziert war. Sobald die Antenne längs dazu stand, waren diese weitgehend verschwunden. Selbst unter Berücksichtigung, dass sie bei einer empfindlicheren Einstellung der Anzeige mit Mühe noch zu sehen gewesen wären, ist der Unterschied in der Intensität gravierend. Wodurch wurde also unsere Antennenspule induziert? War es eine Energie, die zudem noch aus einer bestimmten Richtung kam, sich also in Längsrichtung der Kirche bewegte, oder handelte es sich um eine „zufallsbedingte" Störung? Auch wenn diese Frage hier nicht abschließend geklärt werden kann, gibt es aber doch jene einzelnen anderen Bauwerke, deren Ergebnisse sich von diesen gewaltig unterscheiden, siehe die ausführlichen Beschreibungen zur Drüggelter Kapelle und zur Kathedrale von Chartres. Was unterscheidet diese Bauwerke voneinander?

## Theorie und Praxis

Über die tellurischen Ströme haben wir nun den Bogen von den Menhiren und Dolmen geschlagen und sind zu den Templern und ihren Bauwerken zurück gekehrt. Das war kein willkürlicher Exkurs, sondern es könnte auch zeigen, dass wir es in beiden Fällen mit dem gleichen Phänomen zu tun haben. Auch wenn dazwischen eine sehr lange Zeitspanne liegt, so wäre das nicht unwahrscheinlich, wenn wir davon ausgehen, dass die Baumeister beider Epochen von den Energien wussten, die wir bisher nur „erahnen" und denen unsere Vorfahren mit Methoden nachspürten, die unsere Wissenschaft heute aber nicht anerkennt.

Es ist bis heute viel darüber spekuliert worden, ob die Templer etwas aus dem Heiligen Land mitgebracht haben und wenn ja, was es gewesen sein mag. Von Bauplänen, geheimem Wissen, der Manna-Maschine und dem Heiligen Gral ist die Rede, und niemand weiß es so recht genau. Gerade weil diese Frage nie geklärt werden konnte, bleibt natürlich viel Raum für Spekulationen und nur so konnten Verschwörungstheorien wie die bereits erwähnte entstehen. In ihren Ordensregeln sucht man Hinweise auf geheime Missionen selbstverständlich vergebens, obwohl es davon eine ganze Reihe gibt. Dabei handelt es sich in erster Linie um Regeln, die das tägliche Leben und den Umgang miteinander und mit den Menschen betreffen. Wenn es tatsächlich eines ihrer Ziele war, Kontakte zu Bruderschaften zu knüpfen, die ein Wissen hatten, das über das der Menschen in ihren Heimatländern hinaus ging, dann war das mit Sicherheit nicht in den Ordensregeln niedergeschrieben, denn dieses Ziel kam bereits einer „geheimen Mission“ gleich.

Wissen bedeutete zu allen Zeiten auch Macht, und so mögen auch die Theorien um das Machtstreben der Templer – bis hin zur Erlangung der Weltherrschaft – entstanden sein. Doch ist das alles Grund genug, den unzähligen bestehenden Theorien noch eine neue hinzu zu fügen? Ich will es wagen, indem ich einfach ein paar Eckpunkte unserer bisherigen Erkenntnisse mit einigen auf Indizien gestützte Vermutungen verknüpfe:

- Im 10. Jahrhundert entdeckten die Westeuropäer die Wirkungen von „Erdkräften“ auf die menschliche Psyche neu und begannen, vor allem sakrale Gebäude und Versammlungsplätze nach den Kreuzungen von Kraftlinien auszurichten.
- Bereits damals dürfte es Überlieferungen darüber gegeben haben, dass ihre Vorfahren noch mehr über diese Kräfte wussten, und zu deren Nutzung große Steine errichtet haben. Die genauen Zusammenhänge waren jedoch – genau wie heute noch – unbekannt.
- Seit dem 8. Jahrhundert waren große Teile der iberischen Halbinsel von den Mauren beherrscht und es war bekannt, dass es im Orient Gelehrte gab, deren Wissen über das in unserer westlichen Welt bekannte weit hinaus ging. Was lag also näher, als „neues“ Wissen bei ihnen zu suchen?
- Ein paar Männer, die später als Gründer des Templer-Ordens bekannt wurden, machten sich auf die Suche nach diesem Wissen und knüpften zu diesem Zweck Kontakte zu Bruderschaften im Heiligen Land.
- Wir wissen nicht, was diese Männer nach ihrer Rückkehr dazu bewegte, den Baustil der großen Kathedralen zu revolutionieren, doch es muss einen wichtigen Grund dafür gegeben haben. Da sie das nicht alleine bewirken konnten, wurde eigens zu diesem Zweck die Bruderschaft „Les enfants de Salomon“ gegründet, in der nicht nur Christen, sondern auch sephardische Juden und iberische Moslems wirkten.[72]
- Der neue Baustil bewährte sich und breitete sich schnell in Westeuropa aus. Da die Menschen einen natürlichen Forscherdrang haben,

[72] Kaltenstadler, Prof. Dr. Wilhelm: Wie Europa wurde was es ist, Groß-Gerau 2006

wäre es nicht verwunderlich, wenn sie nun neugierig geworden waren und mit den Kräften, über die sie jetzt mehr wussten, „experimentierten", dabei solch kuriose Bauwerke wie die Drüggelter Kapelle schufen.

- Ob sie ihr Ziel, das sie angestrebt hatten, jemals erreicht haben, ist uns nicht bekannt, denn ihre Aufzeichnungen einschließlich der Baupläne für die großen Kathedralen sind weitgehend vernichtet.

> Achtung – nur eine Theorie!
>
> Bei den vorstehenden Sätzen handelt es sich um eine Mischung aus belegten Tatsachen und auf Indizien beruhenden Vermutungen und Schlussfolgerungen. So wie beides hier zusammengefügt wurde, handelt es sich um reine Spekulation. Dass sich diese teilweise mit bereits bestehenden Gerüchten und Verschwörungstheorien deckt, kann Zufall sein, aber es belegt, dass diese „neue" Theorie im Grunde gar nicht so neu ist.

Es wäre natürlich hilfreich, wenn man weitere Gebäude dieser Baumeister in Deutschland finden würde, die man zum Vergleich heranziehen kann und die uns vielleicht weitere Hinweise auf einen Zusammenhang zwischen dem Thema „Energie" und der Bautechnik der Templer geben können. In dieser Hinsicht waren wir an der Mosel fündig geworden, wo wir bereits im Jahr 2012 die Matthiaskapelle in Kobern-Gondorf untersucht hatten. Diese kleine Kapelle im Landkreis Mayen-Koblenz wird gleichzeitig als eine der bedeutendsten spätromanischen Kapellen in Rheinland-Pfalz und als eines der bemerkenswertesten, originellsten und rätselhaftesten Gebäude in der Region bezeichnet.[73]

Außergewöhnlich ist die Architektur der zwischen 1220 und 1240 erbauten Kapelle. Der sechseckige Bau mit etwa 11 Metern Durchmesser und einem fast hufeisenförmigen Chor an einer der sechs Seiten sowie die Ausgestaltung des Innenraums weisen auf eine orientalische Beeinflussung bei der Konstruktion hin. Man vermutet, dass diese - wie auch bei anderen, vom Baustil ähnlichen Kirchen - der Grabeskirche in Jerusalem nachempfunden ist und auf die Kreuzritter zurück geht. Der Hinweis ist zwar sehr allgemein gehalten, doch bei näherem Hinsehen stellt man fest,

---

[73] http://www.koberngondorf.de:1050/Moritz2/?page=1691&pagename=Matthiaskapelle

dass einiges dafür spricht, dass auch hier die Templer ihre Hände im Spiel hatten. Noch im 19. Jahrhundert wurde der Bau allgemein als „Templer-Kapelle" deklariert[74], während man diese Bezeichnung heute in offiziellen Veröffentlichungen nicht mehr findet, weil die Zuordnung zu den Templern streitig diskutiert wird.

*Abb. 71: Die Matthiaskapelle bei der Ruine der Oberburg Kobern-Gondorf.*

Wir konnten an diesem Tag wegen einer Veranstaltung nicht in die Kapelle, daher mussten wir unsere Untersuchungen auf den Außenbereich beschränken. Eine erste Umrundung des Gebäudes mit der Rute ergab bereits, dass hier mehrere Kraftlinien zusammenlaufen, ein so auffälliges Verhalten der Rute wie im Inneren der Drüggelter Kapelle war jedoch zumindest außerhalb des Gebäudes nicht feststellbar. Anschließend begannen wir mit unseren Messungen, zunächst an den Außenseiten des Sechsecks. Als erstes nahmen wir uns die dem Eingang gegen-

[74] Hundeshagen, Bernhard: Einführung in die Encyklopädie des Bauwesens, Bonn 1814 (gefunden in: http://www.fleischer-amteroth.de/resources/Matthiaskapelle Kobern.pdf)

überliegende Wand vor, konnten dort jedoch keine Besonderheiten feststellen, ebenso wenig an den angrenzenden Mauern, bis wir fast um die gesamte Kapelle herum gegangen waren. Nun befanden wir uns hinter dem Chor und hatten schon fast die Hoffnung aufgegeben. Aber hier sah es anders aus.

Direkt hinter der Mitte des Chors, zwischen den beiden mittleren der angedeuteten Außensäulen, waren die bereits bekannten Impulse zu empfangen, relativ häufig, aber in unterschiedlicher Intensität. Diese wurden wieder begleitet von scharf abgegrenzten Signalen im Abstand von etwa 100 Hertz, wie wir sie ebenfalls schon von anderen Orten kannten. Die Antenne war dabei längs zu Chor und Kapelle ausgerichtet, wenn wir sie im Winkel von 90° drehten, waren die Impulse nicht mehr messbar und auch die Signale waren fast vollständig verschwunden. Als wir die Antenne aufrecht stellten, war beides wieder da. Versetzten wir die Antenne dagegen nur etwa einen Meter zur Seite, war beides kaum noch sichtbar. Erst als wir sie an dieser Stelle aufrecht stellten, war es wieder in der gleichen Intensität wie hinter der Mitte des Chores messbar.

Bei einer weiteren Messung, nur wenige Meter von der Außenwand des Chors entfernt, waren ebenfalls weder Impulse noch Signale feststellbar, auch mit aufrecht stehender Antenne waren diese nur äußerst schwach auf dem Monitor zu erkennen. Die nächste Messung nahmen wir wieder dichter beim Chor vor, dieses Mal aber noch ein wenig mehr auf der Seite. Auch dort waren kaum Signale und Impulse messbar, jedoch mit aufrecht gestellter Antenne waren sie wieder da. Was hatte das zu bedeuten? Wenn die Quelle dieser Induktionen so scharf abgegrenzt ist, wo müssen wir sie dann suchen?

Als ich beim Schreiben an dieser Stelle angelangt war, war mir klar, dass ich unbedingt in das Innere der Kapelle musste. Es war Ende Oktober 2013 und eine kurze Recherche im Internet zeigt mir, dass eine Besichtigung nur noch bis Allerheiligen möglich war, dann erst wieder ab Ostern, zudem nur an Sonn- und Feiertagen. Da der kommende Sonntag also die letzte Gelegenheit in diesem Jahr bot, entschloss ich mich, ohne Rücksicht auf das Wetter spontan nach Kobern-Gondorf zu fahren. Dieses Mal hatte ich mehr Glück und die Kapelle war zur Besichtigung geöffnet. Schon alleine die wirklich auffällige Architektur und Ausgestaltung ließ mich staunen. Hier waren die Säulen regelmäßig im Sechseck angeordnet, doch es handelte sich nicht einfach um „Säulen“. Es waren jeweils vier recht dünne Säulen, jede auf einem Sockel und mit einem eigenen Kapitell, um eine dickere zu einer kleinen Gruppe angeordnet, was bereits ein völlig anders Bild ergab, als wir es in der Drüggelter Kapelle angetroffen hatten.

*Abb. 72: Das Innere der Matthiaskapelle bietet uns einen für eine Kirche eher ungewohnten Anblick.*

Leider waren meine Aktivitäten zunächst durch eine Störung des Notebooks beeinträchtigt, die Software ließ sich nicht starten, und ich musste dadurch mehr Zeit in der Kapelle verbringen als geplant. Doch als es dann - mit Unterbrechung - funktionierte, zeigten die Messungen keine deutlichen Beeinflussungen der VLF-Funkwellen durch irgendwelche unbekannte Faktoren, jedoch die unregelmäßigen Impulse, die wir 2012 auch draußen, hinter dem Chor, festgestellt hatten, waren wieder da. Auffällig waren diese besonders im Bereich zwischen dem Chor und dem Säulenkranz, wobei sie auf der Achse, die durch Kapelle und Chor verläuft, wieder häufiger und stärker waren, wenn die Antenne längs zu dieser Achse lag, so wie im Vorjahr auf der Außenseite. Je weiter ich die Antenne zur Mitte der Kapelle versetzte, umso weniger häufig wurden die Impulse vermeldet, auch waren sie hier deutlich schwächer. Allerdings war hier wieder, wie auch in der Gorges de Galamus oder bei den Menhiren in der Bretagne, zeitweise ein Signal auf dem Monitor - dieses Mal bei knapp 20,4 kHz – das durch seine ausgefransten Ränder auf regelmäßige Störungen im Abstand von einer Sekunde hindeutete. Aber auch hier machte dieses Phänomen die Sache nicht einfacher, da eine Zuordnung immer noch nicht möglich war.

Insgesamt war ich also bisher durch den Besuch zu keinen wesentlich neuen Erkenntnissen gelangt, aber nun wollte ich natürlich auch wissen, ob die Rute im Raum etwas Ungewöhnliches anzeigte. Ich nahm die Gabelruten zur Hand und ging langsam um den Säulenkranz herum. Nachdem die Anordnung der Säulen im Raum hier eine ganz andere war als in Drüggelte, hatte ich nicht unbedingt erwartet, dass die Ruten genau wie dort reagierten. Aber genau das war der Fall! Hinter jeder Säulengruppe zeigten sie einen Ausschlag und hinter den Zwischenräumen richteten sie sich wieder geradeaus. Im Inneren des Säulenkreises hingegen war es wieder genau umgekehrt, wir hatten es also mit der gleichen merkwürdigen Erscheinung wie in der Drüggelter Kapelle zu tun.

Waren es hier genau sechs Kraftlinien, die sich kreuzten – aber draußen so nicht angezeigt wurden? Und warum verliefen diese Linien innerhalb des Säulenkreises versetzt weiter? Ein ähnliches Phänomen hatte ich außer in Drüggelte noch nie beobachtet oder davon gehört. Offenbar zeigt aber unsere Messmethode zwar Energieimpulse bzw. unerklärliche Signale im Umfeld dieser Beobachtungen, die detaillierte Anzeige einer Kraft, die exakt mit der von der Rute angezeigten überein stimmt, ist jedoch offenbar nicht möglich. Wir werden die Suche nach den Gründen, warum das so ist, fortsetzen – aber jetzt lassen uns zunächst die Erfahrungen mit den Ruten an diesen zwei markanten Orten zu einem Schluss kommen.

„Vorläufiges" Fazit:

Zwei Kapellen mit außergewöhnlichen, mehreckigen Grundrissen und einer zwar nicht identischen, aber jeweils äußerst ungewöhnlichen Anordnung von Säulen im Inneren – in der gleichen Zeitepoche und womöglich von den gleichen Baumeistern auf Kreuzungen von geomantischen Kraftlinien erbaut – beeinflussen die Wirkungen dieser Kraftlinien auf die Ruten in völlig übereinstimmender Weise. Hier kann man einen Zufall mit hoher Wahrscheinlichkeit ausschließen!

Hinter diesen Konstruktionen muss man wohl eine systematische Planung vermuten, die ein Wissen voraussetzt, das sich uns heute noch nicht erschließt. Die Übereinstimmungen sind nicht zu übersehen, sogar der Durchmesser beider Bauwerke ist mit jeweils elf Metern gleich. Haben die Erbauer der beiden Kapellen nur aus Freude an den entstehenden Effekten beim Rutengehen diese bautechnischen Raffinessen angewendet? Das ist kaum vorstellbar und mir drängt sich nach reichlicher Überlegung die Frage auf: Wo sind die Grenzen zwischen unserer Theorie und der „Praxis"?

## Ist es doch die Gravitation?

Nun habe ich wieder einen weiten Bogen geschlagen und einige Zusammenhänge durchleuchtet, dabei aber nicht die Frage aus den Augen verloren, welche Bedeutung die Gravitation bei den beobachteten Phänomenen spielen könnte. Daher will ich diese an der Stelle nochmals aufgreifen, war ich doch bei meinen Recherchen auf einen Hinweis gestoßen, dass „die Kathedrale von Chartres ein Ort ist, an dem die Erde ihre Schwere verliert". Bei näherem Hinsehen musste ich jedoch feststellen, dass diese Bemerkung nur im übertragenden Sinne gemeint sein konnte, denn im Gegensatz dazu erwähnten andere Websites, dass die Schwerkraft, also die Gravitation, hier höher ist als an anderen Orten. Ich brauche die Quellen hierfür nicht im Einzelnen zu belegen, denn bei meiner weiteren Suche stellte ich fest, dass diese alle den gleichen Ursprung haben, was bereits daran erkennbar ist, dass überall fast wörtlich die gleiche Formulierung übernommen wurde. Es handelt sich dabei um die Freimaurerloge Nr. 79 in Rapperswil/Schweiz.[75]

Dort wird ohne wissenschaftliche Belege zu nennen behauptet, dass es hier eine Raumzeitkrümmung gibt und die Gravitation größer ist als an anderen Orten. Als Grund hierfür wird ein *„riesiges Merkaba-Feld"* genannt, ebenfalls ohne näher darauf einzugehen, was man sich darunter vorzustellen hat. Auch wird nicht beschrieben, wo sich dieses Feld genau befinden soll. Meine diesbezüglichen Nachforschungen haben ergeben, dass es als ein *„unseren Körper umgebendes Schwingungsfeld"*[76] definiert

[75] http://www.freimaurer-rapperswil.ch/1740424.htm
[76] http://www.heartflute.ch/seminare/merkaba.html

wird, an anderen Stellen wird dies noch weiter ausgeführt, doch wird schnell klar, dass wir es hier mit einem Begriff zu tun haben, der eher dem spirituellen Bereich zuzuordnen ist. Ein Feld solcher Energie soll also in Chartres die Gravitation beeinflussen? Das ist schwer zu glauben, aber der Autor, dessen Name nur mit *„Ehrw. M. v. St."* angegeben wird, beschreibt, wie man das nachprüfen kann: *„Man nehme zwei baugleiche Präzisionsstoppuhren. Die Uhren werden gleichzeitig eingeschaltet. Die eine bleibt in der Kathedrale, und die andere soll außerhalb, vor allem weit außerhalb des Merkaba-Feldes deponiert werden. Nach vier Stunden kontrollieren wir die Uhren, und müssen verblüfft feststellen, dass die Uhr in der Kathedrale einen Zeitrückstand von vier Sekunden aufweist."* Das erscheint auf den ersten Blick nicht viel zu sein, doch wenn es wirklich so wäre, ist es eine ganze Menge, denn nach einem Tag müssten die Uhren bereits um 24 Sekunden, also fast eine halbe Minute, abweichen.

Ob und wann das Experiment durchgeführt wurde, wird ebenfalls nicht beschrieben, es wäre also auszuprobieren, was wir allerdings noch nicht getan haben. Für mich spricht zur Zeit nur ein einziges, aber schwaches Indiz für die Möglichkeit, dass sich das bestätigen könnte, nämlich die Parallelen zur Strecke der Gravitationsanomalie bei Butzbach hinsichtlich der pulsierenden Induktion unserer Antenne. Mangels besseren Wissens müssen wir zwar (im Moment noch?) die Ergebnisse der GPS-Höhenmessung als richtig akzeptieren, aber selbst wenn wir davon ausgehen, dass Butzbach keine Gravitationsanomalie ist, sondern durch die GPS-Messung die „richtige" Neigung festgestellt wurde, bleibt die Frage, warum genau hier Impulse ähnlich wie an einem „Kultort" wie Chartres gemessen werden können.

Dass die Gravitation noch immer eine Kraft ist, über die wir sehr wenig wissen, hatte ich bereits erwähnt. Auch besteht bis heute Ungewissheit über die genaue Größe der Gravitationskonstante. Selbst neueste Messungen konnten darüber keine Klarheit verschaffen, und auch wenn es nur um eine dritte Nachkommastelle geht, ist dies dennoch von großer Bedeutung für die Physiker und vor allem für die Astronomen. Gerade in astronomischen Maßstäben machen sich winzige Änderungen der Gravitationskonstante sehr stark bemerkbar, eben weil diese Kraft einerseits so schwach ist und andererseits so weit reicht. Nach einem Bericht von Ludmila Carone in „Spektrum der Wissenschaft" vom 26.09.2002 sind die Ursachen für Messabweichungen noch ungeklärt, sowohl noch unbekannte

Fehlerquellen als auch ein Hinweis auf die Gültigkeit der immer noch umstrittenen Stringtheorie werden nicht ausgeschlossen. *„Letzteres jedenfalls behaupten Jean-Paul Mbelek und Marc Lachieze-Rey vom ‚Laboratoire du Commissariat à l'Énergie Atomique' bei Paris. Sie postulieren Wechselwirkungen zwischen dem Magnetfeld der Erde und der Gravitation, die auch Auswirkungen auf die Gravitationskonstante haben sollten. Ihrer Meinung nach weisen die Messungen von G zwangsläufig Unterschiede auf, weil sie an verschiedenen Orten vorgenommen wurden, an denen das Magnetfeld der Erde unterschiedlich stark ist."*[77]

Auch hinsichtlich eines Zusammenspiels zwischen Energie und Gravitation wird seit längerer Zeit geforscht, wobei ein besonderes Augenmerk auf die Auswirkung elektrischer Felder gerichtet ist. So entdeckte der Physiker Thomas Townsend Brown während seiner Zeit am College den später nach ihm und seinem Physikprofessor P. A. Biefeld benannten Biefeld-Brown-Effekt, den er 1923 an der Denison University in Granville, Ohio erstmals näher untersuchte. Er führt den Effekt auf den vermuteten Zusammenhang zwischen elektrischen Feldern und der Gravitation zurück. *„Der Effekt besteht darin, daß ein auf hohe Spannung (im kV-Bereich) aufgeladener Kondensator eine Tendenz zeigt, eine Bewegung in Richtung seiner positiv geladenen Platte auszuführen, mit anderen Worten, es entsteht eine Schubkraft, die unabhängig von der Lage des Kondensators im Raum ist."*[78]

Auch wenn Brown die wissenschaftliche Anerkennung für seine Forschungen versagt geblieben ist, sollten wir im Hinblick auf das zwei Absätze zuvor gesagte bedenken, dass Wechselwirkungen, die möglicherweise eine wesentliche Auswirkung auf die Bestimmung der Gravitationskonstante haben, auch Wirkungen haben können, die unsere Messungen beeinträchtigen. Wenn also elektrische Felder Auswirkungen auf die Gravitation haben, so gibt es umgekehrt Einflüsse auf diese Felder, genauso wie auf elektromagnetische Wellen. Es mag dahingestellt sein, ob an den betreffenden Orten – so wie von dem Freimaurer-Autor im Fall Chartres behauptet – tatsächlich eine Raumzeitkrümmung vorliegt, aber eine Wechselwirkung einer von uns noch nicht erkannten Kraft mit der Gravitation kann nach den vorliegenden Beobachtungen, Erfahrungen und Berichten nicht ausgeschlossen werden. Wo aber ist Ursache und wo

---

[77] http://www.spektrum.de/alias/dachzeile/die-jagd-nach-der-gravitations konstanten/605108?wo=1

[78] http://www.borderlands.de/gravity.bb-effect.php3

ist Wirkung? Werden unsere Messungen von einer Kraft beeinflusst oder nehmen sie eine Energie wahr, die an diesen Orten auch auf die Gravitation wirkt? Oder sind es Abweichungen der Gravitation, welche die Wellen im VLF-Bereich beeinflussen, die unsere Antenne induzieren?

Was können diese Wechselwirkungen alles verursachen und beeinflussen? Da wir an den bisher untersuchten Orten – deren Gemeinsamkeit darin besteht, dass sie durch ihre Besonderheiten in geschichtlichen Zeiten die Aufmerksamkeit der Menschen auf sich lenkten – unerklärliche Parallelen in den Messergebnissen feststellen konnten, liegt es nahe, dass hier ähnliche Kräfte oder Phänomene am Werk sind, die hierfür als Ursache in Frage kommen. Abweichungen der Gravitation sind nur eine Möglichkeit, aber wie wir sehen, gibt es Gründe, die für diese Möglichkeit sprechen. Wollte ich jetzt alle Rätsel aufzeigen, die uns die neuesten Forschungen auf dem Gebiet der Gravitation aufgeben, anstatt sie zu lösen, so würde das zu immer größerer Verwirrung des Lesers führen. Möchte er sich dieser jedoch aussetzen, so findet er inzwischen auch im weltweiten Web sehr viele gute und sachlich fundierte Informationen über diese Wechselwirkungen, die in dieser Richtung dienlich sein können.[79]

Als ein Beispiel möchte ich nur nennen, dass bis heute nicht klar ist, ob die Ursache für die Gravitation eine Welle oder ein Teilchen ist. Man nennt dieses potentielle Teilchen „Graviton", es konnte jedoch bisher nicht nachgewiesen werden, wobei hier schon die Verwirrung beginnt, wenn Physiker davon ausgehen, dass die Wellen aus Gravitonen bestehen. Was ist wirklich wahr? Wir wissen es heute noch nicht, und daher ist es gut, wenn Wissenschaftler in alle Richtungen forschen, auch wenn die Gedanken hierbei im Moment noch sehr theoretischer Natur sind. Beispielhaft hierfür sind die beiden bereits erwähnten chinesischen Forscher Huping Hu und Maoxin Wu, die auch hier wieder einen Schritt weiter gegangen sind, als dies unsere kühnsten Spekulationen noch vor ein paar Jahren zugelassen hätten. Sie haben in ihren Experimenten Hinweise dafür gefunden, dass die Gravitation von Wasser, das quantenverschränkt ist mit Wasser in einem entfernt liegenden Behälter, die Gravitation seiner eigenen Umgebung verändern kann.

---

[79] http://www.pro-physik.de/details/news/prophy13462news/news.html%3Flaid%3D13462

Bereits einige Kapitel zuvor hatte ich über ihre Erkenntnisse zur Quantenverschränkung und die daraus folgenden Konsequenzen berichtet, und der Leser mag sich vielleicht gefragt haben, was dies mit den von uns nachgespürten Kräften zu tun hat. Hier aber schließt sich der Kreis, wenn wir erkennen, dass wir all das in einem großen Kontext zu betrachten haben. Wenn die Quantenverschränkung als Ursache für die Heilwirkung von Quellen erkannt wird und gleichzeitig einen Einfluss auf die Gravitation an diesen Orten ausübt, so dürfen wir davon ausgehen, dass die Erkenntnisse der Forschungen auf diesem Gebiet in der Zukunft noch weitere Lösungsansätze für unsere Fragen bieten können.

Die meisten Physiker bezweifeln zwar, jemals einzelne Gravitonen nachweisen zu können, denn die Gravitationskraft ist extrem schwach, und damit dürfte auch jede Wechselwirkung zwischen Gravitonen und Materie viel zu gering ausfallen, um sie in absehbarer Zeit aufzudecken. Aber auch diese Verallgemeinerung hat sich, während ich an diesem Buch schreibe, durch eine Meldung vom 20. September 2013 überholt, nach welcher der Kosmologe Lawrence Krauss von der Arizona State University in Tempe und der Physik-Nobelpreisträger Frank Wilczek vom Massachusetts Institute of Technology (MIT) in Cambridge einen neuen Vorschlag anbieten, die Existenz von Gravitonen – und der Quantennatur der Schwerkraft – durch die Erforschung bisher noch unentdeckter Eigenschaften des frühen Universums zu überprüfen.[80] Wir dürfen also gespannt sein, aber einfacher zu verstehen wird es dadurch sicherlich nicht!

## Schwierige Recherchen

Einfach waren unsere Recherchen eigentlich zu keiner Zeit, da wir uns doch in mancher Hinsicht auf Neuland begeben hatten. Wir konnten bei der Untersuchung der Gegebenheiten in keinem Fall auf bereits vorliegende Ergebnisse früherer Forschungen zurückgreifen und dort, wo wir bisher nicht vor Ort recherchieren konnten, ist die Beurteilung äußerst schwierig, teilweise sogar unmöglich. Die Vergleichsmöglichkeiten sind noch arg eingeschränkt, da wir noch längst keinen repräsentativen Anteil aller in Frage kommenden Lokalitäten untersuchen konnten. Selbst bei

---

80 http://www.spektrum.de/alias/kosmologie/auf-den-spuren-der-quanten gravitation/1209250?etcc_cmp=SDW&wo=1

der Beschreibung von Fundstätten muss man vorsichtig sein, wie das bereits erwähnte Beispiel der „Pyramiden" von Visoko/Bosnien zeigt. Seit Jahren werden diese immer wieder als künstliche Bauwerke aufgeführt, doch die von Dr. Görlitz in Gang gebrachte Diskussion zeigt, dass man diese Aussage nicht einfach so hinnehmen kann. Hier sind offenbar weitere Prüfungen erforderlich. Dr. Görlitz kritisiert die Vorgehensweise von Semir Osmanagić gar als Fälschung, was bei uns die berechtigte Frage aufwirft, ob dieses Bauwerk oder dieser Berg überhaupt unsere weitere Aufmerksamkeit wert ist.

Ein noch im gleichen Jahr in der Zeitschrift „mysteries" erschienener Bericht von Helge Lange, der ebenfalls vor Ort war kommt diesbezüglich auch zu keinem eindeutigen Schluss. Er bezeichnet die Pyramiden als *„mit großer Wahrscheinlichkeit tatsächlich teilweise künstliche Bauten"*.[81] Damit wählt er eine sehr vorsichtige Ausdrucksweise, da ihm offenbar die Beweise auch nicht eindeutig genug erscheinen, um von einer künstlichen Pyramide zu sprechen. Dennoch bestätigt er aber in seinem Artikel die Existenz eines unterirdischen Tunnelsystems, das alleine für sich mit Sicherheit ein interessantes Forschungsobjekt darstellt. Sein Bericht war für uns jedoch noch in ganz anderer Hinsicht äußerst interessant, denn er versuchte mit Hilfe eines Oszilloskops den ominösen Energiestrahl zu ermitteln, der angeblich aus der Spitze der Pyramide austritt. Dabei jedoch war ihm kein Erfolg beschieden. Der Strahl mit der angegebenen Frequenz von 28,3 kHz konnte von ihm nicht bestätigt werden. Er ortete den Elektrosmog von Stromleitungen und Leuchtstofflampen, aber definitiv kein Signal auf dieser Frequenz. Also doch ein Grund mehr, Bosnien endgültig in unsere Reiseplanung zu nehmen, wenn wir wissen wollen, was an den Angaben der Entdecker wirklich dran ist.

Da dies aber nun von uns erst in der nächsten Phase vor Ort erkundet werden kann, gehe ich nochmals auf eine „Pyramide" in Deutschland ein, die ich ebenfalls weiter vorn bereits erwähnt hatte. Ich stieß erstmals 1993 durch einen Artikel von Walter Haug auf diesen Hügel im Wald bei dem Örtchen Sternenfels, der seitdem immer wieder als Pyramide erwähnt wird, was mich bereits vor Jahren zu einer Besichtigung veranlasst hatte. Seitdem war ich mehrfach dort, zuletzt im Zuge unserer Recherchen im

---

81 Lange, Helge: Energiestrahl? Neue Kontroverse um bosnische Pyramide, in mysteries, Ausgabe 6/2013

Jahr 2013. Der Hügel ist baumbewachsen und wird in der Region von vielen Leuten als Steinbruch bezeichnet, wobei das nicht ganz richtig zu sein scheint. Der eigentliche, inzwischen längst nicht mehr betriebene, Steinbruch befindet sich nämlich an dem gegenüberliegenden Hang und zeigt deutliche Spuren des Abbaus von Natursteinen. Von diesen „Hälden", wie die Hügel auch regional bezeichnet werden, gibt es einige in der Gegend, doch sie unterscheiden sich von der „Zwerchhälde" in Sternenfels teilweise erheblich. Der Name leitet sich von Schutt- oder Abraumhalde ab, als die man sie im Zusammenhang mit den Steinbrüchen betrachtet. Hier, nahe der Landesstraße L1103 in Richtung Oberdingen, scheint es, als habe man vor dem Abhang, an dem man die Natursteine brach, einen fast ebenso hohen aus denselben aufgeschichtet. Indiz dafür sind Amateur-Grabungen am Fuß des Hügels, die nach Entfernen der oberen Erdschicht überall Ansätze von „Mauerwerk" sichtbar werden lassen.

*Abb. 73: Eine von Erde bedeckte Pyramide oder „nur" die Reste alter Gebäuderuinen? Diese Frage ist in Sternenfels noch nicht vollständig geklärt.*

Eine Pyramide im klassischen Sinn haben wir hier mit Sicherheit nicht vor uns, auch wenn mitunter vermutet wurde, dass uns das Stadtwappen von Sternenfels einen Hinweis auf die Existenz einer solchen in früheren Zeiten gibt. Es handelt sich eher um ein langgezogenes „Bauwerk", dessen Form mitunter auch mit einem dreizackigen Stern verglichen wurde. Solch eine Struktur – ob künstlich oder natürlich – könnte auch zur Namensgebung der Stadt beigetragen haben. Walter Haug sieht jedoch in dem gesamten Hügel eine komplexe Anlage und stützt dies hauptsächlich auf Mauerfunde wie den in der Abbildung gezeigten, die sich über das gesamte Areal erstrecken. In seinem 2003 erschienenen Buch legt er einen detaillierten Plan vor, dessen Einzelheiten sich dem Besucher bei der Betrachtung vor Ort allerdings schon alleine wegen des dichten Baumbewuchses verschließen.[82] Inzwischen wurde jedoch an einigen dieser Hälden systematisch geforscht, so auch in Sternenfels. Dabei wurden interessante archäologische Funde gemacht, so ein Lochstein, der auf ein Alter von 3.500 bis 6.500 Jahren schließen lässt und somit Hinweise auf eine sehr frühe kulturelle Bedeutung des Ortes gibt.[83]

Auch wenn also offen bleibt, ob wir dieses Bauwerk der Gattung „Pyramiden" zuordnen können, so liegen hier eindeutige Belege dafür vor, dass es sich um eine künstliche Struktur handelt. Leider wird die Einordnung hier oft sehr vorschnell vorgenommen, so dass die Bauwerke in ein negatives Licht geraten. So dauerte es auch im Fall Sternenfels etliche Jahre, bis ernsthafte Untersuchungen gestartet wurden. Ohne diese tappen wir jedoch vielfach im Dunkeln, denn auf laienhaften Augenschein ist in archäologischen Belangen oft kein Verlass. Bestes Beispiel dafür sind - wie weiter vorn angeführt - die „Pyramiden" in Bosnien oder auch die zweifelhafte Aussage, dass es sich beim Hohenstaufen sowie zwei weiteren Bergen in der Umgebung tatsächlich um Pyramiden handeln soll. Auch dort fanden wir keine eindeutigen Hinweise für diese Behauptung und nur eine fachmännische Grabung wird hier Gewissheit bringen. Für eine solche besteht jedoch für die Wissenschaft auf Grund der vorliegenden globalen Aussage *„das sind Pyramiden"* verständlicherweise kein Anlass. Die von uns vorgefundenen Gesteinsstrukturen, die hierfür als „Beweis" angeführt werden, erinnern eher an die von Dr. Görlitz in Visoko/Bosnien als geologische Sedimentschichten entlarvte „Mauern".

Wie der Leser inzwischen weiß, gilt unsere Suche nicht vorzugsweise steinernen Beweisen für alte Hochkulturen, aber dennoch haben wir festgestellt, dass diese Dinge immer wieder ineinander spielen. Deshalb untersuchen wir die Orte ungeachtet der archäologischen Meinungen zu den Funden, in der Hoffnung dass Übereinstimmungen in den Ergebnissen

---

[82] Haug, Walter: Die Entdeckung deutscher Pyramiden, Cernunnos - Innovative Publikationen, 2003

[83] http://www.sinossevis.de/upload1/_Microsoft_Word___Der_Lochstein_von_der_Zwerchhalde_Sternenfels_doc.pdf

uns auf die richtige Spur bringen. Natürlich haben wir auch auf und an den Strukturen von Sternenfels unsere Antenne platziert, und die Messungen erinnerten an unsere Feststellungen zum Beispiel beim „Géant du Manio“ in der Bretagne. Die Impulse schienen nämlich auch hier aus einer bestimmten Richtung zu kommen, sie waren in Ost-West-Richtung deutlich häufiger und stärker zu beobachten als wenn die Antenne in Nord-Süd auf Empfang gerichtet war.

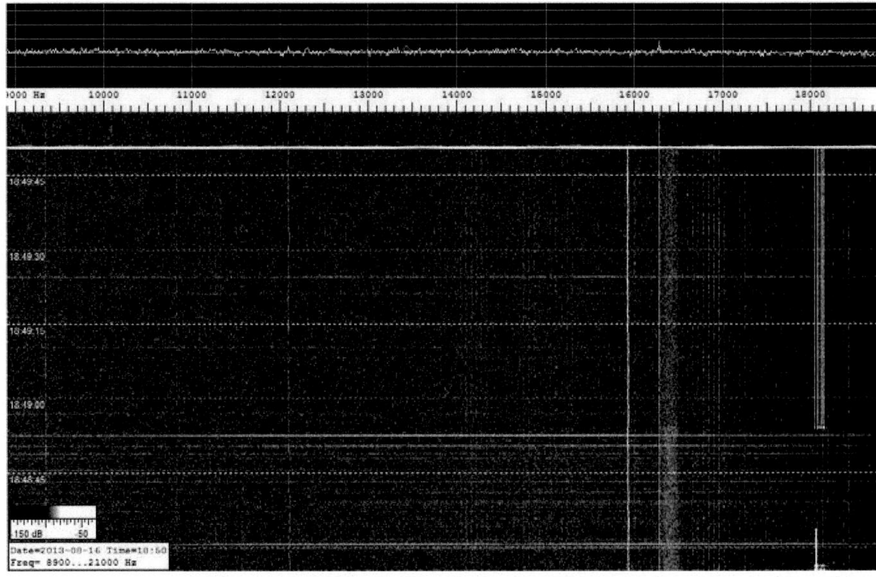


*Abb. 74: Deutlich ist zu erkennen, dass nach dem drehen der Antenne (ca. 18.48.55 Uhr) die Häufigkeit und Intensität der empfangenen Impulse nachlässt.*

Dort in Sternenfels war jedoch wieder auffällig, dass sich das Auftreten der Impulse nicht auf das Areal im Wald beschränkte, auf dem die Reste der Bauwerke zu finden sind. Sie waren in ähnlicher Intensität auch noch am Parkplatz in dem Wald gegenüber der Landesstraße messbar, hatten aber auch dort die Eigenheit, dass sie die gleiche Ausbreitungsrichtung hatten. Diese Beobachtung war allerdings nicht neu für uns, wir hatten bereits an anderen Orten festgestellt, dass die Impulse erst dann deutlich schwächer wurden, wenn man sich von diesen immer weiter entfernt. So hatten wir es auch beispielsweise in der Region von Butzbach und am Hohenstaufen erlebt, auch dort traten die Impulse in einem großflächigen Areal auf und es war teilweise erst im Abstand von mehreren Kilometern ein Nachlassen erkennbar.

Unser Fazit ist: Ob Pyramiden oder nicht, das spielt für die Messungen eigentlich zunächst keine Rolle. Trotzdem interessiert uns natürlich die Frage brennend, ob eine „richtige" Pyramide einen ähnlichen - oder sogar stärkeren - Einfluss auf die geomantischen Kräfte hat. Daher würden wir schon sehr gerne unsere Instrumente in der ohnehin immer noch geheimnisumwitterten Cheops-Pyramide aufbauen und hoffen, dass uns auch das in absehbarer Zukunft vergönnt sein wird. Doch eine weitere Bestätigung fanden wir zunächst in einem Bauwerk ganz anderer Art, oder besser gesagt mit ganz anderen Besonderheiten.

## Extremfall: Ein „Spukhaus"

Während ich bereits an der Arbeit saß, das Manuskript zu diesem Buch zu beenden, erhielt ich überraschend die Gelegenheit, einen Ort der „ganz anderen Art" zu untersuchen, nämlich ein Grundstück mit einem Spukhaus. Durch meine guten Kontakte zu dem PSI-Forscher Christian Wellmann, Gründer der „Gesellschaft zur Erforschung grenzwissenschaftlicher Phänomene" (GEgP), deren Hauptaufgabe die Untersuchung paranormaler Phänomene ist, konnte ich an einer Erkundung des Hauses Fühlingen teilnehmen. Für Christian Wellmann war es nicht die erste Begehung des Hauses, er hatte auch bereits in einer Veröffentlichung darüber berichtet.[84] Doch dieses Mal wollte ihn eine Film-Produktionsgesellschaft bei der Arbeit begleiten, was zur Folge hatte, dass der Termin sehr kurzfristig festgelegt werden musste. So hatte ich das Glück, noch vor Fertigstellung des Buches das Spukhaus persönlich kennen zu lernen.

Sowohl über die Geschichte des Hauses als auch über die dort beobachteten paranormalen Phänomene hatte Christian bereits ausführlich recherchiert, doch ich sah meine Aufgabe im Rahmen der Erkundung nicht vorrangig auf diese Phänomene gerichtet, sondern ich wollte das Grundstück ein wenig näher unter die Lupe nehmen. Ich wollte wissen,

---

[84] Wellmann, Christian: Spukorte Deutschlands - Erkundung des Hauses Fühlingen, eBook, Ancient Mail Verlag, 2013

ob der Standort des Hauses bei unseren Messungen Besonderheiten aufweisen würde. Wenn das der Fall sein sollte, so müsste man folgerichtig aber auch weiter überlegen, ob Zusammenhänge mit den PSI-Phänomenen bestehen. Doch so weit waren wir ja noch nicht, also berichte ich mal der Reihe nach.

Das Haus wurde im Jahr 1884 durch Eduard Freiherr von Oppenheim (1831 - 1909), einem Mitglied der berühmten Bankiersfamilie, erbaut und ist heute wohl das berühmteste Spukhaus in Deutschland. Selbst über die Grenzen Deutschlands hinaus ist es in den Medien bekannt geworden wegen der dort vorliegenden Anhäufung von parapsychologischen Phänomenen und Anomalien. Der mysteriöse Grabstein eines Privatlehrers, der auf dem Grundstück liegt - eine geheimnisvolle Stahltür im Keller - verstörte Menschen, die im Haus aufgefunden wurden - Morde und unerklärliche Selbstmorde, die Ähnlichkeiten aufweisen - und ein kleines Mädchen welches angeblich und offiziell nie existiert haben soll. Das sind nur einige der Rätsel, die das Haus bis heute birgt.

*Abb. 75: Diesen Anblick bot uns Haus Fühlingen im November 2013.*

Das Haus machte bei unserem Besuch im November einen unwirtlichen Eindruck und das feucht-kühle Novemberwetter trug auch nicht gerade dazu bei, dem Terrain ein einladenderes Flair zu geben. Linta, die Schamanin, hatte mich begleitet; sie wollte versuchen, mit mentaler Kraft Informationen zu den Vorgängen im Haus zu bekommen, die Christian bei seinen Forschungen nützlich sein könnten. Dabei hat sie uns mit Erkenntnissen verblüfft, die sich absolut mit Kenntnissen über tatsächlich dort stattgefundene historische Ereignisse deckten, doch das ist ja nicht Gegenstand dieses Buches. Details hierzu können wir in Kürze der geplanten Veröffentlichung von Christian entnehmen, auf die wir sicher gespannt sein dürfen.

Ich wurde jedoch gleich wieder daran erinnert, dass sie mir bereits in Butzbach einmal Hinweise auf die energetischen Besonderheiten an der Abzweigung des Waldwegs gegeben hatte – ohne diese kennen zu können, weil sie noch nie vorher mit technischen Mitteln gemessen worden waren. Auch an diesem Ort sagte sie nämlich gleich beim betreten des Grundstücks, dass hier für sie eine heftige Energie spürbar ist. In diesem Fall nannte sie es auch gleich als „Energie" beim Namen, ohne zu wissen, was die Messungen überhaupt ergeben würden. Doch nachdem ich mich eine Weile dort aufgehalten hatte und einen ersten Rundgang um das Haus hinter mir hatte, wusste ich genau was sie meint, denn – vermutlich auf Grund meiner Praxis mit der Wünschelrute – konnte auch ich merken, dass hier etwas anders war. Vielleicht habe ich auch im Zuge meiner Arbeit der letzten drei Jahre eine gewisse Sensibilität oder Übung entwickelt, Kräfte bereits ohne eine Rute zu erspüren, wenn sie eine gewisse Intensität übersteigen. Doch das soll für unsere Arbeit kein Kriterium sein, denn wir suchen ja nach greifbaren Nachweisen für diese Kräfte. Hierfür sind derartige Empfindungen natürlich nicht geeignet, und wir wollten uns auch hier auf das stützen, was für uns auf dem Monitor des Notebooks sichtbar gemacht werden kann.

Da es inzwischen zu regnen begonnen hatte, begann ich mit den Messungen zunächst im Haus. Alle Teilnehmer waren gespannt, ob sich nun auf dem Monitor vielleicht sogar „Geister" zeigen würden, zumindest in Form irgendwelcher anormalen Muster, doch was wir sahen, war zunächst einmal völlig unspektakulär. Die Antenne war im Flur platziert, etwa zwei bis drei Meter hinter der Haustür. Vereinzelt empfing sie einen leichten Impuls, der als dünner Querstreifen auf dem Monitor sichtbar wurde. Doch das war absolut nichts ungewöhnliches, einzelne Impulse dieser Art sind fast überall zu verzeichnen und können nicht eindeutig zugeordnet werden, erst bei extremer Häufung an bestimmten Orten kann daher von einer Auffälligkeit gesprochen werden. Das änderte sich auch nicht, als die Antenne gedreht wurde und auch die nächste Messung, auf der Terrasse vor der Haustür, brachte kein anderes Ergebnis. Erst als wir die Antenne an dieser Position drehten, so dass sie quer zum Hausflur stand, schien erstmals eine Zunahme der Impulse feststellbar zu sein, doch der Unterschied war zu gering, als dass wir in Jubel ausgebrochen wären.

*Abb. 76: Auf der Terrasse vor der Haustür zeigten sich erstmals auffällige Werte bei den Messungen. (Foto: Christian Wellmann)*

Erst nach einiger Zeit stellte ich fest, dass hier doch nicht alles so „normal" war wie zunächst vermutet. Auf dem Monitor war ein Impuls sichtbar, der zwar über die gemessene Frequenzbreite unterschiedlich stark war, jedoch etwa 1,5 Sekunden lang anhielt. Das war für mich neu, denn die bisher beobachteten Impulse waren alle nicht länger als für den Bruchteil einer Sekunde messbar. Daher war meine erste Überlegung, ob eine Störung vorliegen könnte und ich hatte auch gleich die Lampe in Verdacht, die das Kamera-Team zur Ausleuchtung bei den Innenaufnahmen einsetzte. Diese Möglichkeit konnten wir jedoch schnell ausschließen, indem wir die Lampe ausschalteten, der Impuls tauchte dennoch - in unregelmäßigen, relativ langen Abständen - wieder auf. Auch dauerte er teilweise noch länger als der zuerst beobachtete, nämlich annähernd zwei Sekunden und in einem Fall sogar noch mehr.

Da es immer noch leicht regnete, hatten wir das Notebook nun durch einen Regenschirm geschützt und erkundeten so weitere Bereiche des Grundstücks. Beim anschließenden sichten der aufgezeichneten Dateien mussten wir jedoch feststellen, dass ein ähnlich lange anhaltender Impuls nur noch an einer Stelle aufgezeichnet worden war, nämlich hinter dem Haus, in unmittelbarer Fortsetzung der Achse, die durch den Hausflur ging.

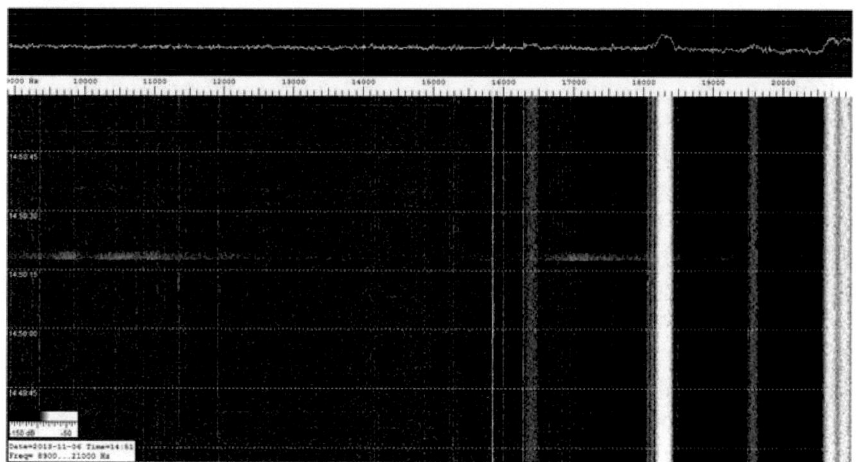

*Abb. 77: Ein so lange andauernder Impuls wie beim Haus Fühlingen (dicke Querlinie etwa in der Mitte der Grafik) hatten wir noch nirgendwo anders empfangen.*

Während wir vor Ort noch über eine mögliche Störquelle rätselten, vielleicht doch eine elektrische Anlage, von deren Existenz wir nicht wussten, brachten die Gegenüberstellungen der aufgezeichneten Ergebnisse die Gewissheit, dass eine derartige Störung mit großer Wahrscheinlichkeit nicht die Ursache sein konnte. Das Ergebnis der Auswertungen sah nicht nach einem Zufall aus!

Können wir bei diesen Ergebnissen einen Zufall ausschließen?

Insgesamt wurden die „langen" Impulse, die wir bisher nicht kannten, im und beim Haus Fühlingen 15 mal empfangen.

Davon lagen 14 Messungen auf der Achse, die durch das Haupttor des Grundstücks und den Hausflur verläuft; alleine 12 mal tauchte der Impuls auf, wenn die Antenne quer zu dieser Achse stand, das heißt das Signal bewegte sich längs zu dieser.

Die beiden quer zu dieser Richtung gemessenen Impulse waren schwächer als die meisten anderen, ebenso der einzige Impuls, der nicht auf dieser Achse, sondern etwa vier Meter daneben in einem Raum empfangen wurde.

Eine Überprüfung mit der Rute ergab, dass mit diesem traditionellen Hilfsmittel eine Kraftlinie auf genau der Achse geortet werden kann. Eine weitere Linie verläuft quer zum Haus, über die Terrasse, und kreuzt die erste Linie genau vor der Haustür. Genau dort, auf der Kreuzung, hatten wir die meisten dieser merkwürdigen Signale empfangen. Die Erkenntnisse erinnerten mich an unsere Untersuchung beim Géant du Manio nahe den Steinreihen von Carnac. Bereits dort hatten wir erkannt, dass die Signale offenbar vermehrt aus einer bestimmten Richtung kamen, wohingegen wir aber so ein deutliches Ergebnis wie hier noch nirgendwo erhalten hatten. Natürlich konnte ich dem Team der Filmgesellschaft gegenüber keine Aussage darüber machen, ob das nun etwas mit dem „Spuk" zu tun haben kann. Aber die Frage, ob diese exakte Ausrichtung des Hauses nach den Kraftlinien zumindest mit einem Teil der dort beobachteten paranormalen Phänomenen in einem Zusammenhang steht, liegt nahe.

Aber welcher Art können solche Wechselwirkungen sein, wo greift beides ineinander? Können die physischen Kräfte, die an diesem Ort wirksam sind, so stark sein, dass sie „sichtbare" Ergebnisse oder Anomalien hervorrufen? Oder sind diese Kräfte geeignet, auf die Psyche der Menschen einzuwirken und ihre Wahrnehmungen zu beeinflussen? Mir kommen in diesem Zusammenhang wieder die bereits erwähnten, von Dr. Hermann Wild beschriebenen Forschungen von Moray in den Sinn, die auf den Wechselwirkungen zwischen physischer und psychischer Energie beruhen. Alleine diese Frage wäre weitere Forschungen wert und wir werden in Zusammenarbeit mit Christian Wellmann mit Bestimmtheit auch weitere Schauplätze paranormaler Phänomene untersuchen. Dabei wird auch die Domaine de la Sals in den Pyrenäen noch eine Rolle spielen, die inzwischen Christians Interesse geweckt hat, da auch dort in der Vergangenheit von unerklärlichen Vorkommnissen berichtet wurde, was Udo Vits als einer deren letzten Bewohner aus eigenen Erfahrungen bestätigen kann.

## Seltsame „Zufälle"?

Im Zusammenhang mit einem Spukhaus stehen natürlich Geschichten wie die von dem Geist des kleinen Mädchens oder von mysteriösen Selbstmorden immer im besonderen Interesse der Öffentlichkeit und verbreiten sich schnell. Aber bekanntlich hat es sich Christian Wellmann zur Aufgabe gemacht, alles im Zusammenhang mit solchen Orten zu untersuchen und hat daher auch zum Haus Fühlingen noch einige Dinge ans Tageslicht gebracht, mit denen der „gruselsüchtige" Normalbürger nicht so viel anzufangen weiß und die in den Internet-Blogs eher nachrangig oder überhaupt nicht behandelt werden. So berichtet er in seiner bereits erwähnten ersten Abhandlung von folgendem Vorfall:

*„Eine Gruppe von 12 Jugendlichen wollte aus einer abendlichen Laune heraus unbedingt das Haus sehen und natürlich auch erkunden. Als sie beim Haus ankamen, war es einigen jedoch nicht mehr ganz geheuer, es zu betreten. Um aber nicht umsonst angereist zu sein, fasste der andere Teil der Gruppe den Mut und betrat das Haus mit den abschließenden Worten, dass sie sich beeilen würden. Ungefähr sechs Stunden später kamen sie wieder aus dem Haus und mussten sich den kritischen Vorwürfen der anderen stellen, warum man sie hier draußen so lange warten lassen würde, obwohl es ja eigentlich nur eine schnelle Erkundung werden sollte. Der Teil der Gruppe, welcher das Haus betreten hatte, verstand die Welt nicht mehr und fragte sich, warum sie sich solchen Vorwürfen stellen mussten. Als sie dann auf ihre Uhren schauten, merkten sie, dass etwas nicht stimmte und sie wirklich fast sechs Stunden in dem Haus verbracht hatten. Für sie selber waren es nur gefühlte 10 Minuten, da sie nur kurz durch das Erdgeschoss und den ersten Stock gegangen waren und sich dann direkt auf den Weg nach draußen gemacht hatten. Zudem hatte die Gruppe, welche vor dem Haus gewartet hat, versucht, jeden Einzelnen auf Handy zu erreichen. Allerdings blieb dies erfolglos, obwohl die Handys der anderen angeschaltet waren."*

Waren die Jugendlichen in eine „Zeitanomalie" geraten? Der Leser des vorliegenden Buches wird jetzt schon bemerkt haben, dass ein solches Erlebnis weniger mit spukenden Gestalten als mit physikalischen Kräften, die uns an anderer Stelle bereits Kopfzerbrechen bereitet hatten, im Zusammenhang stehen könnte. Diese Kräfte kommen doch auch als Ursachen für unsere ungewöhnlichen Energie-Impulse in Frage, womit sich der Kreis zu schließen scheint. Wenn wir nur wüssten, welcher Art sie sind und woher sie kommen …

Doch damit nicht genug, es gibt noch andere Berichte, die mich sogar an eigene Erfahrungen an anderen Orten erinnern. Ich zitiere nochmals aus Christian Wellmanns Dokumentation: *„Ein anderer Erlebnisbericht stammt von einer Gruppe Journalisten des Kölner Express, welche sich im Sommer 2010 auf den Weg zum Haus Fühlingen gemacht haben. Sie berichteten, dass die Hinfahrt schon ein Problem war, da das Auto ständig Zicken machte. Sie verstanden dies dann als Warnung, sich von dem Haus fernzuhalten."*

Leider wissen wir nicht, wie weit entfernt sich die Journalisten zum Zeitpunkt der Störung noch vom Haus befanden, doch der Vorfall erinnerte mich sofort an meine Erfahrung mit der Auto-Elektronik bei der Gravitationsanomlie in Butzbach. – Zufall? Christian berichtete mir noch von anderen Auffälligkeiten, von denen er hörte und die er zusammengetragen hat. Darunter sind Berichte von Fotoapparaten, die plötzlich nicht mehr funktionierten und von Akkus in elektronischen Geräten, die plötzlich leer waren – und dann aber, nach nochmaligem Einlegen in das Gerät, wieder ihre volle Leistung hatten. – Noch mehr Zufälle? In der Matthiaskapelle bei Kobern-Gondorf war es mein Notebook, welches mich Zeit und Nerven gekostet hat.

Nicht zuletzt stellt sich dann noch die Frage, ob es ein Zufall sein kann, dass die Kreuzung der auch mit der Rute feststellbaren Kraftlinien genau vor der Haustür liegt, dass die Mittelachse des Hauses genau auf der einen Linie liegt und die andere über die Terrasse vor dem Haus läuft? Paradebeispiele einer Wechselwirkung von Gebäuden mit sich kreuzenden Kraftlinien haben wir bei den Kapellen in Drüggelte und Kobern-Gondorf kennen gelernt, doch diese haben einen völlig anderen geschichtlichen Hintergrund, sind etwa 700 Jahre älter als das Haus Fühlingen. Erbauer der Kapellen waren vermutlich die Templer, und es ist stark davon auszugehen, dass sie von den Wirkungen der geomantischen Kräfte Kenntnis hatten. Doch welchen Umständen könnten wir es zu verdanken haben, dass Standort und Ausrichtung des Hauses Fühlingen nach ähnlichen Kriterien gewählt wurden? Natürlich kann das ein ungewöhnlicher Zufall sein, so wie Menschen auch oft ihre Häuser aus Unwissenheit genau über einer Wasserader erbauen.

Auch das Haus, in dem ich wohne, wird von Wasseradern unterquert. Das ist nicht verwunderlich, denn es steht am Rande eines trocken gelegten Flussbettes und teilt dieses Schicksal mit vielen weiteren Häusern in der gleichen Straße. Die Ausrichtung der Häuser erfolgte jedoch zwangsläufig nach dem durch die Baubehörde aufgestellten Bebauungsplan und nicht willkürlich durch die Bauherren. Anders verhält es sich beim Haus Fühlingen, es steht auf einem Areal von 186 Morgen Land, was etwa 46,5 Hektar entspricht, und das Eduard Freiherr von Oppenheim eigens für die Errichtung des Gestüts erworben hatte. Das Gutshaus wurde zweckmäßigerweise in Straßennähe errichtet, und doch gibt es auch hier genug Möglichkeiten, so dass die Chancen dafür, dass die Linien das Haus exakt in der vorliegenden Weise kreuzen, sehr gering stehen. Ist es also doch kein Zufall, dass das Haus genau hier steht? Wir können den Erbauer nicht mehr fragen, ob er sich etwas dabei gedacht hat, denn er ist bekanntlich im Jahr 1909 verstorben. Doch wer war er überhaupt?

Eduard Freiherr von Oppenheim war unter anderem auch Mitbegründer des Kölner Zoos und Gründer des erfolgreichen Gestüts Schlenderhan. Zu der Familie von Eduard von Oppenheim ist allerdings nicht viel bekannt. Er war Mitglied der berühmten Bankiers-Familie gleichen Namens und viele (oder alle?) Dokumente über die Familie und ihre Geschichte befinden sich im Gewahrsam des Bankhauses. Über dieses an Informationen über Familienmitglieder zu gelangen, ist sehr schwierig bis unmöglich, wie Christian Wellmann feststellen musste. Mitglieder der Familie Oppenheim bzw. Oppenheimer werden immer wieder mit den Freimaurern in Verbindung gebracht, aber fundierte Informationen darüber sind äußerst spärlich. Sind es also nur „Verschwörungstheorien“, die entstanden sind weil man so wenig über die Familie in Erfahrung bringen kann, oder ist man mit der Herausgabe von Informationen so knauserig, weil man damit Gefahr läuft, solchen Gerüchten Nahrung zu geben? Zumindest von einigen Mitgliedern des Hauses wissen wir mit Sicherheit, dass sie einer Loge angehört haben.

Wir können also sagen, dass es Verbindungen des Hauses Oppenheim zu Freimaurer-Logen gegeben hat. Weiterhin wissen wir, dass in den Logen altes Wissen bewahrt wird und dass sich deren Mitglieder auch heute noch mit Themen wie geomantischen Kräften und tellurischen Strömen auseinander setzen und diesen eine andere, größere Bedeutung zumessen als das allgemein der Fall ist. Sollen wir dann noch von einem Zufall sprechen, wenn der Bauherr eines Hauses, das exakt nach solchen Kräften ausgerichtet ist, ausgerechnet Mitglied einer Familie ist, welche mehrfache Verbindungen zu Freimaurer-Logen hat? Lediglich seine Beweggründe, die Frage was er damit bezwecken wollte, bleibt im Dunkeln und gibt uns weiterhin Rätsel auf.

Auch bei anderen Bauwerken, die im Zusammenhang mit solchen Kräften oder Energien stehen, fällt es mir schwer, in der Frage der Standortwahl an Zufälle zu glauben. Gerade bei Kathedralen oder Kirchen ist oft bekannt, dass sie an alten Kult- oder Versammlungsplätzen errichtet wurden, bestes Beispiel dafür ist – wie weiter vorn bereits erwähnt – die Kathedrale von Chartres. Aber auch die Standorte der „einfachen", aber relativ alten Kirchen in unseren Heimatstädten blicken oft auf eine längere Geschichte zurück als wir denken und sind in kaum einem Fall zufällig gewählt. Dabei bleibt uns jedoch die Historie der Plätze oft weitgehend verborgen, je weiter sie zurück reicht, so auch im Fall der Stadtkirche Groß-Gerau, auf die ich nun nochmals zurück komme.

Wie bereits weiter vorn erwähnt, ist sie auf einer Sanddüne erbaut. Der Kirchturm beeindruckt im Erdgeschoss mit seinen etwa 1,7 Meter dicken Wänden, eine Konstruktion, die so stabil ist, dass sie sogar dem Bombenhagel in der Nacht vom 25. zum 26. August 1944 standhielt. Bei einer Untersuchung des Untergrundes im Jahr 2003 durch ein Team des Instituts für angewandte Geowissenschaften der Technischen Universität Darmstadt mit ihrem Leiter Prof. Dr. Stephan Kempe hatten die Wissenschaftler mit Hilfe eines Geo-Radars festgestellt, dass der Sand unter dem Turm vor dessen Errichtung gegen ein festeres Material ausgetauscht worden sein muss, offenbar um die Stabilität zu erhöhen.

Eine Begehung der Kirche im Jahr 2002 durch einen Rutengänger hatte bereits damals das Ergebnis, dass links und rechts dieses Turms je eine Kraftlinie in Ost-West-Richtung verläuft, die beiden Linien werden etwa in der Mitte des Kirchenschiffs von einer noch stärkeren Linie gekreuzt. Diese Feststellung hatte auch den Rutengeher zu dem Schluss kommen lassen, der Platz der Kirche könne in früheren Zeiten durchaus rituelle Bedeutung gehabt haben. War es also kein Zufall und keine Störung durch elektrische Anlagen, dass wir etwas seitlich des Turms bei mehreren Messungen ein Feld erhöhter elektromagnetischer Strahlung festgestellt hatten? Ich wollte es nochmals genauer wissen und begab mich daher im November 2013 ein weiteres Mal zu der Stelle auf dem Kirchhügel.

Das Ergebnis war das gleiche, und wieder erfolgte die Induktion der Antenne nur dann so deutlich messbar, wenn sie so ausgerichtet war, dass sie Signale empfangen konnte, die sich längs zum Kirchenschiff ausbreiteten. Dieses Mal erstreckte ich meine Untersuchungen noch auf das Gelände seitlich der Kirche und begann mit den Messungen zunächst in Höhe der bereits 2002 gemuteten Kraftlinien. Dort konnte ich keine Auffälligkeit beobachten, als ich jedoch die Antenne ein paar Meter weiter in Richtung des Kirchturms versetzte, konnte ich den gleichen Effekt wie um die Ecke des Gebäudes aufzeichnen. Hier befand sich ein weiteres Feld ähnlicher Stärke, deren Ursache sich in der gleichen Richtung bewegte. Das erinnerte mich aber auch an unsere Erfahrungen beim Menhir in Wolfershausen, in der Nähe des Odenbergs, wo die durch die Überlandleitung verursachten Störungen jede Messung unmöglich gemacht hatten. Waren es auch hier vielleicht Versorgungsleitungen oder starke elektrische Anlagen, die unsere Antenne in die Irre führten?

Das wollte ich nicht ausschließen, denn schließlich befinden wir uns hier mitten in der Stadt. Beim Vergleich der Ergebnisse bemerkte ich jedoch einen wesentlichen Unterschied: Unter der Überlandleitung bei dem Menhir und in deren unmittelbarer Nähe veränderte sich die Stärke der empfangenen Signale beim drehen der Antenne nur unwesentlich, sie waren also nicht nur aus einer bestimmten Richtung messbar. Außerdem können wir uns erinnern, dass diese Felder im Inneren der Kirche nicht erscheinen. Die Ursache hierfür endet also entweder an der Außenmauer oder deren Wirkung wird drinnen abgeschirmt. Doch außer dass sich in diesem Bereich in früheren Zeiten der Friedhof befunden hat, sind uns keine weiteren Details über den Untergrund bekannt. Fazit: Störungen sind immer noch denkbar, doch die Parallelen sind zu auffällig, als dass nur sie für die übereinstimmenden Ergebnisse verantwortlich sein könnten.

An dieser Stelle sei noch am Rande bemerkt, dass an diesem Ort immer noch ein weiteres Phänomen in Erwartung einer Lösung im Raum steht.

Es sind die in der Kirche installierten Funkmikrofone, eine relativ neue Anlage, die dennoch Störungen unterworfen ist. Der letzte Stand hierzu, während ich das Manuskript zu diesem Buch bald beendet hatte: Im Zuge der Renovierungsarbeiten wird die Anlage von einer Fachfirma überprüft und soll danach einwandfrei funktionieren. Ich bin gespannt, ob es gelingen wird.

## Wer hat's entdeckt?

Lassen sich Übertragungsanlagen für Funkmikrofone, elektronische Steuerungen oder Notebooks überhaupt so leicht von VLF-Wellen beeinflussen? Sie arbeiten doch in ganz anderen, nämlich wesentlich höheren Frequenzbereichen. Man sollte meinen, dass die niederfrequenten Einflüsse, die wir bei unseren Messungen festgestellt haben, bei diesen Anlagen nicht gleich Störungen verursachen. Doch das führt uns nochmals zu der Frage zurück, mit welcher Art von Energien wir es überhaupt zu tun haben und wo wir deren Ursprung suchen müssen.

Unsere Messungen bewegen sich im VLF-Bereich, das heißt in einem Bereich sehr langwelliger elektromagnetischer Strahlung, dort haben wir bisher eine ganze Reihe von Besonderheiten feststellen können, die auf die Einwirkung von physischen Kräften schließen lassen. Aber handelt es sich dabei zwangsweise um Wellen oder Strahlungen ausschließlich in diesem Frequenzbereich? Man könnte denken, dass es so wäre, aber sowohl Dr. Wild kommt in seinen Arbeiten – gestützt auf die Forschungen seiner Vorreiter – zu einem anderen Ergebnis. So deutet der Aufbau der von T. Henry Moray konstruierten Anlagen eher auf sehr hohe Frequenzen der einfallenden Energie hin.

Auch Dr. Wild geht davon aus, dass es sich um hochfrequente Mikrowellenstrahlung handelt, die permanent auf die Erde einströmt und beruft sich dabei unter anderem auf Robert Endrös, der diese Strahlung über Wasseradern und im Globalnetzgitter nachgewiesen haben will. Dabei liegt es in der Natur des „Forschungsgebietes“, dass die Arbeit von Endrös heute sehr streitig diskutiert wird. Ich persönlich finde das schade und fände es hilfreicher, wenn wir mit wissenschaftlichen Mitteln versuchen würden, seine Untersuchungen fortzusetzen, um seine Ergebnisse zu bestätigen oder zu widerlegen anstatt sie ohne weitere Überprüfung als unsinnig abzuwerten, so wie das vor allem „wissenschaftlich“ arbeitende Menschen gerne tun.

Ich gebe zu, dass es inzwischen ein wenig kompliziert wird und hoffe, dass der Leser mir noch folgen kann. Sind es nun kurz- oder langwellige Strahlen, die uns aus dem Kosmos erreichen? Hat diese Strahlung unmittelbare Wirkungen an bestimmten Orten oder müssen mehrere Komponenten zusammen kommen, damit sie sich uns in Form von physischen Energien zeigt? Eines ist dabei gewiss, nämlich dass weder Dr. Wild noch T. Henry Moray oder Robert Endrös diese „entdeckt“ haben, sie haben lediglich – genau wie wir – versucht, einem Phänomen auf die Spur zu kommen, das den Menschen schon ganz lange bekannt ist. Den Megalithikern, die uns an Stelle von Namen und Aufzeichnungen Rätsel in Form von steinernen Monumenten hinterlassen haben, folgten im Laufe der Jahrhunderte immer wieder Menschen, die offenbar mehr über die Kräfte und ihre Wirkungen wussten als andere und die versuchten, diese in irgend einer Art nutzbar zu machen. Damit gaben sie aber auch immer wieder Verschwörungstheorien Nahrung, wie wir bereits am Beispiel des Templer-Ordens erfahren haben.

Bei einem zweiten Blick auf die dort genannte Quelle fällt unser Auge noch auf einen Namen aus jüngerer Vergangenheit, der hier im Zusammenhang mit der Verschwörungstheorie „Tellurische Ströme“ genannt wird, aber in Wirklichkeit ein begnadeter Techniker war, der sein Leben seinen Ideen und Erfindungen widmete. Es ist Nikola Tesla (1856 – 1943), der alleine in den USA in einem Zeitraum von 50 Jahren 112 Patente – insgesamt waren es 700[85] – anmelden konnte, dessen erstes er am 20. März 1900 für eine Technik zur drahtlosen Energieübertragung erhielt und das heute als erstes Patent der Funktechnik gilt.[86] Eigentlich wollte er damit Energie zur Beleuchtung übertragen, konnte diese Idee jedoch nie zum Abschluss bringen, weil ihm letztlich hierfür die finanziellen Mittel fehlten. Allgemeine Informationen über diesen Erfinder mit seinen bahnbrechenden Ideen findet man im Internet vielfach, wobei er gerade wegen

---

[85] http://www.focus.de/wissen/mensch/nikola-tesla-das-vergessene-genie_aid_371680.html

[86] http://worldwide.espacenet.com/publicationDetails/biblio?locale=de_EP&CC=US&NR=645576

dieser Ideen oft in ein schlechtes Licht gerückt wird und die Funktionsfähigkeit seiner Erfindungen angezweifelt wird.[87] Dennoch hat es den Anschein, dass seiner Arbeit - meines Erachtens zu Recht - in jüngster Zeit mehr Beachtung geschenkt wird. Sein Prinzip der drahtlosen Energieübertragung kann heute mit ein wenig Geschick von jedermann anhand kleiner Bausätze, die im Handel erhältlich sind, nachvollzogen werden, und ich muss zugeben, dass auch ich mich dem nicht entziehen konnte. Doch viel wichtiger noch ist, dass Teslas Ideen in Theorie und Praxis inzwischen an Universitäten in den entsprechenden Studiengängen behandelt werden.[88,89] So falsch können sie also doch nicht gewesen sein?

Aber was verbindet diesen Mann mit den „verschwörerischen" Aktivitäten der Templer, mit unserer Spurensuche nach „Energien aus dem Nichts" oder mit den Überlegungen von Dr. Wild hinsichtlich kosmischer Strahlungen, die auf die Erde treffen? Es ist sein United States Patent No. 685.957 für ein Gerät zur Nutzung von Strahlungsenergie. Auch dessen Funktionsfähigkeit wird oft angezweifelt, da Tesla dem Patentamt keinen Prototypen vorgelegt hat. Auch wird bezweifelt, ob ein Nachbau der Vorrichtung funktionieren wird, da Tesla nachgesagt wird, dass er, nachdem viele seiner Erfindungen geklaut wurden, immer ein wichtiges Detail weggelassen hat.[90] Das Patent kann online eingesehen werden,[91] und auch gute Übersetzungen sind im Netz inzwischen verfügbar. War Nikola Tesla also das Bindeglied zwischen Vorgeschichte, Mittelalter und moderner Technik? Warum konnten sich seine Ideen aber bis heute nicht durchsetzen? Oder müssen wir anders fragen: Warum wird die Existenz der so genannten „Freien Energie" heute immer noch angezweifelt?

Nikola Tesla wurde für seine Arbeit hoch ausgezeichnet, in den 1930er-Jahren wurde er mit insgesamt zwölf Ehrendoktorwürden bedacht, unter anderem von der Universität Prag, im Jahr 1937 von der Technischen Hochschule Graz und den Universitäten in Brünn, Bukarest und Paris. Im Jahr 1916 wurde ihm die AIEE Edison Medal verliehen, eine hohe Auszeichnung des Institute of Electrical and Electronics Engineers (IEEE) für *„eine Karriere verdienstvoller Fortschritte in der Elektrotechnik in*

[87] http://de.wikipedia.org/wiki/Nikola_Tesla#cite_note-us-pat685.957-34
[88] https://lp.uni-goettingen.de/get/text/426
[89] http://www.uni-protokolle.de/nachrichten/id/148842/
[90] http://www.tesla-info.de/fenergie.htm
[91] http://de.scribd.com/doc/7122534/United-States-Patent-685957

*Wissenschaft, Ingenieurswesen und Kunst"*.[92] Es ist in den USA die älteste und begehrteste Medaille auf diesem Gebiet.

Hingegen ist ein weiterer Verfechter der Freien-Energie-Theorie heftig umstritten, nämlich Viktor Schauberger. Der österreichische Förster (1885 - 1958) gilt den einen heute noch als Wegbereiter der „freien Energie", während ihn andere pauschal als „esoterischen Spinner" abstempeln. Er ließ sich bei seinen Überlegungen von der Natur inspirieren und bekannt ist vor allem das von ihm konstruierte „Heimkraftwerk", das auf dem Prinzip einer Sogturbine beruht. Auch deren Funktionsweise hat er nach eigenen Angaben der Natur abgeschaut und vehemente Kritiker behaupten pauschal, dass sie ohnehin nie funktionieren könne, weil sie keiner Energiezufuhr bedarf. Tatsächlich ist keine seiner Maschinen, die er zur Energiegewinnung entwickelte, zur Serienreife gelangt und heute im realen Einsatz. Auch hat er im Gegensatz zu Tesla nur für einige wenige seiner Erfindungen ein Patent erhalten können. Können wir die Arbeit der beiden daher überhaupt in irgendeiner Weise vergleichen?

Möglicherweise können wir das, denn nach einem Bericht in der schweizer Zeitschrift „mysteries" sind jetzt vom Deutschen Reich beschlagnahmte Geräte Schaubergers aufgetaucht, die bezeugen, dass er auch mit Röntgenstrahlung experimentierte sowie ein *„funktionstüchtiger Schwingungs- oder Frequenzdetektor mit Antennenanschluss und Kopfhörer samt vier einstellbaren Messskalen (kHz): Ionisch, geomagnetisch, Skalar I. Schauberger, Skalar II Debus*[93].[94] Es ist nicht bekannt, wozu der Empfänger diente, doch seine Existenz belegt, dass Schauberger nicht nur mit mechanisch arbeitenden Apparaten arbeitete, und obwohl bereits vieles über sein Werk dokumentiert ist, war über die aufgetauchten Geräte bisher nichts bekannt. War er vielleicht sogar auf der gleichen Fährte wie Nikola Tesla? Wenn wir wüssten, was er mit dem Gerät vor hatte oder wozu er es benutzte, wären wir einen Schritt weiter. So bleibt aber auch hier wieder vieles im Dunkeln, genau wie bei anderen Forschern auf dem Gebiet „neuer Energien". Ich könnte hierfür noch mehr Beispiele aufführen, will

---

[92] http://www.ieee.org/documents/edison_rl.pdf

[93] Raketenpionier Kurz Heinrich Debus war bis 1945 Betriebsleiter des „Prüfstands VII" in Peenemünde und später Direktor des Kennedy Space Centers.

[94] Geheimnisvolle Wunder-Apparate von Viktor Schauberger entdeckt, in mysteries, Ausgabe 5/2013

jedoch nur noch einen Mann erwähnen, dessen Arbeit auch in den Büchern von Dr. Wild Beachtung findet: John Worrell Keely (1837 – 1898) soll einen Motor entwickelt haben, der sich nur mit Hilfe von psychischen Kräften in Bewegung setzen ließ, was uns an die weiter oben erwähnte, von T. Henry Moray entwickelte Technik erinnert, bei der ein ähnlicher Effekt auftrat. Doch auch Abhandlungen über Keely haben großteils keinen wissenschaftlichen Charakter, sondern sind entweder esoterisch oder sie stellen ihn gar als „einen der größten Betrüger der Technikgeschichte" hin.[95]

Hatten sie alle nur eine Vermutung und konnten deshalb nie ein serienreifes System vorweisen oder waren sie alle nur missverstanden? Vielleicht ist heute die Zeit ein wenig reifer für neue Erkenntnisse auf diesem Gebiet, daher hoffen wir, mit unseren Forschungen ein wenig an der Oberfläche kratzen zu können, um dem Kern der Wahrheit etwas näher zu kommen.

## Quellen der Kraft

Im bisherigen Verlauf habe ich bereits mehrfach Dr. Hermann Wild zitiert, weil er sich sehr ernsthaft und mit fundiertem wissenschaftlichem Hintergrundwissen mit dem Thema Energien auseinandergesetzt hat. Die Ausschläge einer Wünschelrute führt er dabei auf die bereits mehrfach erwähnte Wechselwirkung physischer Energie mit der Psyche des Rutengängers zurück und kommt in seinem Buch „Die vergessene Energie" zur Messbarkeit dieser Auswirkungen zu folgendem Schluss: *„Bis heute ist es nicht gelungen, die Rute und den dahinterstehenden Menschen durch ein physikalisches Messgerät zu ersetzen."* Im Anschluss daran räumt er allerdings ein, dass es Robert Endrös gelungen sei, mit Hilfe eines Messgerätes für den Nachweis von Mikrowellen *„wenigstens eine der Komponenten"* der Strahlung über Wasseradern und Globalnetzgitter zu messen bzw. zu bestimmen. Demnach geht er davon aus, dass diese Strahlung oder Kraft aus mehreren Komponenten besteht, kann jedoch nicht näher darauf eingehen, da diese bekanntlich nicht messbar sind.

Auch eine Studie der TU Clausthal geht davon aus, dass bestimmte Kräfte nur mit einer erhöhten oder geübten Wahrnehmungsfähigkeit

---

[95] http://www.heise.de/tp/artikel/33/33464/1.html

spürbar sind und belegt dies durch eine Liste von Versuchen zur Sensitivität.[96] Der Leser wird jetzt wohl ein wenig überrascht sein, genauso wie ich es war, als ich auf diese Arbeiten gestoßen bin. Ein ungewöhnliches Betätigungsfeld für eine Technische Universität. Hier ist es keineswegs ein „Pseudo-Wissenschaftler", der sich mit der Thematik beschäftigt – als solche werden bekanntlich Menschen wie Viktor Schauberger oder Robert Endrös gerne abgestempelt – sondern hier haben wir es mit wissenschaftlicher Forschungsarbeit zu tun, wie man schnell feststellt, wenn man sich mit dem Werk des federführenden, seit April 2013 im Ruhestand befindlichen Prof. Dr. Friedrich H. Balck beschäftigt.

Schwerpunkte seiner Arbeit waren unter anderem Mess- und Regeltechnik, Entwicklung und Konstruktion von Messgeräten, Anwendung von Computern (PC) als Werkzeug zum Messen und Steuern, Technologietransfer, Arbeiten zur Technikgeschichte und nicht zuletzt physikalische Fragestellungen zum Thema Wahrnehmung und Radiästhesie.[97] Alleine der Titel einer Arbeit von ihm aus dem Jahr 2010 spricht Bände: *„Radiästhesie und Wissenschaft oder Experimente zum Orientierungsvermögen von Lebewesen - Anlaß für nötigen Paradigmenwechsel im Weltbild der Physik?"*[98] Die Lektüre ist sehr zu empfehlen und man fragt sich am Ende nur: Warum ist der Paradigmenwechsel noch nicht erfolgt? Die Wissenschaft will offenbar nicht zur Kenntnis nehmen, was Vorreiter wie Prof. Dr. Balck herausgefunden haben.

Prof. Dr. Balck gibt in der zitierten Arbeit neue Denkansätze und stellt Weichen für die zukünftige Forschung:

*„Wenn es gelänge, die physikalische Struktur von morphischen Feldern zu entschlüsseln, wäre eine Erweiterung des physikalischen Paradigmas erforderlich. Möglicherweise bringt aber die Suche nach diesen Feldern auch Ergebnisse zum Thema der unsichtbaren Dunklen Materie."*

---

96 http://www2.pe.tu-clausthal.de/agbalck/biosensor/versuche.htm

97 http://www2.pe.tu-clausthal.de/agbalck/personen/lebensl.htm

98 http://www.gbv.de/dms/clausthal/E_BOOKS/2010/2010EB184.pdf

Ist die unsichtbare Dunkle Materie also eine der Quellen der von uns gesuchten Kraft? Die Physik ist noch lange nicht so weit, dies bestätigen zu können, nicht zuletzt weil die Aspekte der Radiästhesie von den meisten damit beschäftigten Wissenschaftlern unberücksichtigt bleiben. Dabei nennt Prof. Dr. Balck zahlreiche Argumente dafür, dass eine Erforschung dieser Zusammenhänge völlig neue Möglichkeiten und Erkenntnisse erschließt und uns Dinge verstehen lassen wird, die viele Menschen heute noch anzweifeln, belächeln oder in den Bereich der Esoterik verlagern. So hat er sich auch der Frage angenommen, die auch ich bereits gestellt habe: *„Warum stehen Kirchen dort, wo sie stehen?"*[99] Dabei belegt er mit neuesten Forschungsergebnissen genau das, was Dr. Wild bereits aus anderer, älterer Quelle zitierte und was ich im bisherigen Verlauf bereits aufgeführt hatte.

Auch wenn ihre Anzahl noch verschwindend gering ist, so ist Balck doch nicht der einzige Wissenschaftler, der die Ursache für die auch von uns festgestellten Phänomene in physischen Kräften sucht und in dieser Hinsicht forscht. Ich stieß noch auf weitere, wie zum Beispiel den Physiker Dr. rer. nat. habil. Hans-Dieter Langer. Im Rahmen seiner Arbeit im Naturschutz beschäftigt er sich mit der Ursache des gigantischen Wachstums von „Solitärbäumen", wobei er dabei nicht ausschließlich den allein stehenden Baum anspricht, sondern Bäume mit besonders auffälligem Erscheinungsbild, also auch Bäume, die trotz ihrer Mächtigkeit im Stamm schräg stehen, deren Stamm in viele Teilstämme aufgespalten ist, die Borkenverholzungen in Verbindung mit Ast- bzw. Kronenabsterben zeigen oder die durch ungewöhnliche Kronenformen geprägt sind.[100] Der Leser wird sich erinnern, dass auch im Verlauf dieses Buches solche Bäume immer wieder aufgetaucht sind, dabei ist die Aufzählung der Exemplare, die uns bei unseren Erkundungen begegnet sind, noch lange nicht vollständig.

An einem besonders auffälligen Vertreter dieser Gattung waren wir mehrfach vorbei gekommen, der Baum steht direkt an dem Waldweg, der zur Ruine der Wallfahrtskirche Lichtenklingen im Odenwald führt. Es ist die gewaltige „Liebfrauen-Buche", die uns hier mit ihrem gewaltigen

---

[99] http://www2.pe.tu-clausthal.de/agbalck/biosensor/kirchen.htm
[100] http://www.drhdl.de/neutroeins.html

Wuchs beeindruckt und die dadurch natürlich auch schon ins Visier unserer Messungen geraten war. Ich hatte die Ruine im September 2013 zum wiederholten Mal aufgesucht und bei dieser Gelegenheit festgestellt, dass hier im Frequenzbereich ab 9 kHz - ähnlich wie bei anderen markanten Orten - unregelmäßige Impulse aufgezeichnet wurden. Diese waren in einem großflächigen Bereich, auch noch in dem nahe gelegenen Ort Eiterbach, messbar, zeigten jedoch am Baum ein auffälliges Verhalten. Nur dort war ein deutlicher Unterschied in Häufigkeit und Stärke der Impulse feststellbar, wenn die Antenne gedreht wurde. Es schien hier, als würde sich die Ursache der Induktion in einer Richtung bewegen, nämlich auf einer Linie, die durch den Standort der Buche verläuft. Auch waren die Impulse hier insgesamt häufiger und stärker feststellbar als wenige Minuten zuvor beim Quellheiligtum und bei der Ruine.

*Abb. 78: Der mächtige Stamm der „Liebfrauen-Buche" im Wald nahe dem Quellheiligtum und der Ruine Lichtenklingen.*

Sollten hier die Erkenntnisse von Dr. Langer eine Rolle spielen? Er stellt der Öffentlichkeit eine ausführliche Arbeit zum „geophysikalischen Standortproblem der Solitärbäume" zur Verfügung, die sich in mehrere Teile gliedert. Im zweiten Teil der Arbeit kommt er bereits im Jahr 1998 zu dem Schluss: „*Auf Grund von Naturbeobachtungen, geologischen Untersuchungen von Riss- bzw. Kluftsystemen der Erdkruste und Dosismessungen des Neutronenanteils der Hintergrundstrahlung an der Erdoberfläche kommt der Autor zu dem Schluss, dass es ein biologisch und medizinisch relevantes, geophysikalisches Standortproblem gibt, dem bisher nicht bzw. ungenügend Beachtung geschenkt wurde.*“[101] Wenn er im folgenden anmerkt, dass „*ungeachtet der geringen wissenschaftlichen Akzeptanz radiästhetischer Forschungsergebnisse man beachten sollte, dass die entsprechende Fachdisziplin mit physikalischer Messtechnik wiederholt Feldanomalien bzw. Strahlungsfelder im sogenannten Störzonenbereich festgestellt hat*“, so beruft er sich auch auf Ergebnisse sehr umstrittener Persönlichkeiten wie Robert Endrös, was ihn in wissenschaftlichen Kreisen durchaus wieder angreifbar macht.

Letztlich konzentriert sich seine Aufmerksamkeit aber auf die Möglichkeit, dass Neutronen für den anormalen Wuchs der Bäume an bestimmten Orten verantwortlich sind. Im dritten Teil seiner Arbeit erläutert er dies eingehend und führt aus, dass es „*bei gestörter Oberfläche der Erdkruste und infolge ihrer kristallinen und vorkristallinen Gebirgsbestandteile gemäß der Wellenoptik auch zur Ausbildung von Neutronen-Teilstrahlen kommt*“.[102] Ist es eine weitere Quelle unserer „Kräfte“? Kann es nur eine Erklärung geben oder können mehrere Faktoren zusammen kommen, um all das zu bewirken was wir bisher nicht erklären können? Auch nach den Erkenntnissen von Dr. Langer bleiben viele Fragen offen, doch die Hinweise auf eine physische Kraft als Ursache mancher „unerklärlichen“ Phänomene verdichten sich.

## Perspektiven

Im vorangegangenen Abschnitt habe ich einige Bereiche der Physik gestreift und es würde den Rahmen sprengen, hier näher auf Themen wie Dunkle Materie oder Neutronen einzugehen. Vielleicht ist es ja auch eine bestimmte Kombination mehrerer Einflüsse, die an bestimmten Orten wirksam wird, wie oft ein Zusammentreffen mehrerer Umstände erst einen ganz bestimmten Effekt erzielt. Dabei ist immer noch ungeklärt, welche Zusammenhänge zwischen den in Betracht gezogenen physischen

[101] http://www.drhdl.de/neutrozwei.html

[102] http://www.drhdl.de/ntestbaum.html

Einflüssen und unseren Messungen bestehen. Wir wissen immer noch nicht genau, was bei unseren Untersuchungen auf dem Monitor sichtbar wird, doch die von uns verwendete Technik in Verbindung mit der Tatsache, dass an markanten Stellen die gemessenen Signale bzw. Impulse richtungsgebunden sind, deuten stark darauf hin, dass diese den Charakter elektromagnetischer Wellen haben. Folglich muss ich nun noch einen kleinen Ausflug in den Bereich der Technik machen, um diese Wellen besser zu verstehen. Dabei erfahren wir zwei wichtige Dinge: Ursache einer elektromagnetischen Welle sind beschleunigt bewegte Ladungen und sie transportieren keine Materie, sondern Impuls und Energie.[103]

Alleine diese grundlegenden Aussagen sprechen Bände. Wenn wir also derartige Signale aufzeichnen, empfangen wir also tatsächlich „Energie" und ich behaupte nichts falsches, wenn ich das bisher immer wieder so beim Namen nenne. Schwieriger wird es bei der Frage, wodurch die Wellen erzeugt werden, denn für die Beschleunigung von Ladungen kann es verschiedene Gründe geben, und natürliche Neutronenquellen terrestrischer oder kosmischer Art sind nur eine Möglichkeit von vielen. Es wäre also vermessen und reine Spekulation, jetzt zu behaupten, wir wüssten wo diese Energie ihren Ursprung hat. Wir wissen aber, dass sie an bestimmten Orten stärker zu spüren ist als an anderen. Das lässt uns zu dem Rückschluss kommen, dass es eine Möglichkeit geben sollte, sie an diesen Orten „aufzufangen" und nutzbar zu machen, zumal vieles darauf hindeutet, dass dies einzelnen Personen oder Gruppen bereits in der Vergangenheit gelungen ist. Wie mir Dr. Hermann Wild vor etlichen Jahren in einem persönlichen Gespräch erklärte, hatte er sich das Ziel gesetzt, Hochschulen zur Forschung in dieser Hinsicht zu bewegen. Dieses Ziel hat er leider zu Lebzeiten nicht erreichen können, doch ist das Kapitel damit endgültig geschlossen?

Das könnte man meinen, wenn man das Buch „Die Physik der Zukunft" aufschlägt.[104] Der Physiker Michio Kaku hat weltweit 300 Forscher von Rang danach gefragt, wie die physikalisch-technische Entwicklung weitergehen wird. Kapitel fünf ist der Zukunft der Energie gewidmet, der

---

[103] Mehr über Wellen: http://www.idn.uni-bremen.de/cvpmm/content/wellen/show.php?modul=3&file=24&right=we_r_06_01.html

[104] Kaku, Michio: Die Physik der Zukunft – Unser Leben in 100 Jahren, New York 2011

Untertitel des Kapitels lautet „Energie von den Sternen" und weckt große Hoffnungen. Dennoch behandelt er darin nur bereits bekannte Energieformen wie die heute sehr fortschrittlich anmutende Fusionsenergie. Auch meine Erwartungen an den Abschnitt „Energie vom Himmel" wurden nicht erfüllt, denn hier geht es lediglich um das Auffangen von Sonnenenergie im Orbit mit Hilfe von Satelliten. Die Idee ist nicht neu, sondern der Vorschlag hierfür wurde bereits im Jahr 1968 von Peter Glaser, dem Präsidenten der Internationalen „Solar Energy Society", formuliert. Also lesen wir auch hier nur das, was wir bereits wussten.

Dabei erläutert er in der Einleitung sehr treffend, dass Zukunftsvisionen in der Vergangenheit meist nur auf bereits bekanntem basierten und dass die Geschwindigkeit des Fortschritts in den Naturwissenschaften durchweg unterschätzt wurde. Um nur ein Beispiel zu nennen, sagten bei einer Befragung im Rahmen der Chicagoer Weltausstellung im Jahr 1893 von 74 Persönlichkeiten viele richtig voraus, dass eines Tages kommerzielle Luftfahrzeuge den Atlantik überqueren würden, doch sie dachten dabei an Ballons. Auch ging der damalige Chef der amerikanischen Bundespost, John Wanamaker, davon aus, dass die U.S. Mail noch in 100 Jahren per Postkutsche und Pferd geliefert würde. Hatte er dabei glatt übersehen, dass bereits sieben Jahre zuvor der deutsche Erfinder Carl Benz mit seinem „Benz Patent-Motorwagen Nummer 1" das Auto aus der Taufe gehoben hatte? Wenn er von dieser Erfindung jedoch wusste, so hatte er deren Bedeutung völlig unterschätzt und damit eine falsche Prognose gestellt.

Doch die „Vision" eines solchen Fahrzeugs existierte bereits viel früher. Vermutlich war der Mönch und Gelehrte Roger Bacon (1214 – 1292 oder 1294) der erste, der die Idee des sich selbständig fortbewegenden Mobils formulierte: *„Eines Tages wird man Karren zu bauen vermögen, die sich bewegen und in Bewegung bleiben, ohne geschoben oder von irgendeinem Tier gezogen zu werden."*[105] Wir können mit Sicherheit davon ausgehen, dass er für diese Äußerung von seinen Zeitgenossen nicht ernst genommen wurde, und doch ist seine Prophezeiung 600 Jahre später eingetreten.

Sind die von Michio Kaku befragten Wissenschaftler dem gleichen Denkfehler aufgesessen wie ihre Vorgänger vor 100 Jahren? Eine unerschöpfliche „Kosmische Energie", die permanent auf die Erde einstrahlt

---

[105] http://de.wikipedia.org/wiki/Geschichte_des_Automobils

und hier nur mit geeigneten Mitteln eingefangen und umgesetzt werden muss, wird in seinem Buch mit keinem Wort erwähnt. Glücklicherweise gibt es jedoch immer wieder einige Wissenschaftler, die über den Tellerrand hinaus denken und nach neuen Möglichkeiten suchen. Ihnen wird nur leider oft viel zu wenig Gehör geschenkt.

Es gibt aber auch noch eine andere Kategorie Menschen, die dazu beitragen können, neue Wege zu erschließen. Es sind die unermüdlichen Bastler und Tüftler, die viel Zeit dafür aufbringen, in praktischen Versuchen das umzusetzen, was in der Theorie bereits bekannt ist. Im weltweiten Web findet man zahlreiche Diskussionsforen, in welchen der Bau von Geräten zur Gewinnung von freier Energie diskutiert wird. Hier fällt es jedoch auch schwer, die Spreu vom Weizen zu trennen, nicht alle Vorschläge sind ernsthaft und nachvollziehbar und die Beteiligten sind sich oft selbst nicht darüber einig, wie es denn jetzt besser funktionieren könnte. Auch wenn man den Video-Kanal „Youtube" aufruft, so kann man dort Tage damit verbringen, sich mehr oder weniger hilfreiche Ausführungen zu diesem Thema anzuschauen. Doch mit ein wenig Geduld und Spürsinn stößt man dort auch auf Menschen wie den Österreicher Thomas Trawöger.

Trawöger hat eine Pyramide mit einem elektrischen Schwingkreis im Brennpunkt gebaut. Aus diesem Schwingkreis konnte er ca. 12 Volt und einen gewissen Strom auskoppeln und hiermit einen Lüfter und weitere Verbraucher betreiben.[106,107] Auf den ersten Blick erweckt er mit dieser Konstruktion, die nicht sehr transparent erscheint, den gleichen Eindruck wie viele andere Hobby-Bastler, deren Experimente meist nicht wissenschaftlich bestätigt sind. Doch ein wenig Recherche lässt ans Licht kommen, dass der Fall bei ihm anders liegt. Am 13. August 2007 gab die Pressestelle der Universität Karlsruhe (TH) folgendes bekannt: *„Am Karlsruher Institut für Technologie (KIT) haben die Arbeitsgruppen von Dr. Michael Hetterich und Professor Heinz Kalt einige nur hundert Nanometer (1 nm = 1 Millionstel Millimeter) hohe Pyramiden entwickelt, in denen eingestrahltes Laserlicht mit so genannten Quantenpunkten in Wechselwirkung tritt. Durch die Energie des Laserlichts angeregt, geben die Quantenpunkte Licht in einem bestimmten Wellenlängenbereich ab. In der Pyramide, die aus der Halbleiter-Verbindung*

106 http://www.youtube.com/watch?v=DXFm1tw8HCQ
107 http://www.minotech.de/forschung/pyramidenenergie/strompyramide-tpp-v6-12/

*Galliumarsenid besteht, wird dieses „neue" Licht „eingesperrt" und erst nach einiger Zeit wieder abgestrahlt. Die Pyramide selbst steht auf einem besonderen Spiegel. Zusammen mit den vier Pyramidenflächen reflektiert er das Licht, so dass es im Inneren der Struktur eingeschlossen ist. Bestimmte Lichtwellen überlagern und verstärken sich dabei – ein Phänomen, das als Resonanz bezeichnet wird. ... Der optische Resonator verstärkt die Licht-Materie-Wechselwirkung und erhöht somit die Ausbeute an abgestrahltem Licht mit bestimmten Wellenlängen."*[108]

Auch wenn also Trawögers Experimente – wie viele andere – wissenschaftlich bislang nicht bestätigt worden sind, können wir aufgrund der Erkenntnisse von Dr. Hetterich und Prof. Dr. Kalt von der Richtigkeit seiner Ergebnisse ausgehen. „*Auch bei Thomas Trawöger*

- *verstärkt die Pyramide die Licht-Materie-Wechselwirkung, denn Licht ist der sichtbare Bereich des elektromagnetischen Spektrums.*
- *erhöht sich die Ausbeute an abgestrahltem Licht (elektrischer Strom).*
- *überlagern und verstärken sich Lichtwellen in Form von Strom (=> 0,05 Ampere-Überschuss)."*[109]

Ist Thomas Trawöger auf dem richtigen Weg? Zeigt er uns die Perspektiven für die Zukunft? Wenn das so ist, dann sollten wir diese zur Kenntnis nehmen und uns darauf vorbereiten, dass wir bald umdenken müssen. Sonja Ampssler und ich hoffen, dass das vorliegende Buch einen kleinen Teil dazu beitragen wird und dass sich die Neugier, die wir auf unseren Reisen und Recherchen an den Tag gelegt haben, sich damit auszahlen wird.

## Womit alles begann ...

Selbstverständlich ist uns bewusst, dass dieses Buch noch viele Eventualitäten enthält – Dinge, die noch näher erforscht werden müssen und Vorgänge, die wir noch nicht verstehen. Das zeugt davon, dass unsere Forschungen nach nun drei Jahren immer noch am Anfang stehen und

---

108 http://idw-online.de/pages/de/news221634

109 http://www.ky-ba-lion.de/portal/index.php/component/content/article/91-das-gesetz-der-zahl-7/290-2-die-experimente-des-thomas-trawoeger

wir nur Grundlagen erkundet haben und ein wenig Grundwissen zusammengetragen haben. Dabei haben wir noch eine Reihe weiterer Orte besucht und untersucht, die hier nicht aufgeführt sind, weil es einfach den Rahmen gesprengt hätte, die aber ähnliche Besonderheiten aufwiesen. Außerdem stehen - wie bereits mehrfach erwähnt - weitere Orte auf unserem Reiseplan, die noch zu untersuchen wären. Auch wäre es wünschenswert, wenn wir - vielleicht sogar mit sachkundiger Unterstützung von Fachleuten - unsere Messmethode verfeinern könnten, um differenziertere Ergebnisse zu erzielen. Bei all unseren Reisen und Planungen für die Zukunft haben wir natürlich auch nicht unsere ursprüngliche Idee aus den Augen verloren, auch wenn man den Eindruck haben könnte. Zur Erinnerung noch einmal die Fragestellung: „Wer wollte, dass sich an Orten, die später oft zu Wallfahrtsorten wurden, Menschen versammeln und wie bewirkte er das „beamen" der Madonnenfiguren oder des Baumaterials?"

Wir sind auf der Suche nach Antworten darauf tatsächlich auf eine Energie gestoßen, die wir mit Hilfe relativ einfacher Mittel sichtbar machen können. Doch zur Teleportation eines größeren Gegenstandes ist eine Menge an Energie notwendig, die zu erzeugen wir heute technisch noch gar nicht in der Lage sind. Experimente hierzu stehen noch am Anfang und beschränken sich auf die Übertragung von Elementarteilchen. Mit den derzeit bekannten und genutzten Methoden zur Energiegewinnung ist es fast unvorstellbar, dass es jemals gelingen kann, die erforderlichen Mengen aufzubringen. Und doch gibt es ein Indiz dafür, dass ein solcher Fall in unserer Geschichte einmal eingetreten ist - und wieder ist dieser in einem religiösen Umfeld angesiedelt. Die Rede ist vom „Turiner Grabtuch", einer außergewöhnlichen Reliquie, über deren Echtheit immer wieder einmal gestritten wird. Doch ob es nun ein Original oder eine Fälschung ist, rätselhaft ist allemal, wie das Abbild auf das Tuch gekommen ist.

Die wohl aufwändigste Untersuchung hinsichtlich dieser Frage fand wohl im Jahr 1978 statt, veranlasst und angeleitet von dem amerikanischen Physiker Prof. Dr. John Jackson. Die mit ihm nach Italien angereiste Gruppe von Wissenschaftlern der eigens hierfür gegründeten Vereinigung STURP (Shroud of Turin Research Project) hatte die Gelegenheit, mit großem technischem Aufwand umfangreiche Untersuchungen vorzunehmen, deren Auswertung Jahre in Anspruch nahm. Über die Ergebnisse gibt es von ihm eine Reihe von Veröffentlichungen, im Jahr 1990 letztlich mit einem sensationellen Ergebnis, auf das Gisela Ermel in ihrem Buch „Das Turiner Grabtuch" ausführlich und vor allem gut belegt eingeht.[110] Wie wir dort lesen können, kam Jackson nach vielen Jahren Arbeit zu der Erkenntnis, dass die herkömmliche Wissenschaft nicht genügt, um die mysteriösen Bildmerkmale der Abbildung auf dem Tuch in Einklang zu bringen und kam zu folgender Erkenntnis: *„Irgendein unbekannter Vorgang muss bewirkt haben, dass der im Tuch liegende Körper plötzlich entweder durchgängig wurde für Materie – oder in Energie verwandelt wurde – oder gar in einem Augenblick verschwand."*

*Abb. 79: Eine Kopie des Turiner Grabtuchs, ausgestellt in der Wallfahrtskirche „Saint Maries de la Mer" im Juni 2009. (Foto: Sabrina Eger)*

110 Ermel, Gisela: Das Turiner Grabtuch – Das Rätsel des Todes und der Auferstehung Christi in neuer Sicht, Greiz 2008

Jackson räumt ein, dass völlig unklar ist, welcher physikalische Vorgang dies ausgelöst hat, aber er findet für die Spuren auf dem Tuch nur diese Erklärung, auch wenn sie technisch unvorstellbar ist. Dematerialisation, Teleportation oder eine plötzliche Versetzung der Zeit, was war hier geschehen? Unser Vorstellungsvermögen reicht nicht aus, uns eins von den dreien auszumalen. Vor allem können wir uns nicht vorstellen, woher die Energie gekommen sein soll, die einen solchen Vorgang bewirken kann, zumal wenn man bedenkt, dass das Abbild vor knapp 2.000 Jahren entstanden sein muss.

Ich möchte in diesem Zusammenhang jedoch anmerken, dass auch immer noch nicht bekannt ist, auf welche Weise vor unbekannter Zeit in dem kleinen Megalith-Bau an der Sals-Quelle die Temperatur von 2.000° Celsius entstanden ist, die den Stein zum Schmelzen brachte. Aber sowohl die Analyse des Glases als auch die jahrelangen Untersuchungen von Prof. Dr. Jackson sprechen für sich. Die Möglichkeiten übersteigen offenbar unser Vorstellungsvermögen bei weitem.

Waren es ähnliche Energien, die bei dem „selbständigen" Ortswechsel von Madonnenfiguren wirkten oder gar bewusst – durch wen? – eingesetzt oder genutzt wurden? Darüber sind nur Hypothesen möglich, und es ist die Frage, wann die Zeit für Antworten reif sein wird. Heute können wir sie nicht geben, doch die „Wunder" haben etwas bewirkt, denn sie haben uns zu einer Entdeckung geführt. Es wäre tatsächlich eine kühne Spekulation, zu vermuten dass dies irgendwann jemand gewollt hat …

An dieser Stelle, kurz bevor das Buch endet, fällt mir jedoch noch eine kleine Begebenheit am Rande ein. Der Leser wird sich vorstellen können, dass wir bei unseren Ausflügen und Reisen eine Menge erlebt haben, darunter waren sowohl lustige Erlebnisse als auch welche, die zum nachdenken anregten. Eines der letzteren Art hatte ich in Halberstadt, als ich die nähere Umgebung des Doms untersuchte. Die Antenne hatte ich wie immer in einer Plastiktasche verstaut, vor allem um sie vor Schmutz und Feuchtigkeit zu schützen. Aus der Tasche führte das Verbindungskabel zum Notebook, auf das sich meine Aufmerksamkeit konzentrierte. Ich war an dem Tag alleine unterwegs und ich war es bereits gewohnt, dass sich Passanten über meine Aktivitäten wunderten. Während ich beschäftigt war, kam eine Gruppe näher, die im Rahmen einer Stadtführung auf den Dom zu steuerte. Ihr Führer trug historische Kleidung und einen breitkrempigen Hut und erläuterte die Sehenswürdigkeiten der Stadt in humoristischer, unterhaltsamer Weise, so wie das in vielen Städten inzwischen üblich ist. Als die Gruppe an mir vorbei kam, hielt er kurz inne, schaute auf Notebook und Plastiktasche, dann kommentierte er die Szene mit den Worten: „Sehen Sie, früher hat man so etwas mit der Wünschelrute gemacht". Dann ging er weiter, ich blieb verblüfft zurück und fragte mich, wie er denn wissen konnte, was ich hier herauszufinden beabsichtigte. Ein sehr merkwürdiger Zufall, der mir immer wieder als Beispiel dafür in den Sinn kommt, dass es Dinge gibt, die man nicht erklären kann.

*Abb. 80: Der Dom zu Halberstadt, mit dessen Bau im Jahr 1209 begonnen wurde.*

Bestimmt finden sich noch mehr Menschen wie den Stadtführer aus Halberstadt, die intuitiv erkennen oder wissen, wohin unsere Arbeit führt. Vielleicht finden sich darunter auch ein paar, die uns wichtige Anregungen geben können, denn hierfür sind wir jederzeit offen. Wir wissen, dass in unserer Arbeit noch Denkfehler stecken können und dass Irrtümer nicht ausgeschlossen sind, doch wir freuen uns, wenn in Zukunft Forscher zu uns stoßen, mit deren Hilfe wir diese eliminieren und korrigieren können.

Doch dürfen wir als Amateur-Forscher ohne wissenschaftliche Ausbildung unsere Arbeit überhaupt als „Forschung“ bezeichnen? Ich lasse die Frage offen und beende stattdessen mit einem Zitat von Albert Einstein: ***„Wenn ich wüsste was ich tue, würde ich es nicht Forschung nennen.“***

In diesem Sinne verspreche ich: Wir werden weiter „forschen“!

## Ein herzliches Dankeschön!

Ein ganz herzliches Dankeschön sage ich nach Fertigstellung dieses Buches hiermit zunächst meiner guten Freundin Sonja Ampssler, die mich in den letzten drei Jahren viele hundert Kilometer quer durch Deutschland und Europa begleitet hat. Ich hätte mir für die Arbeit keine bessere Kollegin wünschen können, wir hatten nicht nur gemeinsam die Idee zu dem Buch, sondern sie hat mit vielen Gedanken dazu beigetragen, dass es so wurde wie es jetzt vorliegt. Ich freue mich schon auf die weitere Arbeit mit ihr!

Ein weiteres ganz großes Dankeschön geht an Sandra Schmidt. Sie hat nicht nur das Cover für das Buch gestaltet, sie hatte auch immer ein offenes Ohr für mich, wenn ich wieder einmal fast verzweifelte, weil der Tag nur 24 Stunden hat. Sie war dann nicht nur eine geduldige Zuhörerin, sondern sie hat mir sehr oft in jeder Hinsicht mit Rat und Tat geholfen, so wie es nur eine beste Freundin kann!

Außerdem danke ich meinen Freunden Sabrina Eger, Elke Straßburger und Christian Wellmann, die mir Bilder zur Verfügung gestellt haben, die in meinem Archiv nicht vorhanden waren. Darüber hinaus gilt mein Dank Nicolas Benzin, Gisela Ermel, Reinhard Habeck, Linta C. Lemp, Daniela Mattes, Udo und Manuela Vits und Wolfgang Stadler, die uns Tipps gegeben haben, Kontakte vermittelt haben oder uns auf unseren Touren mit Ortskenntnis und Hinweisen geholfen haben.

Herzlichst!

**Literatur** zu den Rätseln der Geschichte dieser Welt und weiteren faszinierenden Themen finden Sie im Verlagsprogramm des Ancient Mail Verlags:

Walter-Jörg Langbein

**Das verlorene Symbol und die Heiligen Frauen**

Das wahre Geheimnis des Salomon-Schlüssels

978-3-944198-73-6, Din A5, Paperback, 148 Seiten, **€ 11,50**

Der Gott der Bibel zaubert.

Salomon machte Dämonen zu hilfreichen Sklaven.

Jahwe liebte eine Göttin.

Die dämonische Schlange war einst die mächtigste Göttin, lange bevor Jahwe zum Gott der Götter erklärt wurde.

Auf das friedliche Matriarchat folgte das kriegerische Patriarchat.

Die Wahrheit des Glaubens ...

Starb Jesus für alle oder nur für viele?

Die Dreifaltigkeit bestand einst aus drei Göttinnen.

Die dämonisierte Lilith war einst die positive Kraft des Alls.

Jesus, der »Heilige Geist« und die »Heilige Hochzeit«.

Salomon opferte den Göttinnen in den Tempeln der Höhe.

Salomon, Sex und die Prüderie der Theologen.

Die Kirche und ihre Brüste.

Eine nie endende Lovestory.

Jesus und die Heilige Hochzeit.

**Dr. Tamás Lajtner**

## Die messbare Kraft der Gedanken

### Neuentdeckte Beziehungen, erstaunliche Möglichkeiten

ISBN 978-3-95652-241-3, Paperback, Din A5, 268 Seiten, 150 zum Teil farbige Abbildungen, **€ 19,50**

Der Gedanke hat Kraft. Sie ist fähig, reale Objekte zu bewegen. Das ist eine Tatsache. Warum ist dieser Fakt nicht bekannt?

Weil er mit unseren wissenschaftlichen Dogmen im Konflikt steht. Die Gedankenkraft ist eine neue, unbekannte Kraft. Diese Form der Kraft zeigt sich in vielen Erscheinungen und Rätseln. Sie taucht in der Physik, in der Kommunikation der Tiere, in antiken Baukonstruktionen, in der Liebe und in der Expansion des Universums auf. Sie erscheint in der menschlichen Gesichtserkennung, in der Schöpfung des Lebens und des Bewusstseins, und sie ermöglicht es Fußballfans sogar, das Match zu gewinnen. Diese Phänomene scheinen voneinander unabhängig zu sein.

In diesem Buch fasst der Autor sie in einem System zusammen, in dem die versteckten Beziehungen sichtbar gemacht werden.

Verändern wir die physischen Theorien von Zeit und Raum, lösen sich die Rätsel von selbst.

Das Buch ist in einem lesefreundlichen, einfach verständlichen und ganz persönlichen Stil – mit Humor und mit vielen Bildern – geschrieben.

**Daniela Mattes**

## Steinspuren

**(Edel)steine in Kunst, Kultur und Mythos**

Mit Beiträgen von Werner Betz, Gisela Ermel, Willi Grömling, Roland M. Horn, Alexander Knörr, Walter-Jörg Langbein und Thomas Ritter

978-3-943565-08-9, Din A5, Pb., 271 Seiten, 27 s/w-Abb., 26 Farbfotos, **€ 16,50**

Mineralien, Gesteine, Edelsteine sind „Bausteine" der Erde und des Lebens auf ihr. In alten Kulturen wurden Steine verwendet, um imposante Bauwerke zu errichten, die der Nachwelt heute noch erhalten sind, um Schriftzeichen darin zu hinterlassen, von denen wir manche heute noch enträtseln. Sie haben nicht zuletzt auch wertvolle Schmuckstücke hervorgebracht, die wir entweder selbst um den Hals tragen oder in Museen bewundern können.

Sie haben als Baumaterial und zur kultischen Anbetung gedient, als Tauschmittel, als Zeichen für Reichtum, als Grabbeigabe oder zur Heilung. Wenn man also Steine und Mineralien betrachtet, muss man ihnen in Ihrer Gesamtheit Respekt zollen und auch andere Bereiche als allein die Heilung berücksichtigen.

Unsere Autoren haben sich zusammengetan, um Ihnen die faszinierende Welt der Steine näher zu bringen. Erfahren Sie in den fünf spannenden Kapiteln mehr über die esoterische und heilende Anwendung von Steinen, ihren Einsatz als Schmucksteine, ihre Bedeutung in Religion, Märchen und Legenden sowie in alten Kulturen. Werfen Sie einen Blick auf die Verwendung der Steine in Geschichte und Alltag sowie auf den faszinierenden Bereich der Grenzwissenschaften und der Forschung.

**Remo Kelm/Daniela Mattes**

## Mystische Welt

### Von Jenseitskontakten und Todeswäldern

ISBN 978-3-95652-215-4, Din A5, Paperback, 184 Seiten, 87 größtenteils farbige Abbildungen,**€ 17,80**

Der Mensch fürchtet das am meisten, was er nicht erklären kann. Ein Satz mit zeitloser Gültigkeit. Doch leider sind es auch gerade diese Sachen, die auf uns die größte Faszination ausüben. In diesem Buch stellen Ihnen die Autoren einige unerklärliche Fälle vor, die zum Teil noch offen und zum Teil recht unbefriedigend gelöst sind. Vielfach stellt man sich auch dann noch die Frage „Wie?" und „Warum?" Begleiten Sie die Autoren in diesem Buch zu mysteriösen Orten und in fremde Welten. Betrachten Sie mit ihnen historische Mordfälle und blicken Sie in psychologische Abgründe. Lösen Sie literarische Rätsel, folgen Sie den Fährten spurlos Verschwundener und staunen Sie über seltsame Wesen.

---

**Unsere Geschichte ist voller Rätsel –**

**Wir wollen helfen, sie zu lösen !**

Bücher und Informationen zu den Themenkreisen Archäologische Rätsel dieser Welt, Paläo-SETI, Grenzwissenschaften, Sagen und Mythen.

Fordern Sie einfach *kostenlose* weitere Informationen an – per Postkarte, Fax, Telefon oder eMail beim

**Ancient Mail Verlag • Werner Betz**
Europaring 57, D-64521 Groß-Gerau
Tel. 00 49 (0) 61 52/5 43 75, Fax 00 49 (0) 61 52/94 91 82
eMail: ancientmail@t-online.de
www.ancientmail.de